Freiherr von Schoen / Erlebtes

Erlebtes

Beiträge zur politischen Geschichte
der neuesten Zeit

Von

Freiherrn von Schoen

vormaligem Staatssekretär
und Botschafter

Deutsche Verlags-Anstalt
Stuttgart und Berlin
1921

Inhalt

5

Vorwort

Die nachstehenden Darstellungen beruhen in der Hauptsache auf kurzen Aufzeichnungen, die sogleich oder bald nach den Begebenheiten gemacht wurden. Auf Beschreibung der erlebten Zeitabschnitte der Geschichte erheben sie keinen Anspruch, sie beschränken sich vielmehr auf die Beleuchtung einiger, zum Teil noch dunkler Einzelheiten. Des Zusammenhanges halber konnte dabei Bekanntes nicht übergangen werden. Wenn die Veröffentlichung nicht früher erfolgte, so ist dies einerseits aus dem Wunsche zu erklären, denen, die Wichtigeres und Dringlicheres zu sagen hatten, den Vorrang zu lassen, andererseits aus dem Gedanken, mit weiteren Beiträgen zur Aufklärung noch immer strittiger Punkte erst zu einer Zeit hervorzutreten, wo die erregten Gemüter zur Fähigkeit ruhigen Urteils gelangt sein würden.

Berchtesgaden, Frühjahr 1921.

Der Verfasser.

I.

Gesandter in Kopenhagen

Die diplomatische Laufbahn war nicht das, was in den Kreis meiner Gedanken rückte, als die Frage: „Was willst du werden?" an mich herantrat. Ich gedachte, mich der Landwirtschaft zu widmen. Der Ausbruch des Deutsch-Französischen Krieges stieß diesen Plan um, ich trat als Kriegsfreiwilliger bei den Darmstädter Chevauxlegers, späteren Leib-Dragonern, ein, machte den Feldzug mit, wurde Offizier und blieb bei der Fahne. Entscheidend für meinen Lebensgang wurde eine Kommandierung zur Gesandtschaft in Madrid. Der Einblick in eine weitere und inhaltsreichere Welt als die, welche vom Kasernenhof und Exerzierplatz aus zu erschauen, blieb nicht ohne starken Eindruck auf mich, und als ich nach Ablauf meiner Madrider Dienstzeit vor die Frage gestellt wurde, ob ich zum diplomatischen Dienst übertreten wolle, fiel mir die Entscheidung nicht schwer. Nach Beschäftigungen im Auswärtigen Amt und bei verschiedenen Gesandtschaften, wurde ich Botschaftsrat in Paris, eine Stellung, die für mich bedeutungsvoll wurde, einmal, weil ich sie ungewöhnlich lange innegehabt habe, dann auch, weil mein Chef Graf (später Fürst) Münster mir in weitgehendem Maße die Führung der Geschäfte zu überlassen pflegte.

Mit dem Gesandtenposten in Kopenhagen, der mir mit Beginn des Jahres 1900 übertragen wurde, fiel mir ein selbständiger

Tätigkeitskreis zu. Allerdings war diese Selbständigkeit eine
beschränkte, denn es liegt im Wesen des diplomatischen Dienstes
und in besonderem Maße in der ihm vom Fürsten Bismarck
gegebenen Gestaltung, daß die Vertreter im Ausland nicht
Politik nach eigenem Fürguthalten treiben, sondern sich streng
innerhalb der Grenzen bewegen, die ihnen durch allgemeine und
besondere Weisungen vorgezeichnet sind. Immerhin war mir
eine gewisse Bewegungsfreiheit durch den Umstand eingeräumt,
daß mir vor Antritt des Postens keine anderen Ziele und
Wegevorschriften gegeben wurden als die im Beglaubigungs-
schreiben bezeichnete herkömmliche Aufgabe der Pflege guter
Beziehungen. Es blieb mir also überlassen, die zu befolgende
Richtung aus den geschichtlichen Vorgängen und aus den Über-
lieferungen zu entnehmen.

Unsere Beziehungen zu Dänemark waren nicht ganz befriedigend. Sie standen noch unter dem Bann der Ereignisse
von 1864 und gingen im amtlichen Verkehr über eine höfliche
aber kühle Haltung kaum hinaus. Die Berührungen beider
Völker waren verhältnismäßig spärlich und nahmen zuweilen
schroffe, ja feindselige Formen an. Einem besseren Verhältnis
standen wesentlich die Dinge an der schleswig-dänischen Grenze,
der zähe, aus dem Königreich heimlich und offen genährte
Widerstand unserer Bevölkerung dänischen Blutes gegen die
preußische Herrschaft entgegen, ein Zustand, der eine reichlich
fließende Quelle von Reibungen und Widerwärtigkeiten bildete.
Dazu kam auf dänischer Seite ein tiefes Mißtrauen. Man
betrachtete uns als den bösen, mächtigen Nachbar, dem es eines
Tages beifallen könnte, das schwache Dänemark zu vergewaltigen,
ein Schicksal, dem man durch militärische Anstrengungen und
diplomatische Vorkehrungen so weit tunlich begegnen müßte.
Wenn dieser Argwohn auch zum nicht geringen Teil das Ergebnis geschäftiger auswärtiger Einflüsterungen war, so muß

10

doch eingeräumt werden, daß er auch Nahrung in dem Gebaren einzelner auf Machterweiterung bedachter und auf die militärische Kraft pochender deutscher Kreise fand. Von leitender Stelle bei uns geschah fast nichts oder nicht das Geeignete, um diesen leidigen Verhältnissen entgegenzuwirken. Man glaubte auf die Beziehungen zu unseren kleineren Nachbarn nicht erhebliches Gewicht legen zu müssen, zog sie in den Kreis großer politischer Rechnung kaum hinein und überließ es den inneren und örtlichen Obrigkeiten, sich mit den an den Berührungslinien sich entwickelnden unerquicklichen Verhältnissen nach bestem Ermessen abzufinden.

Entsprechend meiner Auffassung von den allgemeinen Aufgaben der Diplomatie, sowie in Erkenntnis des besonderen Wertes guter Beziehungen mit dem nördlichen Nachbarn, mit dem uns Bande des Blutes und ein fruchtbringender Austausch geistiger und materieller Güter verknüpften, der als Beherrscher der Wasserstraßen eine bedeutungsvolle Stellung einnahm, habe ich es als meine Pflicht betrachtet, mit aller Kraft eine Besserung unseres Verhältnisses anzustreben. Wenn dieses Ziel verhältnismäßig rasch erreicht worden ist, so ist dies vor allem dem in Dänemark sich vollziehenden Umschwung zu danken, der an Stelle der im ganzen gegen Deutschland unfreundlich gesinnten Konservativen die Liberalen ans Ruder brachte, die in Dingen der äußeren Politik die Einhaltung strengster Neutralität in allen Fällen auf ihre Fahne schrieben, von aussichtslosen militärischen Anstrengungen Abstand nahmen und mehr oder weniger offen und nachdrücklich die Herstellung freundlicherer Beziehungen zu Deutschland als erstrebenswertes Ziel bezeichneten. In der Tat ward bald die wohltätige Wirkung des Umschwunges wahrnehmbar. Das Verhalten der amtlichen Kreise uns gegenüber wurde unbefangener und wärmer, die Sprache der Presse wurde ziemlich allgemein freundlicher, die

11

Unterstützung des Widerstandes der dänischen Bevölkerung in Schleswig ließ nach, und die Dänemark besuchenden oder dort ansässigen Deutschen begegneten seltener abweisendem Verhalten.

Es erschien angezeigt, die mit gutem Willen einsetzende aber nur langsam und tastend fortschreitende Bewegung im richtigen Zeitpunkt und in einer Weise zu fördern, die, ohne an bevormundende Aufdringlichkeit zu streifen, einen ermunternden Fingerzeig darstellte. In diesem Sinne konnte mit Rücksicht auf den trotz aller demokratischen Neigungen stark ausgeprägten monarchischen Geist der dänischen Nation eine Wiederbelebung der etwas ins Stocken geratenen höfischen Beziehungen zwischen Kopenhagen und Berlin von guter Wirkung sein. Eine Anregung, ob Kronprinz Frederik nicht eine seiner regelmäßigen Auslandsreisen zu einem Besuch am Kaiserhofe benützen wolle, wo er freundlicher Aufnahme sicher sein könne, fiel auf aufnahmefähigen Boden. Der Besuch fand bald statt und verlief in jeder Beziehung vortrefflich, der Kronprinz kam voll der angenehmsten Eindrücke zurück und ließ es sich angelegen sein, diese in weitere Kreise zu verbreiten. Damit war ein bedeutender Schritt vorwärts geschehen, die Stimmung zwischen Dänemark und Deutschland nahm ersichtlich an wohltuender Wärme zu. Um sie noch mehr zu befestigen, legte ich, gelegentlich eines Hoffestes in Berlin, mit Ermächtigung des Kanzlers, dem Kaiser den Gedanken nahe, seinerseits einen Besuch in Kopenhagen zu machen. Der Kaiser ging gern auf die Anregung ein und nahm für den Besuch den 4. April, den Geburtstag König Christians, in Aussicht, obwohl ich darauf aufmerksam machte, daß zu dieser Zeit der Schwiegersohn des Königs, der Herzog von Cumberland, mit dem man damals bei uns jede Berührung vermied, mit Familie am Hof in Kopenhagen zu weilen pflegte. Der Kaiser nahm aber hieran keinen Anstoß. Leider hat sich der Herzog zu einer Begegnung

12

mit dem Kaiser nicht zu entschließen vermocht, ist ihr vielmehr durch vorzeitige Abreise ausgewichen, die Erkrankung eines in Gmunden zurückgebliebenen Sohnes als schicklichen Vorwand benützend. Ich wäre unschwer in der Lage gewesen, diese Flucht zu verhindern, wenn ich die Ermächtigung zu entsprechendem Handeln erlangt hätte. Man hielt bei uns aber an der Auffassung fest, daß eine Berührung des Kaisers mit dem Haupte des Welfenhauses politisch nicht angezeigt erscheine. Der Kaiser hat mir späterhin anvertraut, ihm wäre eine Begegnung mit der herzoglichen Familie erwünscht gewesen, weil ihm der Gedanke einer ehelichen Verbindung des Kronprinzen mit einer der anmutigen Töchter des Herzogspaares vorgeschwebt habe, auch eine Aussöhnung mit dem Welfenhaus als eine politisch erfreuliche Sache erschienen sei.

Trotz dieser Vorgänge verlief der Besuch des Kaisers in Kopenhagen ganz vortrefflich, so zwar, daß er auf Wunsch König Christians von vier auf fünf Tage ausgedehnt wurde. Die dem Kaiser von der Bevölkerung bereitete Aufnahme war sehr verschieden von derjenigen, die ihm vierzehn Jahre zuvor bei einem ersten Besuch zuteil geworden war. Die Kopenhagener waren angenehm überrascht, anstatt eines finster blickenden und martialisch auftretenden Herrschers, wie bildliche und literarische Schilderungen den Kaiser darzustellen liebten, einen Mann von gewinnendem, zwanglosem Wesen zu sehen, der den greisen König mit kindlicher Ehrerbietung begrüßte, der Bevölkerung freundlich zulächelte und in den Tagen des Aufenthaltes wie ein schlichter Tourist sich der Besichtigung der Sehenswürdigkeiten widmete. Besonders dankbar wurde es empfunden, daß der Kaiser dem Rathaus, der angesehenen Stätte eines selbstbewußten Bürgertums, einen Besuch abstattete und daß er keinerlei Interesse für militärische Dinge an den Tag legte, ein Verzicht, den die jedem Militarismus abholden Dänen um fo mehr fchäßten, als die befcheidenen Verhältniffe eine glänzende militärifche Schau nicht geftatteten. Die Stimmung war fchließlich eine fo warme, daß ein hervorragender Bürger der Hauptftadt mir fagte, wenn der Kaifer noch einen weiteren Tag verweilen wollte, fo würde ihm das fonft fo kühle Volk in feiner Begeifterung die Pferde vom Wagen fpannen. In der königlichen Familie hinterließ der Kaiferbefuch die denkbar angenehmften Eindrücke und löfte zwifchen den Monarchen wiederholt die Verficherung aus, daß fie an der erneuten ver- trauensvollen Freundfchaft treu fefthalten und den Nationen Führer auf den glücklich betretenen Wegen zu befferem freund- fchaftlichen Verftehen fein wollten. Im übrigen war von poli- tifchen Dingen wenig die Rede, befondere Abmachungen waren von keiner Seite beabfichtigt, man war fich ftillfchweigend dar- über einig, daß die Tatfache des Kaiferbefuches und der er- freuliche Verlauf für fich allein von wohltuender Wirkung in der beiderfeits erwünfchten Richtung fein werde. Nicht un- erwähnt darf bleiben, daß die gewinnende Art des Kaifers auch auf die Töchter des Königs, die Kaiferinmutter von Ruß- land und Königin Alexandra von England, fowie auf die franzöfifche Gemahlin des Prinzen Waldemar, alle drei hohe Damen, die dafür galten, in politifchen Dingen zuweilen nicht unwichtige und für Deutfchland unfreundliche Rollen gefpielt zu haben, von umftimmendem nachhaltigen Eindruck geblieben ift. Es find nach dem Befuche keine Anzeichen bemerkbar geworden, daß weibliche Einflüffe fich unliebfam geltend gemacht hätten.

Ein zweiter, kürzerer Befuch des Kaifers in Kopenhagen im Sommer 1905 war gleichfalls von vorteilhafter Wirkung, haupt- fächlich deshalb, weil der Kaifer den Argwohn zerftreute, als ftehe er aus eigenem dynaftifchem Intereffe dem Wunfche Däne- marks entgegen, den Thron des nach der Trennung von Schweden neu entftehenden Königreichs Norwegen mit einem

14

dänischen Prinzen zu besetzen. Ich hatte zwar den dänischen
Staatsmännern versichert, daß der Kaiser sich in keiner Weise
in die Frage des norwegischen Thrones einzumischen gedenke,
doch war die dänische Unsicherheit immer von neuem von englischer Seite genährt worden, bis endlich der Zustand nervöser
Spannung durch den Kaiser selbst gelöst wurde, der den Prinzen
Karl, den nachmaligen König Haakon, mit den Worten begrüßte,
er werde der erste sein, der ihn in Christiania besuchen werde.

Gelegentlich dieses Besuches war es, daß der Kaiser, der
mir schon vorher die Ernennung zum Botschafter in St. Petersburg in Aussicht gestellt hatte, mich davon unterrichtete, daß er
bei einer Begegnung mit dem Zaren auf Björkö dessen freudige
Zustimmung zu einem Bündnisvertrag gefunden habe, zu dem
Rußland sich bemühen solle, auch den Beitritt Frankreichs zu
erreichen, also die Wiederaufnahme eines schon vom Fürsten
Bismarck erwogenen Gedankens. Es war ein hochfliegender
Plan, dessen Verwirklichung die friedliche Ruhe Europas verbürgt haben würde, der indessen, wie leicht erklärlich, an der
Abneigung der französischen Machthaber scheiterte, in ein Verhältnis einzutreten, das einen Verzicht auf die Wiedererlangung
Elsaß-Lothringens in sich schloß. Bei der schwachen und
schwankenden Natur des Zaren, der es bekanntlich auch späterhin in schweren Zeiten nicht vermochte, seinen Friedenswunsch
gegenüber kriegerischem Drängen durchzusetzen, ist es dem damaligen russischen Minister des Äußeren, Grafen Lamsdorf,
nicht schwer gefallen, der weiteren Verfolgung der Sache, die
Frankreich sogleich mit einer Abweisung durchkreuzte, unter dem
Vorwande auszuweichen, daß die Abrede der Monarchen ohne
Kabinettsberatung, auch ohne seine Zuziehung, nur im Beisein
des nicht zuständigen Marineministers, erfolgt sei.

Abgesehen von der allgemeinen Besserung der deutsch-dänischen
Beziehungen ergab sich als eine erfreuliche Folge der den

15

Umschwung herbeiführenden Vorgänge eine freiere und würdige Stellung des Deutschtums im Königreich. Die dort ansässigen Deutschen hatten sich bis dahin zu einer sehr bescheidenen und gedrückten Haltung veranlaßt gesehen. Versuche zur Sammlung, zur Schaffung gemeinnütziger Werke, zur Begehung vaterländischer Feiern waren über schüchterne Anläufe nicht hinausgelangt. Mit Mühe gelang es dem Gesandten, zur Feier von Kaisers Geburtstag einige wenige Gäste an seinem Tische zu vereinen. Es erschien mir als dringende Aufgabe, diesem beschämenden Zustand ein Ende zu bereiten, unter Benützung der günstiger werdenden Umstände das Selbstbewußtsein der Landsleute zu wecken, die Bildung von Vereinigungen zu fördern, gemeinnützige Einrichtungen ins Leben zu rufen, vaterländische Feste zu veranstalten, und ich habe die freudige Genugtuung gehabt, daß die Deutschen dem Rufe willig und zahlreich Folge geleistet haben, daß Werke und Veranstaltungen auf festgefügten Grundlagen entstanden sind, die dem deutschen Namen Ehre machen und die Achtung vor deutschem Wollen und Können verbreitet haben.

Der Wandel der Dinge in Dänemark hat in Deutschland vorwiegend ein Gefühl der Erleichterung geweckt, ist aber doch nicht einheitlicher Einschätzung begegnet. Die leitenden Stellen waren erfreut über die endliche Erreichung eines Punktes, jenseits dessen die Straße weniger steinig zu sein versprach, als sie bisher gewesen. Man blickte in eine Zukunft, in der es gelingen würde, noch manche Rückstände aus unerfreulichen Zeiten zu beseitigen, Unebenheiten auszugleichen. Der überwiegende Teil der öffentlichen Meinung war geneigt, die freundlichere Gestaltung des Verhältnisses zu Dänemark in dem Vertrauen anzuerkennen, daß sie eine nicht nur vorübergehende, sondern Dauer versprechende Erscheinung sei, deren Wert durch weiteren sorgsamen Ausbau vertieft werden könnte. In den Kreisen stark nationaler Gesinnung allerdings, insbesondere

16

denen, welche sich hierzu durch das Verhalten der dänisch gesinnten Bevölkerung im nördlichen Schleswig veranlaßt sahen,
regten sich Bedenken, Zweifel, ja Tadel. Man nahm zwar von
dem Umschwung in Dänemark Notiz, glaubte aber vor allzu
großer Zuversicht auf eine wesentlich bessere Zukunft warnen zu
sollen und beschwor die Regierenden, sicher zu erwartenden
dänischen Wünschen nach milderen Maßregeln in unserem Grenz-
gebiet nicht zu willfahren — timeo Danaos, et dona ferentes.
Der Umstand, daß mein Name in Verbindung mit der in den
Kaiserbesuchen zum sichtbaren Ausdruck gelangten Besserung
der Beziehungen genannt war, führte zu einer Vorstellung,
welche in mir einen Fürsprecher bedenklich weitgehenden Entgegenkommens sehen zu sollen glaubte. Diese nicht sowohl auf
Tatsachen wie auf bloßen Vermutungen sich gründende Voreingenommenheit, der entgegenzutreten sich mir keine Gelegenheit bot, wucherte mit der Zeit weiter und verstärkte sich, als ich
an die Spitze des Auswärtigen Amts berufen wurde, in dem
Maße, daß sie zu einer Art von Glaubenssatz wurde. Man
verlor sich so sehr in diesen Irrwegen, daß man mich für den
im Januar 1907 abgeschlossenen Vertrag über die Optanten-
kinder und dessen Folgen verantwortlich zu machen liebte, un-
bekümmert um die Tatsache, daß ich an dem Zustandekommen
dieses Abkommens in keiner Weise beteiligt war, wie ein einfacher Blick auf den Umstand sichtbar hätte machen können,
daß ich zur Zeit der Verhandlungen weder Gesandter in Kopenhagen noch Staatssekretär in Berlin, sondern Botschafter in
St. Petersburg war. Einen lehrreichen Einblick in die Art,
wie politische Gegnerschaft zuweilen betrieben wird, gewährte
mir späterhin eine gelegentliche Auseinandersetzung mit dem
Führer des deutschen Widerstandes im nördlichen Schleswig
gegen dänische Umtriebe. Er mußte sich zu dem Geständnis
verstehen, daß die jahrelang gehegte Annahme, die mich für

die im Optantenvertrag zum Ausdruck gelangende versöhnliche
Richtung verantwortlich machte, eine irrige sei. Dem Volk
seien, so meinte der Herr, die Amtsantrittszeiten der einzelnen
Minister nicht immer gegenwärtig. Meine Meinung von der
gründlichen Sachlichkeit politischer Kämpfe hat durch diese Erfahrung einen starken Stoß erlitten.

Während meiner Amtszeit in Kopenhagen war es, daß ich
den Kaiser wiederholt als Vertreter des Auswärtigen Amts
auf Reisen zu begleiten hatte, einmal auf einer kurzen Jagdreise durch Schlesien, das andere Mal auf der Mittelmeerreise,
die u. a. nach Tanger führte. Bei der ersten dieser Gelegenheiten zu näherer Berührung legte mir der Kaiser unter dem
Eindruck eingelaufener unerfreulicher Nachrichten dar, wie sich
die Dinge gestalten könnten, wenn der Kreis unserer Gegner sich
mit einem Druck fühlbarer machen sollte, der Deutschland die
Abwehr eines mehrseitigen Angriffes aufzwingen würde. Dann
werde man sich Friedrichs des Großen erinnern, der Furor
Teutonicus werde mit unwiderstehlicher Kraft den Ring sprengen,
wie eine Windsbraut würden die deutschen Heere über Frankreich fegen, und nach dessen rascher Niederwerfung sich gegen das
nur langsam schlagfertig werdende Rußland wenden und auch
dieses in Kürze zur Ruhe bringen. Von England nahm der Kaiser
an, daß es zunächst Zuschauer bleiben werde und daß der gewaltige
Kampf beendigt sein würde, ehe England zu einem Entschluß
gelangt wäre, nach welcher Seite es sich wenden solle. Also
schon damals die Besorgnis vor einem großen Kriege.

Was die Mittelmeerreise betrifft, so war der in Aussicht
genommene Besuch in Tanger kein Geheimnis mehr. Er war
vielfach öffentlich besprochen und ¡mehr oder weniger deutlich
als ein ernster Warnungsruf an Frankreich wegen seiner Eigen-
mächtigkeiten in Marokko bezeichnet worden. Auch wurde geflüstert, daß der Kaiser sich zu einer solch ungewöhnlichen Kund-

18

gebung nur zögernd verstanden habe. In der Tat konnte ich im Laufe der Hinreise wahrnehmen, daß der Kaiser dem Tangerer Abenteuer nicht ohne einige Besorgnis entgegensah. Er selbst hat mir geäußert, es sei nicht seine Absicht gewesen, die Reise zu einer hochpolitischen und in mancher Beziehung nicht unbedenklichen Kundgebung werden zu lassen, er habe nur den zahlreichen ihn als Gäste begleitenden Herren Gelegenheit zu einem flüchtigen Blick in echt muselmanisches Leben bieten wollen, für seine Person, dem der Orient nicht neu sei, gedachte er, vor Tanger an Bord zu bleiben. Indessen habe der Kanzler, vermutlich unter dem Einfluß Herrn von Holsteins, so nachdrücklich auf einer politischen Betonung bestanden, daß er sich schließlich, konstitutionellem Grundsatze getreu, gefügt habe. Neben der politischen Seite des Unternehmens beschäftigte es den Kaiser lebhaft, daß in Tanger, wie er in Lissabon erfuhr, die Enge der Straßen ein Fahren nicht erlaubte, daß ihm daher zugemutet wurde, vom Hafen nach der jenseits der Stadt gelegenen Gesandtschaft auf einem ihm nicht vertrauten Pferd zu reiten. Auch war ihm gesagt worden, daß bei frischem Ostwind das Anlandgehen, mangels eines geschützten Hafens, schwierig, wenn nicht unmöglich sein könnte. Der Kaiser schien zuweilen geneigt, mit Berufung auf diese ihm vorher nicht bekannten Schwierigkeiten von seiner dem Kanzler gegebenen Zusage zurückzutreten. Angesichts dieser Schwankungen befand ich mich in einer nicht willkommenen Lage: Einerseits war ich persönlich von den politischen und sonstigen Bedenklichkeiten des Unternehmens überzeugt, auf der anderen Seite war es, als Vertreter des Auswärtigen Amts, meine überdies noch nachdrücklich betonte Aufgabe, den Kaiser nicht wankend werden zu lassen. Erleichtert wurde mir die letztere durch die Anwesenheit des Grafen Tattenbach, des Gesandten in Lissabon, der vorher in Marokko diplomatische Kämpfe gegen die französischen

Anmaßungen ausgefochten hatte, ein entschiedener Befürworter des Tangerabenteuers war, den Kaiser auch als Orts- und Sachkundiger nach Marokko begleitete. Meinerseits glaubte ich es zunächst Gott Äolus überlassen zu sollen, ob er dem Unternehmen günstig sein wolle oder nicht. Bei der Ankunft auf der Reede von Tanger wehte richtig ein steifer Ostwind, so daß an Einbooten nicht zu denken war. Der Kaiser beschloß, günstigeres Wetter abzuwarten, im Notfall nach Gibraltar zu fahren und von dort wiederzukommen. Indessen gelang es dem Geschäftsträger von Kühlmann mit dem Lotsen an die „Hamburg" heranzusegeln und, von Spritzwasser übergossen, in der Paradeuniform der Bamberger Ulanen mittelst der Strick-leiter — die Treppe konnte bei dem Seegang nicht benützt werden — an Bord zu gelangen. Auch der älteste Kommandant von zwei auf der Reede ankernden französischen Kreuzern er-schien an Bord, um sich beim Kaiser zu melden, der ihn in ein langes Gespräch über die Wetteraussichten zog. Als der Wind etwas abgeflaut hatte, wurde Generaladjutant von Scholl beauftragt, eine Landung zu versuchen und sich über die Mög-lichkeit, nach der Gesandtschaft zu gelangen, Gewißheit zu ver-schaffen. Als der General mit der Meldung zurückkam, daß die Landung, wenn man das Naßwerden nicht fürchte, nicht allzu schwierig, das für den Kaiser bereit gehaltene Pferd vor-trefflich sei und in der Stadt alle Welt in fieberhafter Er-regung das Kommen des Kaisers erwartete, wurde die Landung beschlossen und ohne Störung durchgeführt. Dem an Land Seine Majestät begrüßenden bejahrten Oheim des Sultans und den Vertretern der Deutschen Kolonie soll der Kaiser, den Zeitungen zufolge, Reden gehalten haben, in denen die Unabhängigkeit des Sultans und die Gleichberechtigung besonders betont waren. Die Wahrheit ist, daß der Kaiser nicht förmliche Ansprachen hielt, sondern die Begrüßungen im Unterhaltungs-

20

ton erwiderte, allerdings mit dem angegebenen Inhalt. Um ein
Haar drohte die Fortführung des Unternehmens noch an dem
Umstand zu scheitern, daß der dem Kaiser zugedachte Araber-
schimmel bei dem ungewohnten Anblick des Helmes unruhig
wurde und das Aufsitzen nicht zulassen wollte. Es gelang aber,
das Tier zum Gehorsam zu bringen, und gefolgt von etwa
20 Begleitern, alle zu Pferd, zog der Kaiser in die Stadt ein,
deren enge, von einer freudig lärmenden Menge erfüllte Straßen
nur ein langsames Vorwärtskommen gestatteten. Auch die
flachen Dächer aller Häuser waren von maurischen, christlichen
und jüdischen Frauen dicht besetzt, die dem Kaiser in den verschiedensten Tönen zujubelten und Blumen streuten. Endlich
gelangte der Zug auf den Soko, den freien Platz vor dem
Garten der Gesandtschaft, ein bewegtes Meer von Menschen
bildend, die in betäubendem Schreien und wildem Schießen ihrer
Begeisterung Ausdruck gaben. Der wirre Lärm wurde noch
durch eine vom Sultan geschickte militärische Musikbande vermehrt, die sich vergeblich bemühte, das Getöse des Volkes zu
übertönen. Das Unruhigwerden der Pferde veranlaßte mich,
einen anscheinend ein Kommando führenden französischen Offizier zu fragen, ob er dem wilden Schießen nicht Einhalt zu
tun vermöchte. Er antwortete kleinlaut, er habe nur auf die
ihm zur Ausbildung anvertraute Handvoll regulärer Truppen
einigen Einfluß, nicht den geringsten aber auf die schießlustigen
halbwilden Kabylen. In der Gesandtschaft hatte der Kaiser
eine eingehende Unterredung mit dem Oheim des Sultans,
wieder mit der Zusage des Eintretens für die Unabhängigkeit
des Sultans, und empfing noch weitere maurische Gäste sowie
die fremden Gesandten. Ich trat nun an den Kaiser mit dem
Hinweis darauf heran, daß sich ein weltgeschichtliches Ereignis
von noch unabsehbarer Tragweite vollzogen habe und bat dringlich, die Rückkehr zum Schiff zu befehlen, sowohl in der Be-

fürchtung, daß je länger die Spannung der erregten Bevölkerung andaure, desto leichter böse Zwischenfälle eintreten könnten, wie auch in der Besorgnis, daß erneut einsetzender Wind das Anbordgehen verhindern könnte und der Kaiser in der von keiner starken Autorität beherrschten Maurenstadt festgehalten würde. Glücklicherweise vollzog sich die Rückkehr an Bord ohne ernste Störung. Erst mehrere Tage später, als der Kaiser in Neapel die ersten Nachrichten über das gewaltige Echo erhielt, das der Tangerbesuch in der Welt geweckt hatte, schien es zum vollen Bewußtsein des Kaisers zu kommen, von welch großer politischer Bedeutung das Unternehmen gewesen. Wenn der Kaiser es auch nicht äußerte, so hatte ich doch den Eindruck, daß er auf das Ereignis mit dem Gefühl zurückblickte, es wäre besser gewesen, an seiner ursprünglichen Weigerung festzuhalten.

Im Vergleich zu Tanger war der übrige Teil der Reise, auf der außer Lissabon und Gibraltar italienische Plätze sowie Korfu besucht wurden, politisch ziemlich belanglos. In Lissabon war am ersten Tage des längeren Aufenthalts ein leichter Mißton dadurch geweckt worden, daß der Kaiser die französische Tischrede des Königs Carlos in deutscher Sprache erwiderte, was bei den Portugiesen frostige Beklommenheit hervorrief. König Carlos hatte es unterlassen, obwohl er beim feierlichen Einzug stundenlang in der Galakarosse allein mit dem Kaiser saß, von den auszutauschenden Toasten zu sprechen, und auch unser Gesandter hatte versäumt, sich, wie üblich, vertraulich zu unterrichten, was der König zu sagen gedenke. So mußte der Kaiser aus dem Stegreif antworten. Ein gewisser Unmut darüber mag mitgewirkt haben, daß kurz vor Ankunft eine portugiesische Funkenstation ein deutsches Telegramm an die Kaiserin nicht angenommen hatte. Es gelang mir, den Kaiser zu bewegen, am folgenden Tage bei einer Festlichkeit der Geographischen Gesellschaft, eines Instituts, auf welches die Portu-

22

giesen mit großem Stolz blicken, eine rasch entworfene An-
sprache in der allgemein verständlichen französischen Sprache
über die Taten der großen portugiesischen Seefahrer sowie über
die koloniale Tätigkeit Portugals und Deutschlands zu halten,
und nun wandelte sich die Kühle in südländische Wärme und
Begeisterung. Die weiteren Besuchstage in Lissabon verliefen
in erfreulichster Harmonie.

An Tanger schloß sich ein kurzer Besuch in Gibraltar, wo
der englische Gouverneur — es war General White, der Ver-
teidiger von Ladysmith im Burenkrieg — den Kaiser in sehr zuvor-
kommender und sinniger Weise bewirtete. Der Kaiser war davon
überaus wohltuend berührt, und es war ersichtlich, daß er trotz
aller Gegensätze gegen die Engländer in politischen Dingen sich von
dem einnehmenden Wesen englischer Geselligkeit gern gewinnen ließ.

Einen weiteren Haltepunkt bildete der spanische Hafen Port
Mahon, wo der König von Spanien den Kaiser durch den kom-
mandierenden General begrüßen ließ. Es entstand einige Verlegenheit durch den Umstand, daß der General keiner anderen wie
der eigenen Sprache mächtig war, so daß ich mit meiner etwas abge-
blaßten Kenntnis des Spanischen als Dolmetscher aushelfen mußte.

Eine Begegnung mit dem König von Italien in Neapel
und dreitägiges Zusammensein der Monarchen, bei dem sie sich
persönlich näherkamen als bei früheren Anlässen, konnte als
ein Beitrag zur Befestigung des Dreibundsgedankens gebucht
werden. Es wäre indessen zu viel gesagt, wenn man der erneuten Monarchenbegegnung die Bedeutung eines Vorganges
beigelegt hätte, der ein restlos vertrauensvolles Verhältnis
zwischen dem italienischen Bundesgenossen und uns schuf. Auch
hier zeigte sich, daß Begegnungen der Staatsoberhäupter für
die Beziehungen der Völker mehr augenfällige wie tatsächlich
aufbauende Bedeutung zuzukommen pflegt. Im übrigen lagen
diesem Kaiserbesuche ebensowenig wie dem im Jahr zuvor unter-

nommenen befondere politifche Abfichten zugrunde. Die Reifen
des Kaifers in italienifchen Gewäffern und Landen entfprangen
vielmehr lediglich dem Wunfche nach Erholung und nach Kennen-
lernen fchöner und intereffanter Plätze. Insbefondere waren
es die Baudenkmäler aus der Hohenftaufenzeit in Sizilien und
Apulien, die das Intereffe des Kaifers vom hiftorifchen und
künftlerifchen Gefichtspunkt aus in hohem Grade feffelten. Wenn
in der ausländifchen Preffe die Reifen des Kaifers nach Italien
hie und da in dem Sinne gedeutet wurden, daß fie weit-
fchweifenden Gedanken der Wiederherftellung des Heiligen
Römifchen Reiches entfprangen, fo find dies Erzeugniffe über-
fpannter Phantafien.

Der Befuch in Korfu trug wefentlich familiäres Gepräge.
Ein kleines Mißgefchick wollte es, daß bei Ankunft des Kaifers
weder der König von Griechenland noch fonft ein Mitglied der
königlichen Familie zur Begrüßung anwefend war. König Georg
war, überaus höflich, dem Kaifer mit feiner Jacht entgegen-
gefahren, aber füdlich um die Infel, während die „Hohenzollern"
von Norden einlief, ein Verfteckfpiel, das die Monarchen dann
von der heiteren Seite nahmen. Der Aufenthalt auf der im
fchönften Frühlingsfchmuck prangenden Infel machte auf den
Kaifer einen fo wohltuenden Eindruck, daß er den Entfchluß
zur Erwerbung des Achilleion faßte.

Am Schluffe der Mittelmeerreife eröffnete mir der Kaifer,
daß er dem Vorfchlage des Reichskanzlers, mich als Botfchafter
in St. Petersburg in Ausficht zu nehmen, gern zugeftimmt
habe. Es werde indeffen noch einige Zeit dauern, bis der
Poften zur Erledigung komme. Graf Alvensleben fcheine fich
zwar mit Rücktrittsgedanken zu tragen, doch habe er diefe
Abficht amtlich noch nicht kundgegeben. Der Wechfel auf den
St. Petersburger Poften kam dann mit der Jahreswende zum
Vollzug.

24

II.

Botschafter in St. Petersburg

Für meine Berufung auf den Botschafterposten in St. Petersburg war, wie der Kaiser und der Kanzler mir eröffneten,
neben der Anerkennung meiner bisherigen dienstlichen Tätigkeit,
vor allem der Gedanke ausschlaggebend gewesen, daß mir die
Erfüllung der Aufgaben in einem sehr wichtigen Punkt, demjenigen persönlichen Einflusses an maßgebendster Stelle, dank
der aus früheren Anlässen gegebenen Möglichkeit näheren Heran-
tretens an den Zaren, wesentlich erleichtert werden dürfte. Meine
hessische Herkunft und meine zeitweilige Tätigkeit als Ober-
hofmarschall in Koburg hatten wiederholt Gelegenheit zu näherer
zwangloser Berührung mit den nunmehrigen russischen Majestäten geboten, die Annahme war daher berechtigt, daß ich als
Vertreter des Kaisers am russischen Hofe gern willkommen
geheißen würde. Der Kaiser hatte überdies dem Zaren brief-
lich die Absicht meiner Entsendung mit dem Ausdruck der
Hoffnung mitgeteilt, daß es ihm besonders genehm sein werde,
einen alten Bekannten zu empfangen, und es war eine freundliche Antwort erfolgt. Auch der Großherzog von Hessen hatte
empfehlende Worte an seine Schwester gerichtet.

Als ich mich Ende 1905 zum Antritt des Postens richtete,
waren die Verhältnisse in Rußland noch keineswegs zu nor-
maler Ruhe gekommen. Die Revolution war zwar in der
Hauptsache niedergeschlagen, aber das Feuer flackerte doch noch

häufig, in der Hauptstadt und im Lande, bedenklich auf. Einen
Beweis von der noch vielfach bestehenden Unsicherheit erhielt
ich sogleich an der russischen Grenzstation Wirballen, wo mich
der Gendarmeriekommandant Oberst Massejedow empfing, zu
dem bereitgestellten Salonwagen geleitete und mir glückliche
Reise mit dem Beifügen wünschte, es seien Gerüchte von bevor-
stehenden revolutionären Anschlägen auf Brücken der Bahn-
strecke im Umlauf; es sei ihm noch nicht möglich gewesen, zu
ermitteln, wieweit dem Tatsächliches zugrunde liege, geschweige
denn Gegenmaßregeln zu treffen. Die Reise verlief indessen
ohne jegliche Störung, ich kam wohlbehalten am 1. Januar 1906
in St. Petersburg an.

Die Erwartung, daß ich in Zarskoje Selo freundliche und vertrauensvolle Aufnahme finden würde, wurde in vollem Maße
erfüllt. Unter zeitweiliger Unterbrechung des für Antritts-
audienzen üblichen steifen Zeremoniells wurde ich vom Zaren
und der Zarin gemeinschaftlich und in intimer Art empfangen.
Die Unterhaltung verweilte lange bei alten, angenehmen Erinnerungen und schloß mit der Aufforderung des Zaren, ihn
zwanglos aufzusuchen, wenn immer ich etwas auszurichten oder
etwas auf dem Herzen haben sollte, er werde sich freuen, mich
häufig zu sehen. Der Zar ist dieser freundlichen Zusage treu
geblieben, wenn er auch eine auffällige Bevorzugung des
deutschen Vertreters begreiflicherweise vermieden hat.

Unsere Beziehungen zu Rußland waren zu jener Zeit so gut,
wie sie bei der gegebenen Lage nur sein konnten. Sie standen
zwar nach wie vor im Schatten des russisch-französischen Bündnisverhältnisses, indessen war dieses, nachdem der französische Geld-
zufluß seine befruchtende Schuldigkeit getan hatte, von russischer
Seite mit einer gewissen Kühle behandelt worden. Der Temperaturrückgang nahm noch erheblich zu infolge des überaus vorsichtigen, nahezu bündniswidrigen Verhaltens Frankreichs während

26

des ruffifch-japanifchen Krieges. Dahingegen war unfere nicht
nur loyale, fondern auch fehr wohlwollende und überdies un-
eigennützige Neutralität in Rußland gebührend vermerkt und
dankbar anerkannt worden. Sowohl der Zar, wie Graf Lamsdorf, der Minifter des Äußern, äußerten mir bei der erften
Begegnung, unfer freundfchaftliches Verhalten würde uns nicht
vergeffen werden. Über das Verhältnis zu Frankreich fprach
fich der Zar nicht aus, es fei denn mit wenigen andeutenden
Worten, die immerhin eine fehr nüchterne Auffaffung verrieten.
Graf Lamsdorf war offener und weitgehender. Er fagte, Frankreichs Verhalten in den Kriegszeiten habe in Rußland fehr
enttäufcht und Verftimmung geweckt. Das Bündnis habe eine
bemerkenswerte Schwächung erfahren, foweit es fich auf nationale Geiftesrichtungen ftütze. Aber es beftehe nun einmal,
und die ruffifche Politik erkenne die Nützlichkeit, ja Notwendigkeit der weiteren Erhaltung, um im Intereffe des europäifchen
Friedens das unruhige Frankreich im Zaume zu halten —
„pour mater la France révolutionnaire". Für uns könne unter
diefem Gefichtspunkte das Fortbeftehen der Allianz nichts Be-
drohliches enthalten, eher das Gegenteil. Er perfönlich — und
auch der Kaifer — hätten keinerlei Sympathien für Frankreich,
feien fich aber bewußt, daß die Wege der äußeren Politik nicht
von Gefühlen, fondern von kühlen Erwägungen vorgezeichnet
feien. Nachdem wir feinerzeit durch Nichterneuerung des fo-
genannten Rückverficherungsvertrages eine ftarke Stütze der
beftehenden, fehr befriedigenden Lage weggenommen hätten, fei
Rußland geradezu gezwungen gewefen, eine folche an anderer
Stelle aufzurichten. Über die inzwifchen verfunkene Abmachung
von Björkö fprach der Minifter nur mit verlegener Zurückhaltung. Es liege auf der Hand, daß von Frankreich ein Beitritt zu dem geplanten Bunde, deffen Grundgedanke gewiß ein
überaus fchöner fei, nicht zu erwarten war. Er fei fogleich

überzeugt gewesen, daß jegliches Bemühen in dieser Richtung vergeblich sein würde. Zu bedauern sei es, daß er, der zuständige Minister, in Björkö nicht zugezogen worden sei, er würde vor zu weit gespannten Hoffnungen gewarnt und verhindert haben, daß die Monarchen einen Pakt unterzeichneten, dessen Ausführung unmöglich schien.

Diese Äußerungen des Ministers waren nicht überraschend, nachdem schon vorher zu unserer Kenntnis gelangt war, daß er nichts unternommen hatte, um Frankreich zu dem gewünschten Anschluß zu bewegen. Er hatte sich darauf beschränkt, den Bundesgenossen von dem Vorgange auf Björkö in Kenntnis zu setzen und von französischer Seite prompt die Antwort „non possumus" erhalten. Die Lage war mithin die, daß die Leitung der russischen Politik nichts zu tun für gut befunden hatte, um die bestehenden Gegensätze zwischen uns und Frankreich zu überbrücken und eine Quelle des europäischen Unfriedens zum Versiegen zu bringen, und damit eine Haltung eingenommen hatte, die in Frankreich nicht anders, wie als eine Sanktionierung des bestehenden Zustandes aufgefaßt werden konnte. Überdies zeigte der Vorgang in belehrender Weise, daß das Wort des Zaren nicht so unverbrüchlich und seine Macht nicht so stark war, wie bei uns vielfach angenommen wurde. Das Vorgefallene würde wohl, wenn es in weiteren Kreisen bekanntgeworden wäre, was zum Glück nicht der Fall war, nicht geringe Beunruhigung hervorgerufen und eine Ausbeutung in dem Sinne gefunden haben, daß es sich um einen vereitelten deutschen Versuch handelte, die europäische Politik aus ihren Angeln zu heben. Aber auch in dem engen Kreis der Eingeweihten ist eine nicht erwünschte Erinnerung geblieben, die einen leichten Schatten auf die amtlichen deutsch-russischen Beziehungen warf. Der Schatten wäre dunkler gewesen, wenn die Beziehungen nicht in anderen Punkten fördernde Stützen gefunden hätten. Neben

28

unſerem Verhalten während des ruſſiſch-japaniſchen Krieges
war es auch unſere Haltung in den Zeiten der ruſſiſchen Revolution, die in Rußland an leitenden Stellen Anerkennung
gefunden hatte, wenn man hier auch einer gewiſſen Neigung
unterlag, ſie als etwas Selbſtverſtändliches zu betrachten, weniger
als einen Ausfluß von Freundſchaft, wie als ein Erzeugnis
eigenen Bedürfniſſes. Von unſerer ſtrengen Neutralität auch
den inneren Ereigniſſen in Rußland gegenüber, wie vorher
zu den äußeren, war man hauptſächlich deshalb angenehm berührt, weil ſich in dieſer Haltung die Zuverſicht kundgab, daß
es der beſtehenden ruſſiſchen Staatsgewalt allein aus eigener
Kraft gelingen werde, die Kriſe zu überwinden. Bei der
konſervativen Grundrichtung unſeres innenſtaatlichen Lebens
glaubte man ſicher zu ſein, daß bei uns alles Erwünſchte ge-
ſchehe, um etwaige Verſuche zur Unterſtützung der ruſſiſchen
Umſturzbewegung niederzuhalten. Man nahm aber auch gern
davon Vermerkung, daß der liberale Teil unſerer öffentlichen
Meinung ſich maßvoll verhielt, während die von Frankreich
und England herüberſchallenden Preßſtimmen vielfach derart
waren, daß ſie bitteren Unmut hervorriefen. Für ruſſiſche
Denkungsart iſt es bezeichnend, daß Graf Lamsdorf, ein ultra-
konſervativer Staatsmann, zu dem Zeitpunkt, wo die ruſſiſche
Regierung ſich wieder einigermaßen Herr der inneren Lage
fühlte, unter Berufung auf monarchiſche Solidarität, mit dem
Anſinnen an uns herantrat, revolutionären Regungen nach einem
gemeinſamen Plane entgegenzuwirken. Es ſchien, als ob ihm
unſer bisheriges loyales Verhalten noch nicht genügte, daß er
unſere geſunde Kraft zur Flottmachung des feſtgefahrenen ruſſiſchen
Staatswagens benützen und den erbetenen Vorſpann nicht vor,
ſondern hinter dem Fuhrwerk anlegen wollte. Die Anregung
iſt dann im Sande verlaufen, nachdem bald darauf Graf Lamsdorf und ſeine reaktionären Miniſterkollegen zurücktreten mußten.

29

Ein starker Pfeiler unserer Beziehungen zu Rußland war auch in dem regen und wertvollen Handelsverkehr zu erblicken, dem ein erneuter und erweiterter Handelsvertrag nur förderlich sein konnte. Wenn in einzelnen russischen Kreisen von einem Überwiegen deutscher Vorteile aus dem Vertrag gesprochen wurde, so sind dies Klagen, die nur selten bei Handelsverträgen auszubleiben pflegen. Tatsächlich waren die Beschwerden schwach begründet und entsprangen vielfach nicht eigenem russischen Urteil, sondern mißgünstigen Einflüssen von außen, für die, wie sich auch auf anderen Gebieten zeigte, der russische Boden aufnahmefähig war.

Das stärkste Band aber der deutsch-russischen Beziehungen durfte, wie zuvor, so auch zu jener Zeit noch, in der seit einem Jahrhundert bestehenden engen Freundschaft der Herrscher= häuser erblickt werden. Auf beiden Seiten bestand der feste und aufrichtige Wille, dieses Band sich nicht lockern zu lassen. Seine Befestigung war das Ziel nicht weniger Erwägungen und Entschließungen, womit nicht gesagt sein soll, daß dieses Ziel immer erreicht wurde, sei es, daß es undeutlich blieb oder auf der einen oder anderen Seite nicht der richtige Weg ein= geschlagen wurde.

Bei dieser Lage war es von hohem Interesse, zu sehen, welche Haltung Rußland auf dem diplomatischen Kampffeld von Algeciras, auf dem die Mächte aufmarschierten, einnehmen werde, ob es dem bringenden Verlangen des französischen Bundesgenossen nach rückhaltloser Unterstützung nachkommen oder sich freundschaftlich zu uns halten wollte. Angesichts des mangelnden russischen Interesses an Marokko an sich, konnte seine Stellungnahme nur von Rücksichten der höheren Politik bestimmt werden. Das Verhalten der russischen Vertretung auf der Konferenz war anfänglich unbestimmt und wenig aktiv. Graf Lamsdorf sagte mir, er betrachte es als die dankbare

30

Aufgabe Rußlands, in Algeciras zwischen uns und Frankreich tunlichst zu vermitteln, der russische Bevollmächtigte habe dahingehende Weisungen. Sei es nun, daß diese Weisungen nicht deutlich genug waren, sei es, daß der russische Vertreter sie nicht genau befolgte, von einer fruchttragenden russischen Vermittlung war in Algeciras wenig zu bemerken, vielmehr zeigte sich dort, daß der russische Vertreter sich je länger je mehr zur französischen Front herüberziehen ließ. Dies wäre wohl in noch höherem Maße der Fall gewesen, wenn es mir nicht möglich gewesen wäre, dem beim Zaren persönlich entgegenzuwirken. Immerhin setzten die zugesagten russischen Vermittlungsversuche nicht mit derjenigen Kraft ein, welche zur Erzielung von Erfolg angezeigt gewesen wäre.

Ähnlich entwickelten sich die Dinge im Hinblick auf die zweite Konferenz im Haag, auf der ein Antrag Englands auf Einschränkungen der Rüstungen, vor allem der Flottenbauten, zu erwarten war. Schon geraume Zeit, ehe der Zusammentritt der Konferenz bevorstand, hatte sich in Verbindung mit dem Inslebentreten der neuen liberaleren Verfassung in Rußland ein Regierungswechsel vollzogen, der in der Leitung der auswärtigen Angelegenheiten an Stelle des reaktionären Grafen Lamsdorf den gemäßigt liberalen Herrn Iswolski, bis dahin Gesandter in Kopenhagen, brachte. Wie dieser über Abrüstung und Schiedsgericht persönlich dachte, war mir aus Kopenhagen, wo ich sein Kollege gewesen, bekannt. Seine Ansicht war nicht nur eine skeptische sondern eine wegwerfende. Als seinerzeit einer seiner Vorgänger, Graf Murawjew, im Namen des Zaren die Welt mit dem Rundschreiben über allgemeine Abrüstung überrascht hatte, hatte Iswolski sich zu der Bemerkung hinreißen lassen, allgemeine Abrüstung und Völkerfriede, das seien Hirngespinste von Sozialisten und hysterischen Weibern, eine Äußerung, die ihm zeitweise Ungnade eingetragen hatte.

31

Mochte er jetzt in seinem Innern nicht wesentlich anders denken
und in seiner Auffassung durch die neue Lage, in die Rußland
durch den unglücklichen Krieg mit Japan sowie die innere Er-
schütterung geraten, bestärkt werden, so durfte er als nun-
mehriger Leiter der Außenpolitik derjenigen Macht, von welcher
die Konferenzidee ausgegangen war, sich nicht zu sarkastisch
abweisendem Urteil bekennen, dies um so weniger, als er sich
nicht verhehlen konnte, daß hinter den schönen Worten des
Bühnenspiels, das im Haag zur Aufführung gelangen sollte,
sich Gedanken verbargen, die weniger auf friedfertige Einigung
der Mächte gerichtet waren, wie auf Bildung und auf Sprengung
von Gruppen, auf Gewinnung von Boden, dem eher der
Samen des Zwiespalts wie derjenige der Eintracht entkeimen
mochte. Bei solcher Sachlage zeigte sich der Minister unserer
Anregung, daß die in gleichwertigen Interessen und Auffassungen
sich nahe berührenden drei Kaisermächte Deutschland, Österreich-
Ungarn und Rußland Hand in Hand nach dem Haag gehen
und dort geschlossen gegen die Abrüstung auftreten möchten,
wenig zugänglich. Er schien geneigt, darin den Versuch einer
Verschiebung der europäischen Lage, der gegebenen sowohl wie
der aus der angebahnten russisch-englischen Annäherung sich
vorbereitenden, zu erblicken, überdies das unerwünschte Angebot
einer gewissen Protektorstellung über das durch Krieg und
Revolution geschwächte Rußland. Es bedurfte schließlich des
Anziehens stärkerer Register und eines mir ausdrücklich auf-
getragenen eindringlichen Appells an die Freundschaft und die
monarchische Solidarität des Zaren, um die Zusage des Ein-
gehens auf unsere Wünsche zu erreichen. Die Konferenz nahm
bekanntlich den Verlauf, daß der englische Antrag infolge
unserer aus den vorausgegangenen öffentlichen Erörterungen,
nicht nur in der Presse sondern auch im Reichstag, sichtbar
gewordenen Weigerung, dem englischen Vorgehen zu folgen,

nicht zur Diskussion kam und nur, ähnlich wie auf der ersten Haager Konferenz, ein Beschluß erfolgte, der den Mächten das weitere Erwägen der Frage der Rüstungseinschränkungen empfahl. Die russische Vertretung im Haag, der überdies durch die Führung des Vorsitzes der Konferenz ein gewisses Aus- weichen erleichtert war, wurde damit der Einnahme einer scharfen Stellung enthoben. Bei dem sehr empfindlichen Herrn Is- wolski aber blieb eine Verstimmung darüber zurück, daß wir in Gemeinschaft mit dem österreichisch-ungarischen Bundesgenossen einen bis zu dem ungewöhnlichen Anruf der höchsten Stelle gehenden Druck ausgeübt hatten, eine Verstimmung, die zur Folge hatte, ihn noch entschiedener auf dem Wege zu England weiterschreiten zu lassen.

Rein persönlich befand ich mich hinsichtlich dieser Vorgänge insofern in einem ähnlichen inneren Zwiespalt wie Herr Is- wolski, als es mir zweifelhaft schien, ob es angezeigt sei, uns so deutlich und nachdrücklich, wie es geschehen, zur Ablehnung des Abrüstungsgedankens zu bekennen. Gewiß war dieses Verhalten ein erneuter Beweis deutscher Sachlichkeit und Ehr- lichkeit, aber wäre es nicht politisch klug gewesen, den von anderen Seiten nur schwach unterstützten englischen Vorschlag im Haag zur Erörterung und zum unausbleiblichen Beweis gelangen zu lassen, daß die Auffindung einer Formel, welche der geographischen Lage und Gestaltung, der Bevölkerungsstärke, dem kontinentalen und Überseebesitz, den inneren und äußeren, den wirtschaftlichen und politischen Bedürfnissen und Not- wendigkeiten aller Mächte gebührend Rechnung trug, ein Ziel frommer Wünsche bleiben mußte? Gewiß, eine Erörterung trug die Gefahr der Entfachung ernsten und langwierigen Streites in sich, immerhin aber eines durch herkömmliche Formen gemäßigten und in nützliche Grenzen zu bannenden Streites. Bedenklicher war, wenn der Kampf der Meinungen

ohne diese Formen und Grenzen, offen in Presse und Par-
lamenten, noch bedenklicher, wenn er versteckt und verdeckt
weitergeführt, die Frage immer mehr erschwert, die Lage immer
mehr gespannt wurde. Wäre die Erörterung im Haag erfolgt,
so dürfte neben manchem untauglichen Versuch doch hie und
da ein tauglicher zutage getreten sein, und wenn auch, wie zu
erwarten, eine Lösung des großen Problems nicht erzielt wurde,
so wäre doch ein Schritt vorwärts geschehen, sei es auch nur
durch Bekundung guten Willens. Wir würden in der Darlegung und Begründung eigener und allgemeiner Möglichkeiten
und Unmöglichkeiten achtungsvolles Gehör und wertvolle Genossen gefunden haben, und hätten nicht das schwere und von
unseren Widersachern zu unserem Verderben ausgebeutete Odium
auf uns geladen, das lebensschwache pazifistische Kind erdrosselt
zu haben.

Nicht ohne tiefes Bedauern vermag ich des Umstandes zu
gedenken, daß es mir nicht beschieden war, mehr als nur be-
obachtender Zeuge der sich anbahnenden Annäherung zwischen
Rußland und England zu sein. Die klug berechnende englische
Politik hatte längst, schon vor dem mandschurischen Krieg,
erkannt, daß ein in Abenteuer sich verstrickendes und darin
Schiffbruch leidendes Rußland nicht nur als alter Gegner
Englands erhebliche Einbuße an Kraft erleiden mußte, sondern
auch, bei angemessenem Entgegenkommen, unschwer in den Bann
britischer Interessen gezogen werden könnte. Der Ausgang des
Krieges und der Revolution hat die Richtigkeit dieser Rech=
nung bestätigt. Zunächst vorsichtig, mit zunehmendem Erfolg
immer unverhüllter, ist England darauf bedacht gewesen, dem
niederbrechenden Gegner Beweise von Wohlwollen zu zeigen
und die verlockende Aussicht zu eröffnen, an Stelle der alten
Feindschaft eine wertvolle neue Freundschaft treten zu lassen.
Mit bewährtem Geschick und erprobten Mitteln hat es die der

34

russischen Revolution folgende konstitutionelle Gärung benutzt,
um in seiner und in der leicht zugänglichen russischen Presse
England als den Hort mustergültigen liberalen Staatslebens
preisen zu lassen. Bald nach dem konstitutionellen Umschwung
in Rußland war dort die Stimmung für England so weit
erwärmt, daß ein weiterer Schritt, ein behutsames Anpochen
an der Regierungstür — Sondierung nennt das die diplomatische Sprache — in Frage kommen konnte. Noch ehe dieser
Schritt geschah, war ihm jedoch eine Initiative von russischer
Seite im Sinne einer Verständigung über streitgebärende
Fragen zuvorgekommen, ein Umstand, der die ungesäumte
Inangriffnahme von Verhandlungen gestattete, bei denen es
sich um die Formulierung gegenseitiger Versicherungen handelte,
daß man sich in Persien, Afghanistan und Tibet nicht mehr
befehden wolle.

Herr Iswolski hat es sich angelegen sein lassen, mir von
vornherein rückhaltlos darzulegen, was ihn bewogen habe, die
russische Außenpolitik in eine neue Bahn zu lenken und die
Ermächtigung seines kaiserlichen Herrn zu entsprechenden Verhandlungen zu erbitten. Dem Zaren sei der Entschluß nicht
leicht gefallen, aber er habe die Ermächtigung erteilt. Nach
den Niederlagen im Osten und nach der Revolution, die übrigens
noch keineswegs erloschen, sei Rußland derartig geschwächt, daß
das Fortbestehen der alten Gegnerschaft Englands für Rußland
eine Gefahr von so bedrohlicher Stärke bedeute, daß es ohne
Verzug und mit allem Ernst auf deren Beseitigung bedacht
sein müsse. So unendlich schwer es auch vom Standpunkt des
Selbstgefühls sein möge, es bleibe keine andere Wahl, als der
Versuch zur Überbrückung der Gegensätze durch eine freundschaftliche Verständigung. Die Aussichten, daß die Verhandlungen zu einem befriedigenden Abschluß führen würden, schienen
von vornherein nicht ungünstig, doch wäre angesichts nicht

weniger ſich bietender Schwierigkeiten eine ſichere Erwartung
noch verfrüht. Eine allgemeine Annäherung und Anlehnung
an England, ein Umlegen des ruſſiſchen Ruders auf engliſchen
Kurs, das wolle er nachdrücklich betonen, ſei nicht beabſichtigt,
die Verſtändigung ſolle ſich vielmehr nur auf beſtimmte Punkte,
die bisher Streitpunkte geweſen, beziehen. Man gedenke ſich
über die Abgrenzung von Einflußgebieten in Perſien, unbe=
ſchadet der politiſchen Unabhängigkeit und der wirtſchaftlichen
Freiheit dieſes Landes, zu einigen, ſowie über Aufrechterhaltung
des status quo in Afghaniſtan und Tibet. Vermutlich werde
England auch eine ausdrückliche Anerkennung ſeiner Ausnahms=
ſtellung im Perſiſchen Golf verlangen, in dieſem Punkte aber
werde er mit allem Nachdruck die Intereſſen Rußlands ver=
teidigen, das ſich jegliche Ausſicht auf Zugang zum freien Meer
in jener Richtung um ſo weniger verbauen laſſen könne, als
ihm nun im aſiatiſchen Oſten ein Riegel vorgeſchoben ſei. An
irgendwelche Beeinträchtigung deutſcher Intereſſen und Rechte
werde von keiner der beteiligten Seiten gedacht, wie überhaupt,
das müſſe er angeſichts mancher in der deutſchen Öffentlichkeit
aufgetauchten Beſorgniſſe und der von der engliſchen und
ruſſiſchen Preſſe begangenen Kühnheiten wiederholen, die in
Ausſicht genommene ruſſiſch=engliſche Verſtändigung in keinerlei
Weiſe eine gegen Deutſchland gerichtete neue Front bedeuten
ſolle. Hierüber ſeien ſich die verhandelnden Teile von vornherein
einig geweſen und die Einhaltung dieſer Richtlinie ſei eine der
Vorbedingungen für den Eintritt in die Verhandlungen geweſen.

Es unterliegt keinem Zweifel und es haben ſich Beweiſe
ergeben, daß Herr Iswolſki aufrichtig war, als er verſicherte,
daß die Annäherung an England nicht als eine Abſage an die
bewährte deutſche Freundſchaft, geſchweige denn als eine feind=
ſelige Abwendung zu werten ſei. Er ſowohl wie der Zar
waren der Meinung, daß ſich die auf beſtimmt umſchriebene

36

Punkte beſchränkte Abmachung mit dem Freundſchaftsverhältnis zu Deutſchland durchaus vertrage. Das Abkommen iſt dann im Auguſt 1907 mit dem gekennzeichneten Inhalt und be- ſchränktem Umfang zuſtande gekommen. Seine Abfaſſung ent- hielt keine Wendung, welche als eine Überleitung zu einer Ver- ſtändigung auf weiteren geographiſchen und allgemein politiſchen Gebieten gedeutet werden konnte. Herr Iswolſki hat dann nochmals Anlaß zu der Verſicherung genommen, daß wir keinerlei Grund zur Beunruhigung hätten. Er hat ſich vielmehr bereit erklärt, auch mit uns ein Abkommen, und zwar über Bahn- bauten in Perſien in Verbindung mit der Bagdadbahn, zu ver- einbaren. Ich habe mich über die Grundzüge desſelben mit ihm noch zu verſtändigen vermocht, wurde aber an der Weiter- führung durch meine Berufung an die Spitze des Auswärtigen Amts verhindert. Das Abkommen iſt erſt einige Jahre ſpäter, nach Überwindung ruſſiſcher Voreingenommenheiten bezüglich unſerer vermeintlichen Pläne in Perſien, ſowie nach Überſtehen der bosniſchen Kriſe und ihrer Nachwirkungen mit dem Nach- folger Iswolſkis, Herrn Saſſonow, gelegentlich des Beſuches des Zaren in Potsdam im Herbſt 1910 zur Unterzeichnung gelangt. Bei dieſem Anlaß erging ſich auch der neue ruſſiſche Miniſter in Verſicherungen der beſten freundſchaftlichen Abſichten und ließ ſich zu einer Abrede herbei, die beſagte, daß die beiden Mächte „ſich in nichts einlaſſen wollten, was eine Spitze gegen den anderen haben könnte". Eine ſchriftliche und unterzeichnete Feſtlegung dieſer Vereinbarung iſt indeſſen meines Wiſſens nicht erfolgt. Auch zu einer vorerſt noch ſkizzenhaften Ver- ſtändigung über ein Abkommen wegen Erhaltung des status quo in der Oſtſee gelangte ich kurz vor meinem Abſchied von St. Petersburg. Die Anregung ging auch hier von Herrn Iswolſki aus, der ſichtlich bemüht war, die Verbindung mit uns zu pflegen.

Außerhalb der verantwortlichen Kreise ist allerdings die russisch-englische Verständigung sogleich nach dem Zustandekommen als ein hochpolitisches Ereignis gedeutet und begrüßt worden, dem eine weit über den begrenzten Inhalt reichende Bedeutung zukomme. Man sprach von dem vielversprechenden ersten Schritt zu einer neuen, gegen Deutschland gerichteten Mächtegruppierung, hie und da schon von einem Dreiverband. Herr Iswolski pflegte damals, wenn diese Dinge berührt wurden, die Achseln zu zucken und zu sagen, das sei unzulässiges Gerede, eine Entente Rußland-Frankreich-England sei lediglich das Gebilde einer phantasievollen Presse, in Wahrheit bestehe sie nicht und sei auch nicht beabsichtigt. Dies mag zu jener Zeit zutreffend gewesen sein, aber es ist es nicht geblieben. In der Tat haben sich mit der Zeit Anzeichen ergeben, daß nicht nur die Presse, sondern auch die Staatsmänner der Westmächte den Wunsch hatten, Rußland allmählich in ihren Kreis herüberzuziehen, und aus dem Wunsche erwuchsen Taten. Herr Iswolski hat, nach dem Willen des Zaren, solchen Werbungen anfänglich einen gewissen Widerstand entgegengesetzt, hat sich zögernd und hinhaltend verhalten, aber mit der Zeit ist er nachgiebig geworden. Diese Nachgiebigkeit hat in dem Maße zugenommen, in dem der Leiter der russischen Außenpolitik erkennen mußte, daß dem Zarenreich der neue Weg zur Ausdehnung, den es nach Verriegelung des asiatischen Ostens einzuschlagen gedachte, der Weg nach Konstantinopel, durch unsere sich immer mehr befestigende Freundschaft zur Türkei und das kräftigere Vorgehen Österreich-Ungarns auf dem Balkan unter Ährenthals Führung erschwert, wenn nicht versperrt zu werden drohte. Erschien ihm der nach Konstantinopel führende Weg „über Berlin und Wien" nicht mehr gangbar, so mußte es ihm erstrebenswert werden, das Ziel auf anderem Wege und mit anderer Hilfe zu erreichen. Darüber, daß diese Politik ohne erhebliche Schwierigkeiten nicht durchzuführen war, daß sich Österreich-Ungarn vom Balkan nicht gutwillig verdrängen ließ und dabei auf die starke Hilfe Deutschlands bauen durfte, konnte er nicht im unklaren sein. Die Gegensätze bestanden, sie drohten immer schärfer zu werden, ein Konflikt erschien mit der Zeit unvermeidlich. Zu seiner Auskämpfung fühlte sich Rußland zunächst zu sehr geschwächt, aber eben aus dieser Erkenntnis erwuchs das Bestreben, Zeit zur Wiedererstarkung zu gewinnen und auswärtige Hilfe, die sich anbot, anzunehmen. Daß in diesem Sinne die Zusammenkunft des Zaren mit dem König von England und der beiderseitigen Minister bei Reval im Juni 1908, die eine Bestätigung und Bestärkung der etwa ein Jahr zuvor zustande gekommenen russisch-englischen Verständigung sein sollte, aufzufassen war, kann kaum einem Zweifel unterliegen, wenn wir auch hier wieder die nachdrückliche Versicherung erhielten, daß nichts gesprochen, geschweige denn beschlossen worden sei, was eine Spitze gegen Deutschland haben könnte.

In der deutschen Öffentlichkeit ist hie und da im Tone des Vorwurfes bemerkt worden, es sei zu beklagen, daß von unserer Seite in St. Petersburg nichts Geeignetes geschehen sei, um der sich anbahnenden Annäherung an England rechtzeitig entgegenzuwirken. Dem ist entgegenzuhalten, daß das geeignetste Mittel darin bestanden haben würde, die Notwendigkeiten wegzuräumen, welche die russische Politik auf den Weg zu England zwangen. Das stand um so weniger in unserer Macht, als die russisch-englische Verständigung sich in Fragen vollzog, die unserem Interesse und Wirkungskreise gänzlich fern lagen. Nach Lage der Dinge konnte unsere Einwirkung selbst dann, wenn uns die beruhigenden russischen Versicherungen nicht genügten, nur in der Betonung und weiteren sorgsamen Pflege des freundschaftlichen Verhältnisses, dessen Pfeiler die traditionelle dynastische Verbindung war, bestehen. In dieser Richtung ist nichts

39

versäumt worden. Im übrigen würde ein Mittel zur Auf-
haltung des neuen Kurses nur in einem großen und starken
Zuge auf dem Schachbrett der hohen Politik zu finden gewesen
sein. Dazu war der Zeitpunkt nicht mehr günstig. Was von
einem nur mit diplomatischen Worten und Gedanken und Rechnen
auf guten Willen arbeitenden Vorgehen zu erwarten war, hat
die Erfahrung mit der Abrede von Björkö gelehrt.

Mehr wie in normalen Zeiten lag der Schwerpunkt des staatlichen Lebens in Rußland unmittelbar nach den revolutionären
Wirren und während des Gärungszustandes, den die Bildung,
das Gebaren und die Auflösung der Reichsduma mit sich
brachte, in der inneren Politik. Dieser gegenüber hatte sich der
amtliche deutsche Vertreter, allgemeinen Grundsätzen zufolge,
streng neutral zu verhalten. Die russische Regierung, insbesondere Herr Iswolski, war in diesem Punkte besonders empfindlich und geneigt, die nicht immer scharf erkennbaren, in
manchen Fragen sich vermengenden Grenzen zwischen äußerer
und innerer Politik zugunsten der letzteren zu erweitern. So
geschah es beispielsweise, daß der Minister eine Vorstellung,
die ich ihm auftragsgemäß darüber zu machen hatte, daß die
außerordentlichen Härten der russischen Regierung gegen jüdische
Volksteile diese massenhaft fluchtartig über die Grenze trieb,
so daß sie unsere Städte und Dörfer in bedenklicher Weise über-
fluteten, als unzulässige Einmischung in innere Angelegenheiten
anfänglich nicht annehmen wollte und nur schwer davon zu
überzeugen war, daß derlei Dinge, die beide Teile berühren,
gemeinschaftliche Betrachtung erheischten. Die russischen Regierungen, sagte ich ihm, seien vorliegenden Erfahrungen zufolge in der Regel recht weitdenkend gewesen, wenn es sich
um Verhinderung der Abwanderung ihnen unerwünscht schei-
nender deutscher Elemente nach Rußland handelte. Von
liberaler russischer Seite ist, nicht ohne namhafte Unterstützung

40

von außen, eifrig mit der Behauptung gearbeitet worden, die deutsche Botschaft mache ihren starken Einfluß gern in reaktionärem Sinne geltend, insbesondere vermittle und unterstütze sie eine lebhafte Korrespondenz des Kaisers mit dem Zaren. Das war böswillige Erfindung und tendenziöse Mache. Durch meine Hände ist kein Brief, kein Telegramm des Kaisers an den Zaren gegangen, auch habe ich nie einen Auftrag zur Besprechung innerer russischer Dinge an höchster Stelle erhalten, geschweige denn ohne Auftrag derartiges unternommen. Daß Kaiser und Zar in persönlichem Briefwechsel standen, ist eine bekannte Tatsache, die in keiner Weise als befremdend gelten darf. Ebenso selbstverständlich ist, daß in dieser Korrespondenz politische Dinge berührt wurden. Aber auch dem schärfsten Auge dürfte es nicht gelingen, in den inzwischen veröffentlichten Briefen des Kaisers unangebrachte Versuche der Beeinflussung zu erblicken, insbesondere nicht in reaktionärem Sinn.

Die Hoffnung der Machthaber, daß die innere Lage des Zarenreiches mit dem Inkrafttreten der liberalen Verfassung sich wesentlich bessern werde, hat sich nicht erfüllt. Die Wahlen zur ersten Reichsduma waren zwar verhältnismäßig ruhig verlaufen und die Eröffnung der Duma konnte durch den Zaren selbst, der zum erstenmal seit zwei Jahren von dem stillen Zarskoje Selo nach der Hauptstadt kam, in feierlich prunkhafter Weise im Winterpalais vorgenommen werden, aber das Parlament selbst erwies sich bald weniger als eine ruhige Stütze neuen Aufbaues wie als der Sammelplatz zersetzender Leidenschaften und zerstörender Kräfte. Die Duma geriet bald in revolutionäres Fahrwasser und mußte aufgelöst werden. Von nun an häuften sich wieder Putschversuche und einzelne Schreckenstaten. Die Hauptstadt stand fortgesetzt im Zeichen des „großen Schutzes“, der äußerlich in einem starken Aufgebot von Polizei und Truppen und dem zuweilen zügellosen Treiben von Kosaken erkennbar wurde.

Aus diesen Zuständen erwuchsen mir nicht wenige Schwierigkeiten, eine meiner Pflichten zeremonialer Art, die Abhaltung
des herkömmlichen Antrittsempfanges, zu erfüllen. Nicht nur
in den monarchischen Staaten, sondern nahezu in allen, welche
Botschafter zu empfangen und zu entsenden pflegten, bestand
und besteht vielfach noch heute die aus alter Zeit übernommene
Übung, daß ein neu angekommener Botschafter den Kreisen der
Stätte seiner Tätigkeit, mit denen er in Berührung zu treten
gedenkt, Gelegenheit bietet, ihm als persönlichem Vertreter seines
Monarchen oder als Träger der heimischen Volkssouveränität
in feierlicher Weise den ersten Besuch abzustatten. Der Logik
würde es entsprechen, daß der neue Botschafter eine derartige
Veranstaltung alsbald nach seiner Ankunft trifft, doch ist man
in dieser Beziehung allgemein von Forderungen abgegangen,
deren Erfüllung in der Regel äußere Hindernisse entgegenstehen.
Nirgends mehr wie am russischen Hofe hielt man an der Gepflogenheit der feierlichen Botschafterempfänge — man legte
ihnen die italienische Bezeichnung ricivimiento bei — und einer
Etikette fest, die solchen Veranstaltungen bestimmte Formen
und gemessenen Inhalt vorschrieben. Die Einladungen ergingen
zwar im Namen des Botschafters, tatsächlich aber vom russischen Zeremonienamt, und erstreckten sich ausschließlich auf
Personen der höfischen und amtlichen Welt. Persönliche Bekannte außerhalb dieser Kreise waren ausgeschlossen. Außerdem
durfte die Feier, zu welcher die Teilnehmer in großer Uniform
oder Hoftracht zu erscheinen hatten, erst dann stattfinden, nachdem der Botschafter nebst Gemahlin nicht nur von den russischen
Majestäten, sondern auch von allen Großfürsten und Groß-
fürstinnen mehr oder weniger zeremoniell empfangen worden war.
Erforderte die Erledigung dieser Formen schon nicht wenige
Zeit, so ergaben sich immer erneute Aufschübe des Empfanges
aus Rücksicht auf die unbefriedigenden Sicherheitszustände in
42

der Hauptstadt. Erst etwa ein Jahr nach meinem Antritt der Botschafterstellung konnte an die Erfüllung dieser Pflicht gedacht werden, und auch dann erschien sie noch als ein gewisses Wagnis. Dank umfangreicher äußerer und diskreter innerer Vorsichtsmaßregeln ist schließlich der feierliche Akt ohne Störung verlaufen.

Besondere Freude gewährt es mir, mit dem Gefühle dankbarer Befriedigung der vortrefflichen und hervorragenden Stellung der Reichsdeutschen in St. Petersburg, Moskau und in anderen Städten sowie ihrer vertrauensvollen und regen Beziehungen zur amtlichen heimatlichen Vertretung gedenken zu dürfen. Ihre Kolonien waren zahlreich, von allen fremden Nationen die stärksten, genossen erfreuliches Ansehen und zeichneten sich durch vielfach erprobten Gemeinsinn aus. Meist befanden sich ihre Mitglieder in guter Lebenslage und nahmen in Handel und Gewerbe führende Stellungen ein. In kulturellen Unternehmungen, in Werken der Wohlfahrt und der Vaterlandsliebe standen sie allen anderen Nationen weit und mit leuchtendem Beispiel voran. Dem amtlichen deutschen Vertreter konnte es nur zu stolzer Freude gereichen, sich der Führung solchen Deutschtums zu widmen. Auf viele Tausende sonstiger in Rußland ansässiger Deutscher, die sogenannten Kolonisten, die sich seinerzeit, von der großen Katharina gerufen, im Zarenreich, hauptsächlich an der Wolga und am Dnjepr, angesiedelt, blühende Gemeinwesen geschaffen hatten und an deutscher Sprache und deutschem Wesen festhielten, konnte sich die Fürsorge der amtlichen Vertretung nach völkerrechtlichen Grundsätzen nicht erstrecken, denn sie waren russische Untertanen. Ebenso traf dies bezüglich der baltischen Deutschen zu, die noch länger und fester in die russische Staatszugehörigkeit eingefügt waren. Mit der russischen Umwelt standen sowohl diese nur innerlich Deutschen wie die Reichsdeutschen im allgemeinen in guten

43

Beziehungen, die nur in den Zeiten des lodernden revolutionären Feuers vorübergehende Beeinträchtigungen erfahren hatten. Nur eine kleine Gruppe, die deutsch-katholische Gemeinde in St. Petersburg, hatte über Belästigungen zu klagen, die von polnischer Seite ausgingen. Da es sich hier weniger um ein konfessionelles wie um ein nationales Interesse handelte, hatte ich mich der kleinen Gemeinde warm angenommen und ihr, dank freundlichem Entgegenkommen der russischen Regierung, zur Anerkennung der Selbständigkeit und zur Einräumung einer eigenen Kapelle zu verhelfen vermocht, ähnlich wie ich mich seinerzeit als Botschaftsrat in Paris, ebenfalls aus nationalen Gründen, der festen Begründung der deutsch-evangelischen Gemeinde und der Erbauung einer deutschen Kirche gewidmet hatte.

Bei den nicht seltenen Fällen, wo ich in politischen Dingen mit dem Zaren persönlich in Berührung zu treten hatte, hatte ich ihn auch dann, wenn eine besondere Vorbereitung nicht erfolgt sein konnte, stets vollkommen bewandert in den einschlägigen Fragen und geneigt gefunden, sie mit Offenheit und Gründlichkeit zu erörtern, ein Beweis für die Richtigkeit des Urteils jener, welche, abweichend von der viel verbreiteten Meinung, dem Herrscher ein sehr achtenswertes Maß politischen Wissens und Könnens zuerkannten, ihm vor allem starkes Pflichtgefühl, unermüdlichen Fleiß und große Gewissenhaftigkeit nachrühmten. Er verfügte auch über die Gabe rascher und zutreffender Auffassung springender Punkte und eine gewisse Schlagfertigkeit. Persönlich verbindliches Wesen, ruhige, fast nüchterne Stellungnahme selbst zu erregenden Fragen wirkten angenehm und erleichterten die Besprechungen. Sein Verhängnis war der Mangel an Selbstvertrauen, eine mit einer gewissen Schüchternheit und Bescheidenheit verwandte Eigenschaft, die ihn zögernd und schwankend in den Entschließungen, den widersprechendsten Einflüssen zugänglich machte. Meist blieb der Einfluß desjenigen

44

schließlich ausschlaggebend, dem die letzte Gelegenheit zu persön=
licher Aussprache zuteil geworden war. Im innersten Grunde
war er, wenn auch keineswegs ein starker und aufrechter, so
doch ein schlichter Charakter, frei von drängenden Impulsen
und jeglicher phantastischer Leidenschaftlichkeit. Nichts weniger
als eine Imperatorengestalt, dagegen ein musterhafter Gatte
und Familienvater, der sich nur im engsten Familienkreis wohl
fühlte, am wohlsten in der Kinderstube. Der stark und zuweilen
verderblich sich geltend machende Hang zum Mystizismus und
Fatalismus war ein echt russisches Erbteil. Eine befremdende
Erscheinung war es, daß die mystischen Neigungen bei der
Kaiserin sich noch stärker entwickelt hatten wie beim Zaren.
Die dem Kaiser nachgesagte blutige Härte entsprach nicht seiner
im Grunde gutmütigen Natur, sie entsprang nicht inneren
Quellen, war vielmehr das Erzeugnis verderblicher Einflüsse,
der bei der russischen Herrenkaste traditionell bestehenden ver=
blendeten Vorstellung, daß die Macht des Alleinherrschers in
den Augen des Muschik nur dann eine vollkommene sei, wenn
sie ohne Zeichen menschlicher Regungen, mit der starren Ruhe
eines Götzenbildes über Leben und Tod der Untertanen ver=
fügte. Die Schwäche des Kaisers gegenüber derartigen unheil=
vollen Einflüssen ist der Ursprungskeim des über das Zaren=
reich hereinbrechenden Verhängnisses und des grauenhaft tra=
gischen Geschickes gewesen, das ihm und seinen Angehörigen
bereitet worden ist.

Aus der amtlichen Tätigkeit ergab sich ein reger Verkehr
mit den Ministern des Äußern Grafen Lamsdorf und dessen
Nachfolger, Herrn Iswolski, sowie mit den Ministerpräsidenten
Graf Witte und Herrn Stolypin. Graf Lamsdorf war ein
Mann, dessen Denken und Handeln in dem alten russischen
Regime wurzelte, das nach außen eine etwas wohlwollend
herablassende Haltung zu den anderen Mächten einzunehmen

liebte, nach innen kein anderes Staatsprinzip kannte als das
autokratischer Gewaltherrschaft. Zu uns zog ihn seine kon=
servative Gesinnung und die höfische Tradition, aber er dünkte
sich so hochstehend, daß er uns kaum mehr wie als gefällige
Freunde betrachtete, deren Dienste man annehmen konnte, ohne
zu entsprechenden Gegenleistungen verpflichtet zu sein. Frank=
reich war ihm wegen seiner roten Farbe und als Gläubiger
nicht bequem. Aber das Bündnis mit der Republik war eine
Karte im Spiel der russischen Politik, die er nicht aus der Hand
geben wollte. England war ihm der alte Gegner. Österreich=
Ungarn stand seinem Herzen als Hort konservativen Staats=
lebens unter aristokratischer Führung am nächsten. Herrn Is=
wolskis Anschauungen waren von Hause aus von denen seines
Vorgängers nicht wesentlich verschieden, doch war er weit
rühriger, ehrgeiziger, geschmeidiger und wandlungsfähiger wie
dieser. In der Tat hat seine Auffassung angesichts einer neuen
Lage zunächst eine Änderung in dem Sinne erfahren, daß er
dem alten Feinde England versöhnlich die Hand entgegenstreckte
und sich von Österreich-Ungarn, das seinen auf Konstantinopel
gerichteten Plänen entgegenstand, abwandte, und damit gleich=
zeitig von uns. Die Abwendung ist dann weiterhin, nachdem
er in der bosnischen Krise eine diplomatische Niederlage erlitten,
zur Feindschaft geworden.

Graf Witte ist einer der wenigen russischen Staatsmänner
gewesen, welche frühzeitig die Notwendigkeit erkannten, der
sich verdichtenden inneren Umsturzbewegung durch Einschlagen
liberalerer Bahnen zu begegnen. Er hat diese auch beschritten,
indessen nicht geringe Widerstände gefunden, nicht zum wenig=
sten bei Hofe. Zwar ist er der Schöpfer des „Oktobermani=
festes“, durch welches der Zar Rußland eine Magna Charta
gab, aber es ist ihm nicht vergönnt gewesen, den Staat auf
den ersten Schritten der neuen Ära zu leiten. Der Zar, dem

46

er durch seinen Mangel an abgeschliffenen Formen und eine
gewisse Neigung zu Bevormundung nicht sympathisch war und
der ihm nicht eine größere Machtfülle anvertrauen wollte, ließ
ihn in dem Augenblick fallen, wo die erste Reichsduma zu-
sammentrat. Während der kurzen Lebensdauer der Duma
lag das Staatsruder in den Händen des konservativen Herrn
Goremykin, der sich zwar mit einigen liberalen Minister-
kollegen umgab, für seine Person aber ersichtlich berufen war,
den Hemmschuh bei einem Herabgleiten der Duma in bedenklichen
Radikalismus zu bilden, eine Aufgabe, deren Erfüllung ihm
mißlang.

Sein Nachfolger war Herr Stolypin, der, ohne in Reaktion
zu fallen, die erschütterte Staatsautorität durch festes Zugreifen
wiederherstellte und die erregten Gemüter durch eine groß an-
gelegte den Bauern nützliche Bodenreform abzulenken und zu
beruhigen suchte. Er war bekanntlich Gegenstand eines grauen-
haften Bombenanschlags auf sein Privathaus, bei dem mehrere
seiner Angehörigen schwer verletzt und viele Personen getötet
wurden, er selbst aber wunderbarerweise unversehrt blieb, ein
Ereignis, das bei den abergläubigen Muschiks starken Eindruck
zu seinen Gunsten machte.

Unter den hervorragenden Staatsmännern jener Zeit ist auch
der Finanzminister Kokowzew zu nennen. Dem angenehmen
persönlichen Verkehr mit diesem Deutschland sehr freundlich
gesinnten Herrn verdankte ich die rasche und zuvorkommende
Regelung eines nicht leichten Falles. Kurz vor dem Inkrafttreten des deutsch-russischen Handelvertrages mit seinen Zoll-
erhöhungen hatte der deutsche Handel, um diese zu vermeiden,
in großen Mengen Waren nach Rußland geschickt, von denen
viele infolge der unzulänglichen russischen Verkehrseinrichtungen
nicht rechtzeitig über die Grenze gelangten. Diese Umstände
führten zu Klagen der benachteiligten deutschen Handelskreise,

47

die in der Preſſe und im Reichstag mit Nachdruck vertreten
wurden. Ich erhielt den Auftrag, den Verſuch zur Erlangung
von Schadloshaltungen zu machen. Die Rechtsfrage war zum
mindeſten zweifelhaft, eine Verfolgung der Sache nach recht-
lichen Geſichtspunkten bot mehr Ausſicht auf endloſe Verhandlungen wie auf befriedigenden Erfolg. Ich behandelte ſie daher
unter Appell an Billigkeit und erreichte bei Herrn Kokowzew
die unverzügliche Gewährung von Entſchädigungen, welche die
Erwartungen weit übertrafen. Zu jener Zeit hatte ſich bei
uns die ſpäterhin ſtärker hervortretende Neigung zu abfälliger
Beurteilung der diplomatiſchen Vertreter gezeigt, denen man
Mangel an wirtſchaftlichem Verſtändnis und an greifbaren
Erfolgen nachzuſagen liebte. So laut die Beſchwerden über
die dem deutſchen Handel an der ruſſiſchen Grenze erwachſenen
Schwierigkeiten erhoben worden waren, ſo wenig wurde nun
in unſerer Öffentlichkeit von der befriedigenden Erledigung
Vermerkung genommen. Pſychologiſch iſt das ja erklärlich,
aber die Erſcheinung iſt inſofern bedauerlich, als damit ein
Gegenbeweis gegen die Anſchauung der Fruchtloſigkeit diplo-
matiſcher Tätigkeit unter den Tiſch fiel.

Von den in St. Petersburg gleichzeitig mit mir tätigen Vertretern anderer Mächte waren es die öſterreichiſch-ungariſchen
Botſchafter Baron (ſpäter Graf) Ährenthal und ſein Nachfolger Graf Berchtold, beide ſpäterhin Miniſter des Äußern,
welche beſonderer Beachtung wert erſcheinen. Baron Ährenthal,
eine ultrakonſervative Natur, vermochte ſich mit dem neuen
ruſſiſchen Regime und dem neuen Miniſter Iswolſki ſchwer
abzufinden und kannte aus langjähriger Beobachtung aus der
Nähe die Ziele und Praktiken der ruſſiſchen Politik zu genau,
um nicht ihr Gegner zu werden. Zu dem Verſuch einer erneuten Überbrückung der Gegenſätze, wie dies vor Jahren in
dem Mürzſteger Abkommen geſchehen war, konnte er ſich nicht

48

entschließen, er sah in dem russischen Koloß mit den nun ge-
schwächten Füßen nicht mehr die Macht, vor deren Druck sich
Ausweichen empfehle, die Zeit schien ihm, selbst auf die Gefahr ernsten Konfliktes hin, gekommen, die Donaumonarchie
nicht ferner von ihrem natürlichen Einflußgebiet, dem Balkan,
abdrängen zu lassen, vielmehr im Vertrauen auf die bisher
schlummernde aber nicht erloschene eigene Kraft, sowie auf den
Beistand des deutschen Bundesgenossen, mit Taten hervorzutreten. Die Rechnung hat sich als zutreffend erwiesen, aber
so weit ist der politische Fernblick Baron Ährenthals nicht
gegangen, um zu sehen, daß Rußland, wenn es auf starke
Widerstände stoßen und zum Rückzug gezwungen werden sollte,
nur um so eifriger auf Erlangung von Unterstützung von anderer
Seite bedacht und, wenn es sich genügend wieder erstarkt fühlte,
den unterbrochenen Marsch zu dem beharrlich verfolgten Ziele
— Konstantinopel — mit allem Nachdruck wieder aufnehmen
werde. Graf Berchtold ist als Nachfolger Baron Ährenthals
in St. Petersburg der Zeuge des Werdens der russisch-englischen Annäherung gewesen, ohne ihr gegenüber eine andere
Haltung einzunehmen als die eines Beobachters. In Wien
hat er die Ährenthalsche Politik des Kampfes um den Balkan
fortgesetzt. Daß der Brand im Balkan sich zum verheerenden
Feuer des Weltkrieges erweitert hat, ist bekannt.

Die Vertretung Großbritanniens in St. Petersburg lag in
den rührigen Händen von Sir Arthur Nicolson, der sich in
Algeciras als einer unserer verbissensten Widersacher bemerklich
gemacht hatte. In St. Petersburg fiel ihm die Aufgabe der
Führung der Verhandlungen über die Verständigung in asiatischen Fragen zu. Auch er hat mir im Verlaufe derselben
wiederholt gesagt, daß dabei kein unfreundlicher Gedanke gegen
Deutschland mitlaufe, und er hat geflissentlich die Versicherung
beigefügt, daß er persönlich keinerlei deutschfeindliche Gefühle

hege, eine Betonung, die mich an ein bekanntes französisches Sprichwort gemahnte.

Dem französischen Botschafter, Herrn Maurice Bompard, einem Mann von umfassender Geschäftskenntnis, namentlich auf wirtschaftlichem Gebiete, von schlichtem, nahezu schüchternen Wesen, und dadurch von seinem gewandt und gesellschaftlich glänzend auftretenden Vorgänger, dem Grafen Montebello, sehr verschieden, fiel es nicht leicht, eine Stellung einzunehmen, die den aus dem Bündnisverhältnis sich gewissermaßen von selbst ergebenden Beziehungen entsprochen hätte. Er erregte durch die Art, in welcher er sich dem Eindringen französischer industrieller Tätigkeit widmete, insbesondere durch Reisen, die er ohne Zustimmung der russischen Regierung im Donezgebiet unternahm, sowie durch unerwünschte Versuche zur Beeinflussung der liberalen Dumapartei der „Kadetten" Mißfallen, das bis zu Zerwürfnissen mit Herrn Iswolski und bald darauf zu seiner Ablösung führte. Der Fall ist lehrreich für die Grenzen, welche diplomatischer Tätigkeit gezogen sind.

Meine Tätigkeit in St. Petersburg war nicht von langer Dauer. Nach kaum mehr wie anderthalb Jahren wurde ich abberufen, um an die Spitze des Auswärtigen Amts zu treten.

III.

Staatsſekretär des Auswärtigen Amts

Im Herbſt 1907 wurde ich an Stelle des geſundheitlich nicht mehr ſtandfeſten Herrn v. Tſchirſchky zum Staatsſekretär des Auswärtigen Amts ernannt. Die Berufung kam mir ebenſo überraſchend wie unerwünſcht. Wenn man eine lange Reihe von Jahren auf den in mancher Beziehung bevorzugten Auslandspoſten tätig geweſen und auf der dienſtlichen Stufenleiter zu der mit ungewöhnlichen Auszeichnungen und Annehmlichkeiten verbundenen Stellung eines Botſchafters gelangt iſt, alſo, den beſtehenden völkerrechtlichen Gepflogenheiten gemäß, eines perſönlichen Vertreters des Souveräns, ſo fällt es nicht leicht, ein jene Vorzüge entbehrendes, mehr Schattenwie Lichtſeiten aufweiſendes Amt zu übernehmen. Die Bürde dieſer Stelle war eine ſo ungewöhnliche, daß ſie ſchon mehr wie Einen niedergedrückt hatte. Freiherr v. Richthofen, das Muſter eines arbeitsfrohen Mannes, war tödlich zuſammengebrochen, Freiherr v. Marſchall und Herr v. Tſchirſchky hatten ſich veranlaßt geſehen, geſundheitlichem Umſturz rechtzeitig auszuweichen. Der Umfang der Geſchäfte ſchreckte mich weniger wie ihr Gewicht. Wohl war ich kein Neuling in den Geſchäften, aber in der neuen Stellung erwartete mich doch vieles, mit dem ich nicht vertraut war. Jetzt handelte es ſich nicht mehr, wie auf den Außenpoſten, um eine Tätigkeit auf örtlich eingeſchränktem Gebiet und an der Hand von Vorſchriften und Fingerzeigen, jetzt galt es nicht auszuführen, sondern zu führen, ein Gebiet zu beherrschen, das innen schon vielseitig war, nach außen sich über die Welt erstreckte. Dazu kam die mir einigermaßen bekannte, aus alter Zeit stammende unzulängliche Gliederung des Auswärtigen Amts. Dem Staatssekretär standen zwar der Unterstaatssekretär, Abteilungsdirektoren und bewährte Räte zur Seite, aber gerade an der wichtigsten Stelle, an der Spitze der politischen Abteilung, fehlte eine solche Hilfskraft. Die Abteilung unterstand dem Staatssekretär allein, gerade ihre Leitung aber hätte einen Mann erfordert, der sich ausschließlich den politischen Geschäften widmete, durch langes Verbleiben im Amt mit den Vorgängen und der Art ihrer Behandlung vertraut war und nicht, wie der Staatssekretär, das Ganze zu leiten hatte und durch die mannigfachsten Verpflichtungen, den Verkehr bei Hofe, mit den fremden Diplomaten, mit Bundesrat und Reichstag, Staatsministerium und Landtag, sowie durch unvermeidliche Geselligkeit in solchem Maße in Anspruch genommen und abgelenkt war, daß ihm zu ruhigem, gründlichen Arbeiten, zur Vertiefung in wichtige Sachen, nicht die erforderliche Zeit blieb. Der politische Gehilfe brauchte ja nicht eine so ungewöhnliche Persönlichkeit zu sein, wie Herr v. Holstein es gewesen, der übrigens in der Form nie „politischer Direktor", sondern nur „vortragender Rat" war, sich aber einen besonderen Einfluß zu schaffen gewußt hatte, der nicht allein den Staatssekretären, sondern auch den Kanzlern hie und da recht unbequem wurde und keineswegs immer nützlich war. Mit einigem Bangen sah ich auch den parlamentarischen Verpflichtungen entgegen. Es ist nicht jedermanns Sache, vor eine feierliche Versammlung kritisch gestimmter Zuhörer zu treten und, häufig unvorbereitet, Worte zu sprechen, die der geschäftige Telegraph sogleich in die Welt sendet, stets bereit zu sein, Rede und Antwort auf Fragen zu stehen, die, wie

52

in keinem Parlament so wie im Reichstag üblich, sich auf die
innersten Vorgänge der Politik, in die verstecktesten Winkel
der Verwaltung, auf die kleinsten Taten und Unterlassungen
der Vertreter im Ausland zu richten liebten. Ein Verfahren,
wie es englische Minister einzuschlagen pflegten, indem sie unbequemen Fragen mit Schweigen oder einem kurzen, aus-
weichenden Wort begegneten, war im Reichstag nicht tunlich.
Einige Ermutigung zum Antritt des schweren Amtes fand ich
in der gütigen Zusage weitgehender Unterstützung seitens des
über überlegene Kenntnisse, Fähigkeiten und Erfahrungen ge-
bietenden Reichskanzlers Fürsten v. Bülow. Schließlich blieb
mir auch keine Wahl, denn das Gefühl, daß vielleicht ein
anderer der Aufgabe in höherem Maße gewachsen gewesen
wäre als ich, wäre schwerlich als Grund für eine Ablehnung
anerkannt worden.

Vor Übernahme der Dienstgeschäfte nahm ich Anlaß, mich
der Übereinstimmung mit dem Kanzler in der Auffassung der
Aufgaben und der einzuschlagenden Wege zu versichern. Ich
ging von der Voraussetzung aus, daß der Vertreter des Reichskanzlers im Bereiche des Auswärtigen Amts keine andere Richtung verfolgen dürfe, als die von dem allein verantwortlichen
Leiter der Politik vorgezeichnete. Eine andere Stellungnahme
schien mir mit dem Begriffe der Vertretung nicht vereinbar.
Das Verhältnis zwischen Reichskanzler und Staatssekretär war
nicht eigentlich das des Vorgesetzten zum Untergebenen, es war
enger, gewissermaßen das einer persönlichen Vereinigung. Wich
meine persönliche Meinung von derjenigen des Kanzlers ab,
so war es nicht nur mein Recht, sondern mehr noch meine
Pflicht, sie zu vertreten. Dies durfte aber nicht bis zu einem
hartnäckigen Beharren auf meiner Auffassung gehen. Ergaben
sich Meinungsverschiedenheiten und ließ sich ein Ausgleich nicht
finden, so blieb nur der Ausweg, meine Überzeugung zu opfern

ober aber vom Amt zurückzutreten. Zu solchen Differenzen ist es indessen nicht gekommen. In der ersten eingehenden Unterredung über die zu befolgende Politik trat völlige Gleichheit der Auffassung zutage, daß es darauf ankomme, Deutschlands Stellung inmitten einer meist nicht freundlich gesinnten Welt zu wahren und zu stärken, nicht durch Säbelrasseln und starke Worte, sondern durch ruhiges, besonnenes Fortschreiten auf den betretenen Bahnen. Die Elemente der Unruhe Europas lägen vornehmlich in den Gegensätzen zwischen uns und Frankreich und England, dort Elsaß-Lothringen, hier Weltstellung und Flottenbau. Beseitigen ließen sich diese Gegensätze nur durch unwürdiges Zurückweichen unsererseits, durch Preisgabe von Lebensinteressen. Daran sei nie und nimmermehr zu denken. Es könne nur der Versuch in Betracht kommen, den Gegensätzen die Schärfen und Zacken zu nehmen, die Reibungsflächen zu vermindern, beruhigende Verständigungen auf anderem als dem brennenden Boden herbeizuführen, allgemein das um uns lagernde Mißtrauen abzuschwächen. Fürst Bülow stimmte noch besonders meinem Gedanken zu, das Vertrauen der kleineren Nachbarstaaten zu gewinnen und auf diesem Umwege zum Ziele einer allgemeinen Beruhigung zu gelangen. Im übrigen begegneten wir uns in der Auffassung, daß es angezeigt scheine, mit dem Reichstag regere Fühlung in Fragen der auswärtigen Politik zu unterhalten, als dies bisher üblich gewesen. Ferner wurde in Aussicht genommen, in der Auswahl der diplomatischen Vertreter und in der Heranziehung neuer Kräfte durchaus vorurteilsfrei und dem Zeitgeist entsprechend zu verfahren.

Die Leitung des Auswärtigen Amts übernahm ich am 4. November 1907. Zunächst stand mir noch die bewährte Kraft des Unterstaatssekretärs v. Mühlberg zur Seite, der zum preußischen Gesandten beim Vatikan in Aussicht genommen war. Später trat der Gesandte in Teheran, Stemrich, an seine Stelle.

Noch kaum in die Amtsgeschäfte eingeführt, hatte ich den Kaiser nach England zu einem Besuche mit der Kaiserin am dortigen Königshofe zu begleiten. Abgesehen von einer Höflichkeitspflicht, entsprach der Besuch dem Wunsche, eine Stimmung zu erzeugen, welche einer Besserung unserer Beziehungen zu England förderlich sein konnte. Diese Beziehungen waren nicht mehr so, wie sie zu Zeiten der Königin Viktoria und der leitenden Minister Lord Beaconsfield und Lord Salisbury bestanden hatten. Sie waren von Regierung zu Regierung korrekt, aber sie entbehrten der Wärme. Der erste Reif war während des Burenkrieges auf sie gefallen. Zwar erkannte die britische Regierung mit einem gewissen Dankesgefühl an, daß wir die schwierige Lage Englands nicht eigennützig vermehrt hatten, aber die öffentliche Meinung war durch die Begeisterung des deutschen Volkes für die Sache der Buren stark verstimmt, die bekannte Krügerdepesche hatte wie ein Guß eisigen Wassers gewirkt. Nachdem wir im Welthandel ein erfolgreicher Nebenbuhler Englands geworden, und in besonderem Maße, nachdem wir an den Bau einer starken Flotte herangetreten waren, fühlte sich das britische Reich beunruhigt, in seinen Lebensinteressen bedroht, nahm immer mehr eine unfreundliche Haltung gegen uns ein. Es schloß sich mit Frankreich zur entente cordiale zusammen und stand im Begriff, auch Rußland in seine Kreise zu ziehen. Eine überaus rührige Presse betrachtete es als ihre Aufgabe, die Atmosphäre der Beziehungen zu Deutschland immer mehr zu vergiften. Zwar regten sich hiergegen in England selbst Widerstände, wohlmeinende Kreise suchten angenehme Berührungen mit Deutschland auf kulturellen Gebieten aufrecht zu halten, aber auf die Grundstimmung beider Nationen blieben derartige Anläufe zu besserem Verstehen ohne wesentliche Wirkung, vermochten die Gegensätze nicht zu überbrücken.

Der Besuch nahm einen Verlauf, der die Erwartungen übertraf. Die Rede des Kaisers an der ersten Festtafel in Windsor
Castle, worin er mit großer Wärme von seinen Jugenderinne-
rungen und seiner Verehrung für die dahingegangene „große
Königin" sprach, bildeten den Eingang zu einem überaus herz-
lichen Verkehr zwischen den englischen und den deutschen Herr-
schaften. König Eduard und Königin Alexandra gaben wiederholt in warmen Worten der Freude über den Besuch und die
freundlichen Gefühle Ausdruck, die der Kaiser mitbrachte. Auch
seitens der Bevölkerung war die Aufnahme eine über geläufige
Höflichkeit weit hinausgehend freundliche. Man hatte aus der
ersten Rede des Kaises mit großer Befriedigung entnommen,
daß ihn starke Fasern mit englischem Wesen verbanden, und
fühlte, daß es sein aufrichtiger, ernster Wunsch war, daß die
beiden Nationen wieder zu besserem Verstehen gelangen sollten.
London jubelte dem Kaiserpaare zu, als es an einem ungewöhnlich schönen Herbsttage die Stadt durchfuhr, um im
Rathause der City, der Guildhall, alter Sitte gemäß, Gäste
der Bürgerschaft zu sein. Zündend wirkte hier das vom
Kaiser bei der Begrüßung durch den Lordmayor gesprochene
Wort: was ihn bei der Fahrt durch die im Festesschmuck
prangende Stadt besonders wohltuend und tief berührt habe,
das sei der in Riesenbuchstaben wiedergegebene Dichterspruch
gewesen: „Blut ist dicker wie Wasser." Überwältigenden
Eindruck machte sodann die Rede des Kaisers an der Festtafel über die in Deutschland vorherrschenden freundschaftlichen
Gefühle für England und den allgemeinen Wunsch nach
inniger Gestaltung der Beziehungen. Sir Edward Grey, der
britische Minister des Äußern, mein Tischnachbar, war sichtlich bewegt, und wir gelobten uns mit warmem Händedruck,
alle Kraft daranzusetzen, um im Sinne der Kaiserrede tätig
zu sein.

56

Es entsprach einer Gepflogenheit am englischen Hofe, Minister und sonstige hervorragende Persönlichkeiten gruppenweise nach Windsor Castle einzuladen und damit Gelegenheiten zu zwanglosen Unterredungen mit dem Kaiser zu bieten. War auch der diesmalige Besuch unsererseits so gedacht, daß er durch sich allein wohltuend auf die Stimmung wirken sollte, und waren demgemäß bestimmte Abmachungen nicht ins Auge gefaßt, so ergab es sich doch ganz natürlich, daß in den Unterhaltungen mit englischen Staatsmännern politische Fragen berührt wurden. Solche Besprechungen fanden in der Regel nicht ohne mein oder des Botschafters, Grafen Metternich, Beisein statt. War dies einmal äußerer Umstände halber nicht tunlich, so versäumte der Kaiser nicht, uns baldmöglichst eingehend zu unterrichten, wozu sich häufig erst in den späten Nachtstunden nach den festlichen Veranstaltungen Gelegenheit bot. Die zwischen uns und England liegende Hauptfrage, die des Flottenbaues, war von zu heikler Natur, um mehr als nur leicht berührt zu werden. Dagegen war die Bagdadbahn ein Thema, das unbefangen in der Absicht behandelt werden konnte, eine Verständigung herbeizuführen. England stand diesem Unternehmen bekanntlich nicht freundlich gegenüber, da es in dem Überlandweg nach den Toren Indiens eine Gefährdung wichtiger Interessen erblickte. Einzelne englische Staatsmänner, so der Staatssekretär für Indien, gingen bis zu der Besorgnis, daß Deutschland, wenn es alleiniger Herr der Bahn sein würde, in die Lage kommen könnte, Truppen gegen Indien vorzuschieben. Wollte man einen Ausgleich in dieser Frage erzielen, so konnte er nur in der Richtung einer Mitherrschaft Englands über die Bahn gesucht werden. Der Kaiser trat daher mit dem Gedanken hervor, die Endstrecke der Bahn, bis zum Persischen Golf, gemeinschaftlich zu erstellen; der Endpunkt, der Golfhafen, könnte in englischer Hand sein, unter der Bedingung, daß „das Tor

57

zu friedlichen Zwecken stets offen bleiben solle". Der Vorschlag
begegnete auf englischer Seite lebhaftem Interesse und guter
Aufnahme. Lord Haldane, der englische Kriegsminister, der
sich mit Wärme für eine freundliche Gestaltung der englisch-
deutschen Beziehungen einsetzte, unterbreitete ihn sogleich, mit
nachdrücklicher Befürwortung, seinem Freunde Sir Edward Grey.
Auch dieser war dem Gedanken durchaus zugänglich und bot
mir Gelegenheit, die Sache mit ihm weiter zu besprechen. Er
schlug eine gemeinsame eingehende Erörterung vor, setzte aber
den Wunsch hinzu, daß an dieser auch Franzosen und Russen
beteiligt werden möchten, um das Problem allseitig befriedigend
zu lösen. Hierauf glaubten wir uns ohne Gefährdung unserer
Stellung nicht einlassen zu dürfen. Wir würden uns am Ver-
handlungstisch allein dreien nicht freundlich gesinnten und unter
sich in Verbindung stehenden Mitspielern gegenüber gefunden
haben. Auch erschien es nicht ratsam, Rußland und Frankreich von vornherein Anlaß zu der Meinung zu geben, daß
wir ihrem nur schwach begründeten Interesse an der Sache das
gleiche Gewicht beizumessen geneigt seien, wie demjenigen des
weit stärker beteiligten England. Es mochte auch fraglich erscheinen, ob dem Wunsche Sir Edward Greys nach Mit-
beteiligung jener beiden Mächte lediglich der Gedanke eines
allgemeinen Ausgleiches zugrunde lag, oder ob er nicht auch
von der Neigung bestimmt war, eine damals vorerst noch in
unbestimmten Umrissen erkennbare neue Mächtegruppierung,
den nachmals mit deutlicher Schärfe in die Erscheinung tretenden
Dreiverband, in das Licht einer gewissen Anerkennung treten
zu lassen. Die Sache kam daher nicht weiter in Fluß und
versickerte allmählich.

Der Kaiser siedelte nach dem 10 Tage umfassenden Besuch
in Windsor nach dem für ihn gemieteten High Cliffe Castle
über, um sich in dem milden englischen Küstenklima von einem

58

hartnäckigen Katarrh zu erholen. Ich kehrte nach Berlin zu meinen Amtsgeschäften zurück.

Die nächste mir zufallende größere Aufgabe war das Zustandebringen eines den Status quo der territorialen Verhältnisse an der Nordsee gewährleistenden Abkommens in Verbindung mit einem gleichartigen bezüglich der Ostsee. Der Gedanke des letzteren war von dem russischen Minister Iswolski ausgegangen, dem es hauptsächlich darauf anzukommen schien, das durch russische Unternehmungen auf den Aalandsinseln und an der skandinavischen Ozeanküste beunruhigte Schweden zu beschwichtigen. Das Nordseeabkommen war im Auswärtigen Amt schon vor meiner Amtszeit geplant und entsprang dem Wunsche, in erster Linie England, dann auch allgemein einen Beweis unserer friedfertigen Absichten zu geben und damit der europäischen Ruhe förderlich zu sein. Beiden Plänen dienten die Abmachungen als Vorbild, die England mit Spanien und Frankreich bezüglich der Küsten des Atlantischen Ozeans und des Mittelmeeres getroffen hatte. Die britische Regierung fand sich auf unsere Anregung sogleich zu Verhandlungen über ein Nordseeabkommen bereit, nahm aber auch hier eine ähnliche Stellung ein wie in der Frage der Bagdadbahn. Sie wünschte, daß das Abkommen sich nicht, wie wir es gedacht, auf Deutschland und England beschränken, sondern alle Uferstaaten umfassen möge. Damit gewann die Sache ein ganz anderes Aussehen, der Wert wurde für uns gemindert, „die Suppe wurde verwässert". Immerhin konnten wir auf den englischen Vorschlag in der Erwägung eingehen, daß eine Verständigung auf breiterer Grundlage, wenn es auch unserer ursprünglichen Absicht nicht entsprach, doch dazu beitragen könnte, das bei unseren größeren und kleineren Nachbarn bestehende Mißtrauen abzuschwächen und auf diese Weise auch unserem Verhältnis zu England zu gut zu kommen. Dahingestellt mag es bleiben, ob Sir Edward

Greys Wunsch nach Erweiterung des Abkommens dem aufrichtigen Streben nach allgemeiner Beruhigung entsprang oder
etwaiger Abneigung, sich mit uns allein auf Abmachungen einzulassen, die als eine politische Annäherung erscheinen mochten.
Wie dem auch sei, wir konnten, ohne Argwohn zu wecken, den
einmal angesponnenen Faden nicht fallen lassen, auch sprach
die Rücksicht auf das parallel gehende Ostseeabkommen für ein
Eingehen auf den englischen Wunsch. So traten wir, außer
mit England, in Verhandlungen mit den Nordseestaaten
Schweden, Dänemark und den Niederlanden. Norwegen konnte
außer Betracht bleiben, da es erst vor nicht langer Zeit Neu-
tralitätsverträge abgeschlossen hatte, ebenso Belgien, dessen
Bestand und Neutralität durch die Mächte garantiert war.
Eine Frage war, ob Frankreich zu den Nordseestaaten zu rechnen
sei. Es hatte an der Nordsee nur eine kurze Küstenstrecke und
einen Hafen, Dünkirchen. Aber es trat selbst mit dem Wunsche
der Beteiligung hervor, unter Berufung auf den Umstand, daß
es auch Unterzeichner des Nordseefischereiabkommens war. War
diese Berufung auch etwas weit hergeholt, so lag doch kein
vertretbarer Grund zur Ablehnung vor, und so entwickelten
sich Verhandlungen mit fünf Staaten, die sich deshalb in die
Länge zogen, weil bald von der einen bald von der anderen
Bitten um Erläuterungen und Anträge auf kleine Änderungen
kamen. Eine Schwierigkeit ergab sich auch aus dem Wunsche,
Nordsee- und Ostseeabkommen möglichst gleichartig zu gestalten
und zu gleicher Zeit zur Unterzeichnung zu bringen. Noch in
zwölfter Stunde, als alles zur Unterzeichnung des Nordseeabkommens in Berlin bereit war, traten der niederländische und
der dänische Gesandte mit der etwas schüchtern vorgebrachten
Anregung hervor, einige Worte, die eine Anerkennung der
Neutralität enthielten, in den Wortlaut des Abkommens aufzunehmen. Ich bemerkte den Herren, angesichts des offenkundig
60

friedfertigen Charakters der Verständigung erscheine ein solcher
Zusatz als ein Pleonasmus. Beiden Staaten stehe es, kraft
ihrer Souveränität, jederzeit frei, sich ein für allemal oder von
Fall zu Fall neutral zu erklären. Sollte die Anregung auf
eine Anerkennung permanenter Neutralität durch alle Nordseestaaten hinauslaufen, und damit auf Schaffung eines Bestand-
teils des Völkerrechts, so wäre das eine Sache, die nicht aus
dem Stegreif, gewissermaßen mit einer leichten Handbewegung,
zu erledigen sei, sondern erneute Erwägungen und Verhandlungen unter den am Nordseeabkommen und ebenso auch am
Ostseeabkommen beteiligten Staaten erfordere. Ich sei bereit,
das jetzt bereitliegende Abkommen ruhen zu lassen und neue
Verhandlungen einzuleiten, doch müsse ich dazu um schriftliche
Formulierung und Begründung der Anregung bitten. Die
beiden Gesandten ließen darauf die Anregung sogleich fallen
und äußerten vertraulich, der Gedanke komme weder aus ihren
Köpfen noch aus denen ihrer leitenden Minister, sondern sei
das Erzeugnis der etwas unruhigen Phantasie des niederländischen Gesandten in Kopenhagen. Dieser ist bald darauf
von seiner Regierung abberufen und, als er den Faden der
Neutralitätsfrage öffentlich weiterspann, zur Ruhe gesetzt
worden. Am 23. April 1908 erfolgte in St. Petersburg die
Unterzeichnung des Ostseeabkommens, zu gleicher Zeit in Berlin
diejenige des Nordseeabkommens. Die Vereinbarungen sind
allseitig mit Befriedigung, mit besonders dankbaren Gefühlen
von den kleineren Staaten begrüßt worden, welche darin mit
Recht eine feierliche Bekundung friedfertiger Absichten erblickten.
In hervorragendem Maße war Schweden für die Entkräftung
seiner Besorgnisse bezüglich der Aalandsinseln erkenntlich. Auch
Frankreich zeigte sich von der Abmachung sehr befriedigt, die,
wie der französische Botschafter betonte, den ersten politisch
bedeutungsvollen Zusammenschluß mit Deutschland seit dem

deutsch-französischen Krieg darstelle. Ob dabei nicht auch eine
gewisse Befriedigung darüber mitgesprochen hat, daß das von
uns geplante Nordseeabkommen mit England allein nicht zustande
gekommen, ist eine Frage, die aufgeworfen werden kann, zu
deren Beantwortung es aber an beweiskräftigen Unterlagen fehlt.

Es war übrigens auch nahe daran, daß das Zustandekommen
der Vereinbarungen an Bedenken unserer Marineleitung scheiterte,
welche in denselben eine Beeinträchtigung ihrer Bewegungsfreiheit im Falle kriegerischer Verwicklungen erblickte. Es gelang indessen, diese Bedenken zu beschwichtigen. Späterhin ist
es allgemein bekanntgeworden, daß unserer Marine eine gewisse Neigung innewohnte, eigene politische Gedanken zu hegen
und Wege einzuschlagen, welche mit denen der Leitung der
auswärtigen Politik nicht immer zusammenliefen, sie zuweilen
kreuzten. Gewiß, in der Anerkennung des großen Grund-
gesetzes, daß die Streitmacht zur See, ebenso wie die zu Lande
nicht Selbstzweck, sondern nur Mittel zu hohen Zwecken sein
dürfe, sowie in der Erkenntnis, daß sich hieraus bis zu einem
gewissen Grade eine Abhängigkeit der militärischen Leitungen
von derjenigen der Gesamtpolitik ergebe, konnte nur eine ein-
heitliche Meinung bestehen. Auch über das Maß der zu
schaffenden Streitmacht zur See konnte sich Uneinigkeit nicht
ergeben, nachdem dieses im wesentlichen durch das Flottengesetz
auf lange Jahre hinaus festgesetzt war. Auf der anderen Seite ist
nicht zu verkennen, daß die Art, wie bei uns alles, was sich auf
die Flotte und ihre wachsende Stärke bezog, öffentlich behandelt
wurde, die geräuschvolle, durch eine rührige Propaganda ge-
weckte und genährte Anteilnahme weiter Volkskreise an der
Entwicklung der Seemacht, der Geist, der in der Marine herrschte
und zuweilen zu bedenklichen Äußerungen führte, dem Ausland
Stoff zu Argwohn lieferte, die Gegensätze zwischen uns und
England verschärfte und der Leitung der Außenpolitik die Er-

reichung ihrer Ziele nicht unerheblich erschwerte. Wenn sich
auf diese Weise Widerstände zwischen den beiden Leitungen
einstellten, so kann dies insofern nicht überraschen, als es in
der Natur der Sache liegt. Die Marine ist, ebenso wie das
Landheer, eine Waffe, ein militärisches Gebilde, eine nicht in
der Ruhe, sondern in der Tätigkeit Befriedigung suchende Ver-
körperung nationaler Kraft. Sie ist von wesentlich anderem
Geist durchweht wie die außenpolitische Leitung, nicht vom
Geist bedächtigen Erwägens und Handelns, sondern vom Geist
frischer Entschlossenheit, tatenfrohen Kraftbewußtseins. Aber
bei der Verschiedenheit der inneren Verfassung hatte es nicht
sein Bewenden, der Tätigkeitsdrang führte zur Beschreitung
eigener Wege, selbst auf die Gefahr der Störung der außenpolitischen Kreise hin. Dies ist übrigens eine nicht auf unsere
Verhältnisse beschränkte, vielmehr auch bei anderen Nationen
wahrnehmbare Erscheinung. Auch dort pflegt die Marine auf
mehr oder weniger kühlem, wenn nicht gespanntem Fuße mit
der Leitung der auswärtigen Angelegenheiten zu stehen. Der
Umstand, daß einzelne Teile der Seemacht auch in Friedens-
zeiten nicht selten Träger politischer Aufgaben sind und diese,
dank dem starken Eindruck, den sie auszuüben vermögen, rascher
und gründlicher lösen wie diplomatisches Bemühen, der weitere
Umstand, daß den Seeoffizieren Gelegenheit gegeben ist, das
Ausland an wichtigen Punkten kennen zu lernen, Blicke in
das dortige Leben, insbesondere auch in das der Kolonisten
zu tun, von denen sie gastlich und festlich begrüßt werden,
verführt sie leicht zu dem Glauben an ein sicheres Urteil
in politischen Dingen, erzeugt Neigung zu eigenmächtigem
Tun. Bei uns allerdings sind derartige Erscheinungen stärker
hervorgetreten als in anderen Ländern. Unsere Marine war
eine verhältnismäßig neue, aus dem Geist nationaler Ver-
jüngung und Erstarkung geborene, von Meisterhand entworfene

und ausgeführte Schöpfung. Sie war in noch höherem Maß
wie das Heer der Stolz der Nation, ein Gebilde, welches das
nationale Fühlen mächtig auf sich zog. Auch war bei uns
allgemein der militärische Geist weit tiefer eingewurzelt wie
bei anderen Nationen, dank der geschichtlichen Entwicklung,
dank der schon lange bestehenden allgemeinen Wehrpflicht und
der im deutschen Wesen liegenden Neigung zu äußerer Be=
tätigung von Kraft. Daß unter solchen Umständen die Führer
der Marine zuweilen der Versuchung unterlagen, sich von der
Abhängigkeit von der außenpolitischen Leitung frei zu machen,
zu selbständigem, ja zu willkürlichem Handeln zu schreiten,
kann nicht wundernehmen. Ist es doch, beispielsweise, vor=
gekommen, daß die Marineleitung es unternahm, deutsche kon=
sularische Vertreter für streng vertrauliche Dinge in Anspruch
zu nehmen, ohne hierüber zuvor mit dem Auswärtigen Amt
ins Benehmen zu treten und sich zu vergewissern, ob nicht
sachliche oder persönliche Bedenken entgegenstanden. In der
Frage des neuen Gesetzes über die Reichsangehörigkeit ist das
Zustandekommen der Vorlage lange Zeit durch Meinungs=
verschiedenheiten zwischen Auswärtigem Amt und Marine
hingehalten worden, welch letztere über die Wünsche und Be=
dürfnisse der Auslandsdeutschen besser unterrichtet zu sein
glaubte, wie die auf langjährige Erfahrung und die Gut=
achten der Auslandsvertreter sich stützende Zentralstelle der
auswärtigen Angelegenheiten. Die Marine hatte tunlichste
Ausbreitung des Deutschtums im Ausland im Auge und
wünschte dasselbe durch weitgehende Entlastung von vater=
ländischen Pflichten, namentlich der Dienstpflicht, zu fördern.
Als Pioniere deutschen Handels, wurde gesagt, erfüllten sie in
genügender Weise ihre Pflichten gegen die Heimat. Das
Auswärtige Amt war der Meinung, daß den Auslandsdeutschen
erhebliche Erleichterungen hinsichtlich der Dienstpflicht gewährt

64

werden sollten, aber nicht gänzliche Befreiung. Eine derartige Bevorzugung der Auslandsdeutschen vor denen des Inlands bedeute eine Ungerechtigkeit gegen die letzteren und würde wie eine Prämie auf Auswanderung wirken. Die Erfahrung lehre, daß es gut sei, die Bande der Auslandsdeutschen zur Heimat nicht zu lockern, sondern zu stärken. Die Stellungnahme des Reichsmarineamts wurde mit solchem Nachdruck vertreten, daß der Reichskanzler v. Bethmann Hollweg, der schon als Staats-sekretär des Innern mit der Sache sich zu befassen gehabt, unter ihrem Bann stand. Es bedurfte einer erneuten ein-gehenden Prüfung der strittigen Punkte mit Hilfe neuer gut-achtlicher Äußerungen unserer Auslandsvertreter, um den Kanzler zu der Auffassung des Auswärtigen Amts zu bekehren und schließlich das Gesetz in diesem Sinne zu gestalten.

Es liegt auf der Hand, daß die Unstimmigkeiten zwischen den Ämtern nicht dazu angetan waren, der Führung der aus-wärtigen Politik förderlich zu sein, sie erzeugten vielmehr nicht geringe Schwierigkeiten und Hindernisse. Dies galt insbesondere hinsichtlich unseres Verhältnisses zu England, das immer mehr in den Schatten unserer Flottenpolitik geriet und sich zusehends verdunkelte. England, dessen insulare Lage und Verzweigung über die Welt eine Flotte von solcher Stärke forderte, daß sie jeder anderen Seemacht weit überlegen blieb, war durch unsere Flottenpläne und die geräuschvolle Art, wie sie betrieben wurden, stark beunruhigt. Anfänglich mochte man drüben wohl geglaubt haben, daß unser Bauplan nicht zu völliger Ausführung ge-langen werde. Als diese Hoffnung sich als trügerisch erwies, griff man zu Gegenmaßregeln, zunächst zum Zusammenziehen einer erheblichen Flottenstärke in der Nordsee, also mit Front gegen uns, dann zum Überbieten durch Bau neuer Riesen-schlachtschiffe — Dreadnoughts —, endlich zum Versuche der Einschüchterung. Ein Schwall lärmender Preßstimmen klang von jenseits der Nordsee herüber, hie und da auch ein kühnes drohendes Wort aus verantwortlichem Munde. Die Folge war lediglich eine Stärkung unseres Widerstandes und damit eine Verschärfung der Gegensätze. Nun tauchte, zuerst tastend, dann nachdrücklicher der Gedanke an gütliche Einwirkung auf. Englische Staatsmänner gaben die Anregung zu einer allgemeinen Annäherung, gingen sogar bis zum Angebot eines Bündnisses, doch begegnete dies bei unserer politischen Leitung nicht demjenigen Maß von Vertrauen in seinen Bestand, dessen es bedurft hätte, um eine Umstellung unserer Politik zu rechtfertigen. Der erste ernstliche Schritt in der Richtung einer Verminderung des Flottenbaues, abgesehen von einem mißglückten Versuch auf der zweiten Konferenz im Haag, geschah anläßlich einer Begegnung zwischen dem Kaiser und König Eduard in Homburg. Der König war hierbei indessen so vorsichtig, die Rolle des Unterhändlers dem ihn begleitenden Unterstaatssekretär Sir Charles Hardinge zu überlassen. Zwischen den beiden Souveränen wurde von Flottenfragen nicht gesprochen. Hardinge unterbreitete dem Kaiser Anregungen, die im wesentlichen auf Einschränkung unserer Neubauten hinausliefen, ohne daß für einen solchen Verzicht von englischer Seite mehr geboten wurde als unbestimmte Aussichten. Der Kaiser ließ keinen Zweifel, daß auf so einseitiger Grundlage eine Verständigung unmöglich sei, und wies eine Äußerung Hardinges, daß dann England zu eindrucksvollerer Betonung seiner Überlegenheit genötigt sei, scharf ab. Die Beziehungen spitzten sich nun bald so zu, daß die öffentliche Meinung auf beiden Seiten von Besorgnissen ergriffen wurde und Anläufe zur Schaffung einer freundlicheren Atmosphäre in Gestalt gegenseitiger Besuche von Pressevertretern, Bürgermeistern, Geistlichen unternommen wurden. Die Besuche verliefen, begleitet von vielen schönen Reden, sehr befriedigend, aber die Pfeiler

66

des gespannten Verhältnisses vermochte der gute Eindruck nicht zu verrücken. Die trüben Aussichten in die Zukunft veranlaßten nun auch die Reichsregierung zu einem Versuch der Entspannung. Fürst Bülow persönlich hielt es für ratsam, daß der defensive Charakter der deutschen Seerüstung mehr in den Vordergrund gestellt werde, etwa in der Form von Unterseebooten, Küstenschutz, Minen, aber sein Wunsch drang gegenüber den Anhängern des Baues von Schlachtschiffen nicht durch. Es blieb somit nur der Weg zu einer Verständigung über die Flottenpläne. Der Möglichkeiten waren infolge unserer Bindung durch das Flottengesetz nur wenige. Man konnte höchstens bis zu einer Verlangsamung im Tempo der Neubauten gehen, den englischen Argwohn durch freien Einblick in die Tätigkeit unserer Werften abschwächen, für spätere Zeiten den Verzicht auf weitere Flottenverstärkung in Aussicht nehmen. Als Gegengabe für derartige Selbstbeschränkung hoffte man, ein Neutralitätsabkommen mit England zu erreichen, ein Gedanke, dem ich mich für meine Person, da er mir aussichtslos schien, nicht anschloß. Nicht ohne Mühe gelang es, die Zustimmung der Marineverwaltung zu diesen Plänen zu erlangen. Weitgehenden Zumutungen des Kanzlers leistete Admiral v. Tirpitz zähen Widerstand, wiederholt das schwere Gewicht seines Rücktrittes in die Wagschale werfend. Die zunächst ganz vertraulich und unverbindlich geführten Besprechungen mit den englischen Staatsmännern eröffneten anfänglich nicht unerfreuliche Aussichten, verloren sich aber schließlich im Sand, als erkennbar wurde, daß unsere Vorschläge den Engländern nicht genügten. Bis zur Erörterung des Neutralitätsgedankens ist es nicht gekommen.

Einen erneuten Versuch zur Verringerung der deutsch-englischen Gegensätze unternahm der neue Kanzler v. Bethmann Hollweg, der die Besserung unserer Beziehungen zu England als eine seiner wichtigsten und dringlichsten Aufgaben betrachtete. Jetzt

handelte es sich wesentlich um eine Verständigung über ein
bestimmtes Stärkeverhältnis in Zahl und Typ der großen
Schiffe, wobei wir von vornherein bereit waren, England einen
seinen Bedürfnissen entsprechenden Vorsprung einzuräumen.
Aber auch jetzt gelangten die Besprechungen nicht bis zum Ein-
satz förmlicher Verhandlungen, nachdem es nicht gelungen war,
ein festes Zahlenverhältnis zu finden, das den beiderseitigen
fachmännischen Forderungen entsprach. So verlief auch dieser
Versuch erfolglos, um später in Besprechungen mit Lord Haldane zu einer Zeit wieder aufgenommen zu werden, wo ich
nicht mehr an der Spitze des Auswärtigen Amts stand. Daß
auch diese Erörterungen, bei denen von unserer Seite wieder
der Wunsch nach einem Neutralitätsabkommen in den Vordergrund gestellt wurde, zu keinem befriedigenden Ergebnis geführt
haben, ist bekannt.

Als ein warmer Befürworter ausgleichender Verständigung
mit England hatte sich unser Botschafter in London Graf
Metternich erwiesen, ein sehr verdienstvoller Mann, der mit
der englischen Sinnesart auf das genaueste vertraut war und
die wertvolle Gabe eines weiten Blickes hatte. Admiral v. Tirpitz war sein entschiedener und kampflustiger Widersacher.
Wiederholt ist es bei den Vorbesprechungen innerhalb der
Reichsregierung, zu denen Graf Metternich zugezogen wurde,
zu scharfen Zusammenstößen zwischen ihm und dem Admiral
gekommen. Ich bin stets für den bewährten Botschafter, den
anfänglich auch der Kaiser hoch schätzte, eingetreten. Späterhin, nach meiner Amtszeit, hat sich die Gegnerschaft in dem
Maße geltend gemacht, daß die Stellung unseres Londoner
Vertreters erschüttert wurde und seine Ablösung durch Frei-
herrn von Marschall erfolgte.

Meinungsverschiedenheit bestand auch hinsichtlich der ost-
asiatischen Politik. Unser Pachtgebiet Kiautschou unterstand
68

der Marineleitung, welche dort in kurzer Zeit Mufterhaftes und Vielverheißendes geschaffen hatte und auf diesem Wege weiterzuschreiten wünschte. Admiral v. Tirpitz trug sich mit dem Gedanken, die deutschen Truppen, die noch seit der Boxerexpedition in China standen, wenn sie abkömmlich würden, nach Tsingtau zu verlegen, um die Festung zu einer erstklassigen zu machen. Die weitere Verfolgung dieses Planes scheiterte aber daran, daß die Truppen, auf Antrag des Auswärtigen Amtes, das gewichtige politische Gründe geltend machte, nach der Heimat zurückberufen wurden. Heute dürfte es keinem Zweifel unterliegen, auf welcher Seite das Richtige lag.

In die Anfangszeit meiner Amtsführung fiel auch die im Gefolge der zweiten Haager Konferenz in London stattfindende fachmännische Ausarbeitung einer Seerechtsdeklaration. Es gelang, fast alle unsere Vorschläge durchzusetzen und damit einen wesentlichen Fortschritt des Seerechtes im Sinne größeren Schutzes des freien Handels und des Privateigentums zu erreichen. Die englischen Vertreter haben die ausgearbeitete Erklärung mitunterschrieben, die britische Regierung hat indessen die Ratifizierung, wenn auch nicht ausdrücklich abgelehnt, so doch immer wieder mit derselben gezögert. Sie hat daher im Weltkrieg in dieser Richtung die Hände frei gehabt und von dieser Freiheit den allgemein bekannten unheilvollen Gebrauch gemacht. Der Vorgang wirft ein bezeichnendes Licht auf die englische Staatskunst, die sich in das Gewand der Humanität und des Rechts zu kleiden liebt.

Meinem erften Auftreten im Reichstag, dem ich begreiflicherweise nicht ohne etwas Lampenfieber entgegensah, schien kein günstiger Stern zu leuchten. Ich war kurz vorher erkrankt, fühlte mich noch recht matt, wollte aber doch, da es sich um den Etat des Auswärtigen Amtes handelte, am Platze sein. Dazu kam am Tage selbst eine seltsame Störung. Das Haus

69

war gut beſetzt, die Journaliſtentribüne aber leer. Die Preſſe-
vertreter waren durch ein wenig parlamentariſches Wort, das
ihnen ein Zentrumsabgeordneter in der vorhergehenden Sitzung
hinaufgerufen hatte, ſchwer gekränkt und ſtreikten. Fürſt Bülow
vermied unter dieſen unerwünſchten Umſtänden das Sprechen,
ich konnte mich aber der Verpflichtung nicht entziehen. Es ging
mit dem Reden ſchließlich beſſer, als ich gedacht hatte. Meine
Ausführungen, die Marokko, das engliſch-ruſſiſche Abkommen
über Aſien, die Bagdadbahn, das Nord- und Oſtſeeabkommen
und einige Kleinigkeiten betrafen, fanden gute Aufnahme. Dies
erſte Mal hatte ich vorbereitet geſprochen. Später, bei unvor-
herzuſehenden Fragen, war dies nicht angängig. Es ging aber
auch mit dem Reden aus dem Stegreif, und ich habe die
Erfahrung gemacht, daß die Abgeordneten dies wegen des
friſcheren Tones und der Beſchränkung auf die ſpringenden
Punkte lieber hörten. Hatte es mir einmal an Zeit gefehlt,
mich in eine Sache zu vertiefen, oder war ſie ſo heikel, daß
jedes Wort vorher ſorgfältig auf der Goldſchale gewogen
werden mußte, ſo habe ich mich hie und da mit Verleſen einer
Erklärung oder Darlegung abgefunden. Das hat ſtets einen
ungünſtigen Eindruck hinterlaſſen. Dank der wohlwollenden
Stimmung des Reichstages verlief die Etatsberatung durchaus
glatt, ſo zwar, daß einige Abſtriche, welche die Budgetkommiſſion
vorgenommen hatte, vom Plenum wiederhergeſtellt wurden.
Allerdings hat der Reichstag in der dritten Leſung dieſes Entgegenkommen widerrufen, wie mir der wohlmeinende Anreger
des Widerrufs vertraulich erläuterte, lediglich aus dem feſt-
ſtehenden Prinzip heraus, der Regierung nicht alles zu be-
willigen, was ſie verlangt.

Einen mit Sorge und Unraſt belaſteten Zeitabſchnitt eröffnete
die am 5. Oktober 1908 verkündete Einverleibung Bosniens
und der Herzegowina in die habsburgiſche Monarchie. In der
70

Öffentlichkeit ist vielfach gesagt worden, die deutsche Regierung sei von diesem Ereignis vollkommen überrascht worden. Das ist gänzlich unzutreffend. Daß es zu einer mehr oder weniger gewaltsamen Lösung der Balkanfrage kommen müsse, nachdem Rußlands und Österreich-Ungarns früher in Mürzsteg vereinbarte Wege sich getrennt hatten und beide nun die Vorherrschaft im Balkan anstrebten, war vorauszusehen; ebenso daß der erste bedeutungsvolle Schritt nicht von dem noch gelähmten Rußland, sondern von der unter Baron Ährenthals Führung zur Machtentfaltung drängenden Donaumonarchie ausgehen würde. Die Art des Vorgehens und der Zeitpunkt waren allerdings zunächst nicht sichtbar. Der staatsrechtliche Umschwung in der Türkei und die in seinem Gefolge auftauchende Frage, ob die Wahlen zum türkischen Parlament auch in den gemäß dem Berliner Kongreß von Österreich-Ungarn rechtmäßig verwalteten, nominell aber noch unter der Oberhoheit des Sultans stehenden Provinzen Bosnien und Herzegowina vorzunehmen seien, ließen indessen den Eintritt eines ungewöhnlichen Ereignisses ahnen. Im übrigen hatte es sich Baron Ährenthal einen Monat vor der Annexionsverkündung angelegen sein lassen, mich gelegentlich eines Besuches, den er mir während meines Urlaubsaufenthaltes auf meinem Landsitz in Bayern machte, in seine Pläne einzuweihen. Die Einverleibungserklärung solle „zu gegebenem Zeitpunkt" erfolgen. Er könne denselben, da er noch von mancherlei Umständen abhänge, noch nicht genau bestimmen. Starke Widerstände erwarte er weder von türkischer noch von russischer Seite. Die Türken gedenke er durch Räumung des Sandschaks, dessen militärisches Festhalten bei etwaigen bewaffneten Konflikten schwer sein würde, in befriedigender Weise abzufinden; von Rußland, das durch frühere Vereinbarungen gebunden sei, erwarte er keine tragisch zu nehmenden Schwierigkeiten, um so weniger, als es zurzeit nicht aktionsfähig sei. „Der Bär werde brummen und knurren, aber nicht beißen oder mit den Pranken schlagen." Im Grunde hätte keine der europäischen Mächte einen triftigen Anlaß zu Einmischungen, da es sich nicht um eine tatsächliche Änderung des bestehenden Zustandes, sondern nur um eine solche der Form handle. Serbien, dessen großen Plänen nun ein starker Riegel vorgeschoben werde, werde allerdings Geschrei erheben. „Dann werde es eben die Konsequenzen seiner Haltung zu fühlen bekommen". Diese Äußerung warf ein Licht auf die tieferen Beweggründe des vorzunehmenden Schrittes. Es handelte sich weniger um den Wunsch, den Glanz der habsburgischen Krone zu erhöhen, auch nicht um ein Ausweichen vor den türkischen Wahlen, als vielmehr darum, der mit russischem Beistand eifrig betriebenen großserbischen Unterhöhlungsarbeit in den südöstlichen Teilen der Monarchie einen Rocher de bronze entgegenzusetzen.

Ich habe dem Baron Ährenthal auf seine Frage, wie ich sein Vorhaben beurteile und ob er auf unsere Unterstützung rechnen könne, erwidert, ich könne mich seinen Anschauungen über einen glatten Verlauf der Sache nicht ganz anschließen. Die nicht weit zurückliegende Erfahrung mit der Sandschakbahn lehre, daß eine Gruppe von Mächten bestehe, denen jeder Vorwand willkommen sei, um einem Vordringen des österreichisch-ungarischen Einflusses in den Balkanländern mit den gewagtesten Mitteln entgegenzuarbeiten. Ich glaube zwar auch nicht, daß „der Bär beißen werde", aber er werde sicher alles aufbieten, um Schwierigkeiten zu schaffen. Was die Haltung der deutschen Regierung betreffe, so könne ich ihm vorerst nur sagen, daß bei ihr der feste Grundsatz bestehe, den Interessen, Wünschen und Bedürfnissen des Bundesgenossen in der Richtung des Balkans Unterstützung zu leihen. Der Gedanke, nötigenfalls manu militare gegen Serbien vorzugehen, scheine mir allerdings sehr weitgehend.

72

Schon bei einem früheren Anlaß, gelegentlich des Besuches, den der Kaiser mit den Häuptern der deutschen Bundesstaaten im Frühjahr dem Kaiser Franz Joseph in Schönbrunn abgestattet, hatte mir Baron Ährenthal ähnliche Drohworte gegen Serbien geäußert, und ich hatte ihm nicht verhehlt, daß ein gewaltsames Vorgehen doch ein Abenteuer von bedenklicher Ausdehnung werden könnte. Was den Zeitpunkt der Annexionsverkündung betrifft, so vermutete ich, daß sich Baron Ährenthal zunächst noch eines Druckmittels auf Serbien durch Heranziehung Bulgariens in die Kreise der Wiener Politik versichern wollte. Die gleichzeitig mit der Annexion erfolgende Unabhängigkeitserklärung Bulgariens hat diese Annahme bestätigt.

Die wenige Monate vor dem Ausbruch der bosnischen Krise aufgetretene kleine Krise wegen der Sandschakbahn war dadurch hervorgerufen, daß Baron Ährenthal mit dem Plan an die Öffentlichkeit getreten war, auf Grund des der Monarchie auf dem Berliner Kongreß eingeräumten Rechts, die bosnische Bahn durch den Sandschak in der Richtung Saloniki weiterzubauen. So unbestritten auch die Befugnis Österreich-Ungarns zu solchem Vorgehen war und so sehr der wirtschaftliche Wert des Unternehmens in die Augen sprang, so regte sich doch bei der Mehrzahl der Mächte gereizter Widerstand und erhob sich ein heftiger Sturm in der Presse, an ihrer Spitze die englische. Nicht nur Rußland, England und Frankreich, sondern auch Italien und mit besonderer Leidenschaftlichkeit Serbien eiferten gegen das Bahnprojekt, dem sie weniger wirtschaftliche wie politische Zwecke unterschoben. Sie mögen darin insofern nicht ganz unrecht gehabt haben, als die wirtschaftliche Ausdehnung der Donaumonarchie nach dem südlichen Balkan der Erringung einer Vormachtstellung nur förderlich sein konnte, dabei die Wirkung haben mußte, die großserbischen Ausdehnungspläne empfindlich zu stören. Die genannten Mächte fanden sich daher in der Betreibung eines Gegenzuges, in dem Projekt einer Bahnlinie zusammen, welche die Adria mit der Donau verbinden sollte. Wir haben uns von vornherein auf den Standpunkt der Anerkennung der kulturellen und wirtschaftlichen Bedeutung des Sandschakbahnunternehmens gestellt. In der Tat konnte nichts mehr wie die Schaffung von Schienenwegen in den unruhigen Teilen des türkischen Reiches dazu beitragen, die streitenden Völker zum Bewußtsein zu bringen, daß die Erschließung des Landes zu fruchttragender wirtschaftlicher Tätigkeit ein segensreicheres Beginnen sei wie blutiger Zwist und eine Bevormundung seitens der Mächte mit Aufdrängen unangemessener Reformen. Die Frage der Bahnbauten war noch im Fluß, als sie durch die Verkündung der Annexion überholt wurde. Sie war gewissermaßen der Auftakt zu diesem Ereignis gewesen und hatte das eine gute gehabt, die österreichisch-ungarische Diplomatie zu belehren, mit welchen Widerständen das Vordringen gegen den Balkan zu rechnen habe.

Uns konnte der kühne Schritt Baron Ährenthals insofern nicht erwünscht sein, als er Aussichten auf Verwicklungen und auf scharfe Zuspitzung der bestehenden Gegensätze eröffnete. Daß die Verwicklungen sich bis zu der ernsten Gefahr kriegerischer Austragung verdichten würden, war zunächst nicht anzunehmen, immerhin war mit dieser äußersten Möglichkeit zu rechnen. Auf der anderen Seite gebot uns nicht sowohl unsere Bundespflicht — denn diese bezog sich nur auf den Fall eines russischen Angriffes — als unser eigenes Interesse, von vornherein an die Seite unseres Bundesgenossen zu treten und ihm in der Abwehr jeglichen Versuches der Untergrabung seiner Großmachtstellung starken Rückhalt zu geben. Denn nur als Großmacht hatte der Bundesgenosse für uns Wert, nicht nur als Mitschützer des europäischen Friedens, sondern auch als Wächter an dem Wege nach dem Osten, wo unserer wirtschaft-

74

lichen Kraft ein weites Feld der Entfaltung offen stand. Ließen wir Österreich-Ungarn in kritischer Stunde, in der außer seinem auch unser Schicksal bestimmt werden konnte, auf sich allein angewiesen, so entstand die Gefahr, daß seine Kraft dem Ansturm nicht gewachsen war, und daß es, um die eigene Existenz zu retten, sich unseren Gegnern anschloß. Wirkungsvoll konnte unsere Unterstützung nur dann sein, wenn sie rückhaltlos und mit Deutlichkeit sich geltend machte. Wir haben daher nicht allein unsere Zustimmung zu dem Vorgehen, sondern auch unsere treue Unterstützung zugesagt.

Daß von Rußland Schwierigkeiten kommen würden, war schon vor der Annexionsverkündung erkennbar geworden. In der Tat erschien Herrn Iswolski ebenfalls besuchsweise bei mir, nachdem er kurze Zeit zuvor eine Zusammenkunft mit Baron Ährenthal und dem Botschafter Grafen Berchtold auf dessen Besitzung Buchlau gehabt hatte. Hier war er in offener Weise in den Annexionsplan eingeweiht und es war ihm als Gegengabe für Zustimmung das Einverständnis Österreich-Ungarns mit der Öffnung der Dardanellen zugunsten Rußlands in Aussicht gestellt worden. Herr Iswolski schien von der Unterredung in Buchlau wenig befriedigt. Er sprach mir in gereiztem Tone von Ährenthals abenteuerlichen Plänen, die er als Ausflüsse persönlichen Ehrgeizes hinstellte. Er wies auf die Notwendigkeit der Lösung der entstehenden Frage auf einer Konferenz, wenn nicht einem Kongresse hin, und ließ durchblicken, daß er mehr, als es seinen Wünschen entspräche, zur Anlehnung an die Westmächte veranlaßt sein würde, wenn wir unserem Bundesgenossen zur Seite treten sollten. Seinen wiederholten Versuchen, in dieser Richtung Aufklärung zu erlangen, bin ich mit dem Hinweis darauf ausgewichen, daß dies eine Frage von solcher Bedeutung sei, daß ich mich ohne Ermächtigung seitens des Herrn Reichskanzlers nicht äußern könne. Immerhin überließ ich es ihm, aus der Logik der allgemeinen Lage den Schluß zu ziehen, nach welcher Seite uns unsere Interessen riefen. Er ist alsdann nach London und Paris gereist, hat dort aber, allem Anscheine nach, zwar Zustimmung zur Auflehnung gegen den Annexionsplan, aber keine bestimmten Zusagen über das Maß der Unterstützung erreicht und, vor allem, keine Geneigtheit zur Lösung der Dardanellenfrage im russischen Sinne. Welche Gedanken Herr Iswolski in dieser Beziehung hegte, war mir aus der Zeit, wo wir Kollegen in Kopenhagen gewesen, bekannt. Er dachte sich die Sache so, daß die Meerengen russischen Schiffen offen stehen sollten, den Schiffen anderer Nationen aber nicht. Die befestigten Meerengen sollten also für Rußland ein Ausfallstor, für andere eine Sperre sein, die türkischen Festungen sollten Rußland bequeme Dienste leisten, womöglich mit Hilfe deutschen Materials und deutscher Leitung. Von London und Paris ist Herr Iswolski, nachdem die Annexion bereits vollzogen war, nach Berlin gekommen, um hier erneute Versuche zu machen, uns von unserem Bundesgenossen abrücken zu lassen. Dies gelang um so weniger, als er uns nichts zu bieten hatte, auch halb zugestehen mußte, daß er bei den Westmächten nicht das gefunden, was er erhofft hatte. Nachdem er, über die politische Ablehnung hinaus, noch unfreundlicher persönlicher Behandlung an höchster Stelle begegnet war, hat er sehr mißmutig die Rückreise nach St. Petersburg angetreten.

Die Krise nahm bekanntlich den Verlauf, daß Rußland und die auf seiner Seite stehenden Mächte die Behandlung der Sache auf einer Konferenz verlangten, da nur die Gesamtheit der Mächte über Dinge befinden könne, die eine Abänderung dessen bedeuteten, was auf dem Berliner Kongreß vereinbart worden war. Die Wiener Regierung zeigte sich dem Konferenzgedanken wenig zugänglich. Unsere Anregung mahnender Vorstellungen aller Mächte in Belgrad fanden zwar in London und Paris Zustimmung, wurde aber durch ein separates Vorgehen der russischen Diplomatie durchkreuzt. Die Schwierigkeiten der Lage wurden dadurch vermehrt, daß Serbien sich nicht auf Proteste und Pressekämpfe beschränkte, sondern seine Armee mobilisierte. Einem solchen Druck konnte die Monarchie noch weniger weichen wie dem diplomatischen der Großmächte. Der auftauchende Gedanke, die Konferenz erst dann zusammentreten zu lassen, wenn die Einigung unter den Mächten nicht mehr in Frage stand, gewissermaßen also nur zu dem Zweck einer „Registrierung" der Beschlüsse, erschien uns nicht unterstützenswert, da bei solcher Behandlung die Konferenz auf die Stufe der Bedeutungslosigkeit, wenn nicht der Nutzlosigkeit gesunken wäre.

Es trat ein Zeitpunkt ein, wo mit einer langen Dauer der Spannung und einer Vertiefung der Verwicklungen zu rechnen war. Fürst Bülow war nicht abgeneigt, die Dinge sich zuspitzen und es auf eine Kraftprobe zwischen dem Block der Mittelmächte und der noch nicht gefestigten Triple-Entente ankommen zu lassen, in der festen Überzeugung, daß keine Macht das Schwert ziehen und Rußland, wenn es zum Biegen oder Brechen kam, von seiner angemaßten Höhe heruntersteigen und auch seinen Vasallen Serbien zur Ruhe verweisen werde. Ich war der gleichen Zuversicht, hielt es aber für ratsam, den Bogen nicht allzu straff zu spannen. Es könnten Zwischenfälle eintreten, welche den diplomatischen Konflikt zu einem bewaffneten werden ließen, bei der Stellungnahme der Mächte und ihrer gegenseitigen Verpflichtungen zu einem europäischen Krieg. Bei den bestehenden Machtverhältnissen und den ungeheuren Kampfmitteln würde das eine Sache von grauenhaftem Ernst und Umfang werden, überdies ein Kampf, für den in unserem Volke das Verständnis und die sieghafte Begeisterung fehlen würde. Bleibe Rußland im Vertrauen auf seine immerhin noch namhaften eigenen Kräfte und auf die Unterstützung seines französischen Bundesgenossen und des neuen englischen Freundes hart, so entstehe ein Knoten, der nur mit dem Schwert zu lösen wäre. Gäbe Rußland auf unseren starken Druck nach, so würde die Aktion auf eine Niederlage des Zarenreiches hinauslaufen, die namentlich bei dem überaus empfindlichen und ehrgeizigen Charakter des Ministers Iswolski höchst unerwünschte Folgen haben werde, schließlich auch die, die Entente nur um so enger gegen uns zusammenzuschweißen. Mir scheine ein behutsames Vorgehen angezeigt, bei allem festen Beharren in unserer Stellung, eine Behandlung, welche den Eindruck einer erpreßten Entspannung vermied. Nachdem wir überzeugend gezeigt hatten, daß wir unerschütterlich treu zu unserem Bundesgenossen stehen und bereit waren, nötigenfalls bis zum Äußersten zu gehen, hätten wir den Sieg schon halb erfochten. Nun empfehle es sich, die Lösung der Krise durch vermittelnde Tätigkeit ins Auge zu fassen. Fürst Bülow war der gleichen Ansicht, und in einer Beratung mit dem Kaiser, an der auch der Chef des Generalstabes teilnahm, wurde beschlossen, in diesem Sinne zu verfahren.

Da Rußlands Haltung innerlich im Widerstreit mit Zusagen stand, die es schon vor dem Berliner Kongreß gegeben, und sich jetzt nur an den schwachen Punkt einer Formfrage klammerte, so war anzunehmen, daß ihm die Möglichkeit eines glimpflichen Rückzuges um so willkommener war, als es kaum noch im Zweifel darüber sein konnte, daß keine der zu Hilfe gerufenen Mächte zu mehr als diplomatischer Unterstützung bereit war. Wir suchten eine Lösung der Krise in der Weise, daß jede Macht einzeln, also nicht auf einer Konferenz, ihre Zustimmung zu der Annexion aussprechen möchte, ein Ausweg, der dadurch erleichtert wurde, daß Serbien inzwischen seine Sache in die

78

Hände der Mächte gelegt hatte, allerdings noch in der Meinung, daß eine Konferenz stattfinde. Alles kam nun darauf an, ob Rußland, an das wir zuerst heranzutreten hatten, unseren Vorschlag annehmen werde. Erfreulicherweise waren unsere Vorstellungen in St. Petersburg nicht erfolglos, das russische Kabinett antwortete ohne Verzug zustimmend. Die anderen Mächte konnten hiernach nicht anders, als dem russischen Beispiel zu folgen, und damit war die Lösung der Krise im wesentlichen erreicht. Das Weitere entwickelte sich dann ohne Schwierigkeiten, Serbien wurde veranlaßt, seinen Protest und den Anspruch auf Gebietsentschädigung aufzugeben, zu demobilisieren und überdies noch die Versicherung künftigen Wohlverhaltens zu geben. Von uns unfreundlicher Seite ist geflissentlich die Legende verbreitet worden, unsere letzte Mitteilung an Rußland sei ein Ultimatum gewesen. Das ist eine willkürliche Entstellung der Tatsachen. Zuzugeben ist, daß unsere Sprache in St. Petersburg schließlich, der Lage entsprechend, eine sehr eindringliche war, die Eröffnung enthielt die Wendung, „wenn die russische Regierung glaube, unserem wohlgemeinten Vorschlag nicht Folge geben zu können, so müßten wir den Dingen ihren Lauf lassen".

War nun auch Europa einer drückenden Sorge ledig, so klärte sich der politische Himmel doch nicht vollkommen auf. Man erkannte zwar an, daß wir einen bedeutenden diplomatischen Erfolg erzielt hatten, und daß der Dreibund eine Kraftprobe siegreich bestanden habe, konnte auch nicht die Erkenntnis unterdrücken, daß wir der Sache des europäischen Friedens einen Dienst geleistet hatten, aber man empfand es doch mit Unmut, daß wir die politische Führung übernommen und unsere Stellung mit solcher Stärke betont hatten, daß der Weg zur Entspannung im Grunde doch ein gezwungener geworden war. In St. Petersburg hinterließ, trotzdem man dort an erster Stelle Anlaß zu

Dank gehabt hätte, die Art unseres Vorgehens und der Ton unserer Sprache einen lange Zeit schmerzenden Eindruck und einen das Verlangen nach Vergeltung weckenden Stachel. Wenn in dem Buche des Fürsten Bülow, „Deutsche Politik", gesagt ist, nach der bosnischen Krise hätten sich die normalen Beziehungen zwischen uns und Rußland rasch wiederhergestellt, wie der befriedigende Verlauf der Kaiserbegegnung in den finnischen Schären im Juni 1909 bewiesen, und daß auch in England eine wesentliche Ernüchterung eingetreten sei, wie der harmonische Verlauf des Besuches König Eduards in Berlin „unmittelbar nachdem in der Krise die entscheidende Wendung eingetreten", gezeigt habe, so sind beiden Punkten Einschränkungen zuzufügen. Es ist richtig, bei der erneuten Begegnung des Kaisers mit dem Zaren war der persönliche Verkehr zwischen den Herrschern durchaus unbefangen und ebenso herzlich wie zuvor, bei den Staatsmännern aber war eine nicht leichte Verstimmung unverkennbar. Herr Iswolski sowohl wie der Ministerpräsident Stolypin waren im Banne des Argwohns, daß Österreich-Ungarn unter Ährenthals Führung neue, gegen Serbien und damit auch gegen Rußland gerichtete Pläne schmiede und unserer Unterstützung gewiß sein dürfte. Und was den englischen Königsbesuch betrifft, so ist ein Zusammenhang mit der Lösung der bosnischen Krise nicht ersichtlich, denn der Besuch erfolgte am 9. Februar, die entscheidende Wendung, d. h. die zustimmende Antwort Rußlands auf unseren Vorschlag, am 26. März. Jedenfalls haben die späteren Ereignisse dargetan, daß der um Deutschland geschlossene Kreis keineswegs gesprengt war. England ist zwei Jahre darauf, im Sommer 1911, anläßlich der neuen Marokkokrise, mit brutaler Deutlichkeit an Frankreichs Seite gegen uns aufgetreten und Rußland hat, wie mir Herr Iswolski nachmals in Paris wiederholt zu erkennen gab, die diplomatische Niederlage von 1909 so wenig verwunden, daß es sein Verhältnis zu Frankreich und England noch enger gestaltete und seine Rüstungen in einem Umfange und in einer Richtung betrieb, über die wir bei Ausbruch des Weltkrieges erschreckende Aufklärung erhalten haben. Es kann hiernach keinem Zweifel unterliegen, daß die bosnische Krise, wenn sie auch eine friedliche Lösung gefunden hat und uns einen starken diplomatischen Erfolg brachte, eine Lage hinterließ, welche keine günstigen Aussichten in die Zukunft eröffnete.

Die Haltung unseres zweiten Bundesgenossen, Italiens, während der bosnischen Krise war eine zurückhaltende, aber im ganzen nicht unfreundliche. Zu einer erneuten „Extratour" kam es nicht, was um so mehr anzuerkennen ist, als sich Italien einem nicht leicht zu lösenden Konflikt der Interessen gegenüber gestellt sah. Schon seit einiger Zeit hatte es, von der Bewegungsfreiheit, die der Dreibund seinen Gliedern gestattete, Gebrauch machend, eine gewisse Annäherung an Rußland gesucht, zunächst auf dem Wege eines Handelsvertrags. Das Einschlagen dieser Richtung erklärte sich daraus, daß Italien in Anbetracht seiner Interessen in den jenseits der Adria gelegenen Gebieten gegenüber dem Anwachsen der großserbischen Bewegung nicht gleichgültig bleiben konnte und deren Gefahren am besten dadurch abschwächen zu können glaubte, daß es sich mit Rußland, dem Beschützer des Slawentums, gut stellte, um beim etwaigen Eintritt von Verwicklungen nicht beiseite geschoben zu werden. Herr Tittoni, der italienische Minister des Äußern, der mich ebenfalls besuchte, zu einem Zeitpunkt, wo die Einverleibung von Bosnien und der Herzegowina noch nicht in Sicht war, hat mich hierüber offen aufgeklärt. Er beteuerte die Absicht treuen Festhaltens am Dreibund, der schon deshalb von größtem Wert sei, weil er die sichere Gewähr dafür biete, daß die leidenschaftliche Abneigung der italienischen Nation gegen die Österreicher nicht zu offener Feindschaft werde. Öster-

reich mache allerdings die Aufrechterhaltung freundlicher Beziehungen nichts weniger wie leicht, da es für viele wohlbegründete italienische Wünsche nur taube Ohren habe. Für
Deutschland habe das italienische Volk nach wie vor Sympathien,
wenn auch hie und da kleine Verstimmungen vorkämen, deren
Entstehen zum Teil der Persönlichkeit des deutschen Botschafters in Rom zuzuschreiben sei, der sich durch unverbind-
liches Wesen unbeliebt mache. Wenn auch Italien im Verlaufe der Krise seine militärische Stellung gegen Österreich nicht
unerheblich verstärkte, so gelang es doch, schärfere Reibungen
zwischen den beiden Dreibundsgenossen durch beruhigendes Ein-
wirken nach beiden Seiten zu vermeiden. Wir sind nicht nur
während, sondern auch vor und nach der Krise stets bemüht
gewesen, Spannungen in der dritten Seite des Dreiecks, der
Linie zwischen den Punkten Wien und Rom, zu verhüten und
abzuschwächen, wobei wir allerdings zuweilen Widerständen
begegneten, die von anderer Seite eingeschaltet wurden, beispielsweise dem Zarenbesuch in Racconigi, der mit geflissentlicher und auffälliger Vermeidung des kürzeren Reiseweges
durch Österreich zur Ausführung kam. Er war der augenfällige Ausdruck der russischen Politik, welche „gegen den öster-
reichisch-deutschen Bazillus das italienische Gegengift anwendete".

Der Ausblick nach Überwindung der bosnischen Spannung
wäre noch trüber geworden, wenn wir nicht frühzeitig darauf
bedacht gewesen wären, uns einigermaßen der Sorgen zu entledigen, welche aus unserem unbefriedigenden Verhältnis zum
westlichen Landnachbar erwuchsen. Frankreich hatte zwar in
der Krise keine scharfe Stellung eingenommen, wünschte offenbar
keine Verdichtung der Verwicklungen bis zum Krieg, aber es
stand doch in der Reihe unserer Gegner und wäre schließlich,
wenn es hart auf hart gekommen wäre, nicht zur Seite geblieben.
Im wesentlichen lagen die Gegensätze zwischen uns und Frank-

82

reich, abgesehen von der großen Frage Elsaß-Lothringen, an
der nach unserer festverankerten Auffassung nicht zu rühren war,
auf dem Gebiete Marokko. Daß wir dort keine politischen
Ziele verfolgten, nicht die Absicht hatten, in einer für Frankreich lästigen Weise Fuß zu fassen und uns einzunisten, sondern
nur den uns gebührenden Anteil an wirtschaftlicher Tätigkeit
beanspruchten, war schon wiederholt feierlich ausgesprochen
worden. Trotzdem waren die Reibungsflächen nicht abgeschliffen,
die Gegensätze in den beiderseitigen öffentlichen Meinungen nicht
beseitigt, das Mißtrauen der Franzosen ebensowenig behoben
wie ihre Neigung zu unzulässigen Übergriffen gegen berechtigtes
deutsches Tun. Wollten wir es nicht Marokkos wegen zu
erneutem schweren Konflikt kommen lassen — und das konnte
bei uns kein Verständiger wünschen —, so blieb nur der Versuch, den immer wieder auftretenden Unklarheiten den Nähr-
boden durch eine genauere Bezeichnung dessen zu entziehen,
was der eine und was der andere, sowie was beide zu tun
berechtigt seien, kurz, eine Verständigung über die einzuhaltenden
Linien. Konnte eine solche Verständigung bis zur Vereinigung
auf nicht umstrittenem Gebiet führen, desto besser. Derartiges
schwebte mir bereits vor, als die kriegerischen Wirren in
Marokko im Sommer 1908 eine neue verwickelte Lage schufen.
Ihre Schärfe wurde dadurch gemildert, daß ich die brennend
gewordene Frage der Anerkennung des siegreichen Thron-
prätendenten Mulei Hafid in einer Weise behandelte, die einerseits unsere Stellungnahme für den neuen Sultan voll zur
Geltung brachte, andererseits der Sache die für Frankreich
verletzende Spitze abbrach.

Ein nicht vorherzusehendes Hindernis für weiteres Vorwärtskommen erwuchs aus dem Zwischenfall von Casablanca. Hier
war unser konsularischer Vertreter nicht nur deutschen, sondern
auch nichtdeutschen Fremdenlegionären in anscheinend nicht

einwandfreier Weife zur Flucht behilflich gewefen, franzöfifche
Polizeifoldaten waren dazwifchengetreten, und es war zu einer
böfen Schlägerei gekommen. Auf welcher Seite die größere
Schuld lag, war zunächft aus dem vorliegenden fpärlichen
Material nicht erfichtlich. Jede Seite fuchte fich natürlich zu
entlaften, die andere zu belaften, mehr noch wie in den amtlichen Darftellungen, in der Preffe, die fich der Sache fogleich
bemächtigte, und in Paris und London mit der Behauptung
Öl ins Feuer goß, die ganze Sache fei von Berlin aus ein-
gefädelt worden, um neuen Streit auf dem heißen marokkanifchen
Boden zu entfachen. Dabei haben auch englifche Einflüfterungen
in Paris eine böfe Rolle gefpielt. Man gab dort zu verftehen,
daß jetzt eine günftige Gelegenheit zur Abrechnung mit Deutfchland gekommen fei, das nun, da Öfterreich-Ungarn noch durch
die bosnifche Krife feftgehalten, vereinfamt Frankreich, Rußland und England gegenüberftehen würde. Italien werde man
abzuhalten wiffen. Diefe englifche Einwirkung war in aller
Deutlichkeit damals noch nicht bekannt, immerhin war zwifchen
den Zeilen der Preßäußerungen manches zu lefen, was darauf
fchließen ließ, daß das Feuer in Paris nicht allein mit boden-
ftändigen Brennftoffen unterhalten wurde. Soweit wir zu
jenem Zeitpunkte zu einem begründeten Urteil in der Lage
waren, lagen die Ausfchreitungen bei der Schlägerei weit mehr
auf franzöfifcher wie auf deutfcher Seite. Mißachtung der
konfularifchen Ausnahmeftellung, wenn nicht tätlicher Angriff, fchien außer Zweifel. Andererfeits konnte von einer
völligen Schuldlofigkeit auf deutfcher Seite nicht die Rede fein.
Verwickelter lagen die Rechtsfragen, die Frage, ob und wieweit der konfularifche Vertreter berechtigt war, Deferteuren
Schutz und Beihilfe angedeihen zu laffen, andererfeits die
Frage, ob und wieweit es franzöfifchen Amtsperfonen geftattet
fei, den Schutz illuforifch zu machen. Die Anfchauungen hier-
84

über gingen scharf auseinander. Wir betonten, daß deutsche
Konsuln nicht nur das Recht, sondern die Pflicht hatten,
Deutschen, die ihren Schutz anrufen, ihn in möglichst weitem
Umfang zu gewähren. Auch der Tatbestand war strittig, die
Franzosen behaupteten, die deutsche Darstellung, die wir ihnen
ohne Verzug zur Kenntnis gebracht hatten, sei nicht erschöpfend
und in manchen Punkten irrig. Gegenbeweise wurden aber
zunächst nicht beigebracht. Nachdem ein Versuch, die Sache
in der Weise zu erledigen, daß beide Teile erklärten, die Verfehlungen ihrer amtlichen Organe zu bedauern, nicht zum erwünschten Erfolg geführt, schlug ich von mir aus vor, den
Knäuel der Fragen durch Schiedsgericht lösen zu lassen. Wie
Herr Clemenceau, der damalige Ministerpräsident, späterhin
zu der wiederholt öffentlich ausgesprochenen Behauptung gelangen konnte, er sei es gewesen, der die schiedsrichterliche
Entscheidung vorgeschlagen habe, wir aber hätten sie nicht angenommen, ist unerfindlich. Jedenfalls hat sich mein Vorschlag
als nützlich erwiesen, die französische Regierung beeilte sich,
darauf einzugehen, die Erregung in Paris und London flaute
rasch ab und die Sache hätte einen ruhigen befriedigenden
Verlauf genommen, wenn nicht Meinungsverschiedenheiten über
die Fassung der dem Schiedsgericht zu unterbreitenden Fragen
entstanden wären. Es ist eine Schattenseite schiedsrichterlicher
Behandlung von Streitfragen, daß aus ihrem Schoße zuweilen
neue und schärfere Fragen erwachsen als die Hauptfrage.
Wir vertraten den Standpunkt, daß das Schiedsgericht nur
zur Lösung der theoretischen Rechtsfragen berufen sein solle,
den Tatbestand in Frage zu stellen, hatten wir vorerst keinen
Anlaß, da uns eine eingehende französische Darstellung nicht
vorlag. Auf französischer Seite aber wünschte man die Behandlung beider Fragen, der Rechts- und der Tatfrage.
Hieraus entwickelten sich neue Verhandlungen und erneute

Erregungen. In Paris nistete sich der Argwohn ein, wir
suchten dem Schiedsgericht, das uns unbequem werden könnte,
wieder auszuweichen. Zeitungsstimmen aus deutschen nationalen
Kreisen, die den Schiedsgerichtsgedanken bekämpften, verstärkten
diesen Eindruck. Der Kanzler erwog, ob nicht ein Druck zur
Annahme unserer Vorschläge auszuüben sei, eine Maßregel,
von der ich abriet, da sie nur Öl ins Feuer gegossen haben
würde. Allem Anscheine nach handle es sich um neue Miß=
verständnisse. Zu deren Beseitigung würde die Ausübung
eines Druckes nicht das geeignete Mittel sein. Auch der
Kronprinz mischte sich durch Mahnungen zu schärferem Auf=
treten in die Sache. Zu all dem kam meine plötzliche ernste
Erkrankung. Als diese noch nicht behoben war, traf endlich
die französische amtliche Darstellung der Schlägerei ein. Sie
war weit eingehender als die unsere, mit zahlreichen Zeugen=
aussagen versehen und belastete unsere Konsulatsbeamten in
erheblicher Weise. Mir war nicht zweifelhaft, daß wir unter
diesen, die bisherige Auffassung beeinträchtigenden Umständen
nicht umhin konnten, dem französischen Wunsch nach schieds=
richterlicher Prüfung auch der Tatfrage Rechnung zu tragen.
Ich begab mich trotz meines Krankheitszustandes zum Kanzler,
und Fürst Bülow schloß sich meiner Auffassung an. Nach
wenigen Tagen, nachdem Herr v. Kiderlen meine Vertretung
im Auswärtigen Amt übernommen hatte, kam dann die Ver=
ständigung über die Aufgaben des Schiedsgerichts zustande.
Der salomonische Spruch des Schiedsgerichts, der nach ge=
raumer Zeit erfolgte und sich inhaltlich mit unserem seinerzeit
in Paris gemachten und dort nicht angenommenen Vorschlag
— Verfehlungen auf beiden Seiten, gegenseitiges Bedauern —
ziemlich deckte, wirkte, wenn auch nicht allseitig befriedigend,
so doch beruhigend auf die Gemüter. Bei uns freilich blieb
bei den Anhängern eines mit Sporen klirrenden Vorgehens eine

86

peinliche Erinnerung zurück, und es fehlte nicht an Stimmen,
welche mich eines unangemessenen Entgegenkommens ziehen.
Unbeirrt durch diese abfälligen Urteile, glaubte ich jedoch die
eingeschlagene Richtung zur Entschärfung von Gegensätzen mit
Frankreich um so weniger verlassen zu sollen, als die Spannung
der bosnischen Krise es als sehr erwünscht erscheinen ließ, in
der Zeit, wo die Front unserer diplomatischen Tätigkeit nach
Osten stand, den Rücken frei zu haben. Die verhältnismäßig
ruhige Haltung Frankreichs während der bosnischen Krise eröffnete in dieser Beziehung nicht ungünstige Aussichten. Ich
befand mich in voller Übereinstimmung mit dem Kanzler und
dem Kaiser. So nahm ich den schon früher mit dem französischen Botschafter berührten Gedanken eines Abkommens
über Marokko wieder auf. Auf Wunsch des Kanzlers überließ ich Herrn v. Kiderlen, der, nachdem er mich vertreten
hatte, zunächst noch als Gehilfe im Amt blieb, die Ausführung
eines mit ihm ausgearbeiteten Programmes. Die Verhandlungen nahmen raschen und guten Fortgang. Nur einmal
trat eine Schwierigkeit auf, die ich indessen mit dem französischen
Botschafter im Anschluß an meine früheren Unterredungen
zu überwinden vermochte. Am 9. Februar 1909 wurde das
Abkommen von mir und dem Botschafter Jules Cambon unterzeichnet. Das Abkommen bestätigte bekanntlich die Algeciras-
akte, betonte die Integrität und die Unabhängigkeit des scherifischen Reiches, und unterstrich die wirtschaftliche Gleichheit.
Es sprach aus, daß Deutschland in Marokko nur wirtschaftliche
Ziele verfolge und die besonderen politischen Interessen Frankreichs anerkenne. Überdies wurde gemeinschaftlich-wirtschaft-
liches Vorgehen der beiderseitigen Staatsangehörigen in Aussicht
genommen. Das Abkommen wurde allseitig mit Befriedigung
und gewiß mit Recht als eine Erlösung aus einer unerquicklichen
und nicht gefahrlosen Lage begrüßt. Aufgegeben, wie hie und

87

da gesagt wurde, haben wir kein Recht, kein Interesse und keine Hoffnung. Daß wir politisch uns in Marokko nicht betätigen wollten, war schon in Algeciras gesagt worden, unserer wirtschaftlichen Tätigkeit wurden die Wege geebnet und neue Aussichten eröffnet. Der Hauptwert des Abkommens aber lag in dem Nachweis, daß eine Streit und Bekämpfung ausschließende Verständigung zwischen beiden Nationen auf einem beschränkten Gebiet möglich war, wenn beiderseits der gute und aufrichtige Wille zu loyaler Befolgung erhalten blieb. Wir unsererseits haben es daran sicher nicht fehlen lassen.

Ein eigenartiger Zufall wollte es übrigens, daß das Abkommen nicht zu der in Aussicht genommenen und für die vorbereiteten Veröffentlichungen maßgebenden Stunde unterzeichnet werden konnte. Herr Jules Cambon, der nach Paris gereist war, um die Zustimmung seiner Regierung selbst einzuholen, war zur vereinbarten Stunde nicht zur Stelle. Sein Zug hatte eine mehrstündige Verspätung erlitten, da er sich von dem Sonderzug des nach Berlin reisenden Königs von England überholen lassen mußte. Erst nachdem ich vom feierlichen Empfang König Eduards nach Hause kam, fanden Herr Cambon, dieser im Reiseanzug, ich in großer Uniform, uns zur Unterzeichnung zusammen.

Die Einverleibung der nominell noch türkischen Provinzen Bosnien und Herzogowina in die habsburgische Monarchie und unsere Stellungnahme zu diesem Ereignis hat, außer der Spannung zwischen den Mächten auch die unerfreuliche Nebenwirkung gehabt, unser gutes Verhältnis zur Türkei vorübergehend in Frage zu stellen. Wir waren im Grunde diejenige Macht, welche am aufrichtigsten die Erhaltung der Türkei in ihrem ungeschmälerten Besitzstand als festen Grundsatz befolgte. Unsere wirtschaftliche Tätigkeit sowohl in der europäischen Türkei, wie in der zukunftsreichen asiatischen, gebot uns freundschaftliche und schützende Haltung. Man war in der Türkei hierfür um so erkenntlicher, als das Osmanenreich selbst aus unserer befruchtenden Tätigkeit erheblichen und steigerungsfähigen Nutzen zog und mit Befriedigung wahrnahm, wie sich unter unserer Führung die schlummernden Kräfte belebten. In dieser Richtung war nicht nur unser wirtschaftliches und unser kulturelles Wirken von großem Wert, sondern auch, und mit besonders in die Augen springendem Erfolg, unsere erzieherische Hilfe im Militär= wesen. Auch die anderen Mächte schrieben die Erhaltung des status quo auf ihre Fahnen, aber kaum ein Denkender in der Türkei war sich darüber im unklaren, daß sich hinter dieser Aufschrift höchst eigennützige Gedanken und die Hoffnung ver= bargen, zur Zerrüttung und Zerstückelung des Reiches und zu wertvoller Beute zu gelangen. Den immer erneuten Anläufen mit Aufdrängung fragwürdiger Reformen brachte man daher berechtigtes Mißtrauen entgegen und fand die Kraft zu hart= näckigem Widerstand. Wir haben uns in diesen Reformfragen stets sehr zurückhaltend gezeigt und die Befürwortung einzelner gänzlich verfehlter, so der Justizreform, abgelehnt. Auch an der Verwaltungsreform für Mazedonien, die England und Ruß= land in der nicht zu verkennenden Absicht betrieben, Mazedonien vom Türkenreiche abzusprengen, haben wir uns nicht beteiligt. Wie sehr diese Zurückhaltung berechtigt war, haben die Ereig= nisse bald gelehrt, denn es unterliegt keinem Zweifel, daß dieser in Reval vereinbarte Reformplan der Anlaß zum staatsrecht= lichen Umschwung in der Türkei gewesen ist, in der, unter der Führung der jungtürkischen Partei ein bis dahin unbekanntes Selbst= und Nationalgefühl sich regte. Das neue Regime in Konstantinopel zeigte uns anfänglich einige Kühle, in dem Glauben, daß unser gutes Verhältnis nur auf den freund= schaftlichen persönlichen Beziehungen zwischen Kaiser und Sultan beruhe und daß der konservative Grundzug unseres Staatslebens

dem fortſchrittlichen Weſen, das nun in Konſtantinopel die
Zügel führte, abhold ſei. Als der Irrtum dieſes Glaubens
bald erkannt wurde, wandte ſich auch die junge Türkei mit
Wärme uns zu. Eine Trübung der erneuten vortrefflichen
Beziehungen ſchien die Wirkung der Einverleibung Bosniens
und der Herzegowina inſofern bringen zu wollen, als man in
Konſtantinopel, fremden Einflüſterungen Gehör ſchenkend, der
Vermutung Raum gab, daß wir treibend hinter Öſterreich-
Ungarn geſtanden hätten. Aber auch das Eis dieſer irrigen
Anſchauung zerfloß an der Sonne der Tatſachen und unſerer
ungeſchwächten freundſchaftlichen Geſinnung für die Türkei.
Und als dann bekannt wurde, daß wir uns bemühten, die
Wiener Regierung zu einer Beſchwichtigung der in ihrem Selbſt-
gefühl verletzten Türkei durch eine Dreingabe zu der Räumung
des Sandſchaks zu bewegen, und dieſe Bemühungen Erfolg
hatten, ſtellte ſich das alte Freundſchaftsverhältnis wieder her.
Es hat ſeitdem nichts zu wünſchen übrig gelaſſen.

Zu der Erſchwerung der allgemeinen europäiſchen Lage durch
die bosniſche Lage kam noch, trotz aller Freundlichkeiten, die
von unſerer Seite den Vereinigten Staaten von Nordamerika
erwieſen wurden, beiſpielsweiſe in dem Beſuche des Prinzen
Heinrich von Preußen, dem Profeſſorenaustauſch, ein, wenn
auch kaum fühlbarer, ſo doch aufmerkſamer Beobachtung nicht
entgehender leichter Temperaturrückgang in unſerem Verhältnis zur Großmacht jenſeits des Ozeans. Die Urſache war
vornehmlich in dem diplomatiſcher Einwirkung ſchwer zugäng-
lichem Gebiet der beiderſeitigen Schutzzollpolitik zu ſuchen. Auch
machte ſich drüben die ſtarke Einwirkung der ſtändig und mit
großen Mitteln gegen uns arbeitenden engliſchen Preſſe in
zunehmendem Maße bemerkbar. So wollte man uns für das
Scheitern eines allgemeinen Schiedsgerichtsvertrags mit den Vereinigten Staaten verantwortlich machen, während die Dinge in

90

Wahrheit so lagen, daß ein bereits abgeschlossener Vertrag vom amerikanischen Senat verworfen, ein neuer Vorschlag aber so beschaffen war, daß er auch beim besten Willen — und dieser war bei uns vorhanden — unseren verfassungsmäßigen Einrichtungen ebensowenig anzupassen war, wie unsere berechtigten Wünsche mit Rücksicht auf die amerikanische staatsrechtliche Lage auf Erfüllung rechnen konnten. Ganz vorübergehend hat auf die Stimmung drüben auch ein Zwischenfall gewirkt, bei dem es sich um die Nachfolge des amerikanischen Botschafters Herrn Charlemagne Tower handelte. Dem Auswärtigen Amt war — vor meinem Amtsantritt — von unserem Botschafter in Washington mitgeteilt worden, Präsident Roosevelt beabsichtige auf mehreren Botschafterposten Personenwechsel vorzunehmen. Für Berlin denke er daran, Herrn David Jayne Hill, den Gesandten in den Niederlanden, in Aussicht zu nehmen. Dem Botschafter wurde geantwortet, Herr Hill werde in Berlin gute Aufnahme finden, falls die Wahl des Präsidenten auf ihn fallen sollte. Wir betrachteten diesen Vorgang nicht als das im diplomatischen Verkehr übliche Nachsuchen und Erteilen des Agréments, denn hierfür sind andere Formen geläufig. Wir sahen daher, nachdem der Vorfühler dazu ermutigt hatte, dem förmlichen Nachsuchen des Agréments entgegen. Es vergingen aber lange Monate, ohne daß in der Sache ein weiterer Fortgang erfolgte, so daß Zweifel berechtigt waren, ob Präsident Roosevelt an seiner Absicht festhielt. Diese Zweifel teilte auch der noch in Berlin tätige Botschafter, und zwar um so mehr, als er noch keine amtliche Nachricht bezüglich eines Personenwechsels erhalten hatte. Inzwischen war aus dem Umstand, daß die Miete des von Herrn Charlemagne Tower bewohnten Hauses nicht erneuert wurde, geschlossen worden, daß der vermutliche Nachfolger sich nicht in der gleichen günstigen Vermögenslage befinde. Man begann in Berlin davon zu sprechen, daß es Herrn Hill, falls dieser der Nachfolger werden sollte, schwer fallen dürfte, sein äußeres Auftreten demjenigen der anderen in Berlin beglaubigten Vertreter der Großmächte auch nur annähernd anzupassen, und man schloß aus dem langen Hinziehen des Personenwechsels, daß Herr Hill selbst mit der Annahme des Postens zögere. Gelegentlich einer festlichen Veranstaltung des voraussichtlich bald scheidenden Botschafters Tower erwähnte dieser dem Kaiser gegenüber diese Schwierig- keiten und meinte, Präsident Roosevelt, der in der Frage der Nachfolgerschaft noch zu keinem endgültigen Entschluß gelangt zu sein scheine, würde sicherlich gern bereit sein, eine für Berlin besonders geeignete Persönlichkeit zu entsenden, wenn er erführe, daß dies dem Kaiser erwünscht sei. Der bei der Festlichkeit mit Gemahlin anwesende amerikanische Botschafter in Rom, Griscomb, wäre eine solche Persönlichkeit und würde sich glück- lich schätzen, die Lücke auszufüllen. Er, Herr Tower, sei gern erbötig, dem Präsidenten Roosevelt einen entsprechenden Vor- schlag vertraulich und privatim zu übermitteln, wenn er dazu die Ermächtigung des Kaisers erhalte. Der Kaiser frug nun mich, wie es mit dem Agrément für Herrn Hill stehe. Ich antwortete, von Herrn Hill sei vor Monaten die Rede ge- wesen, der Kaiser habe ihm damals gute Aufnahme zusichern lassen, seitdem habe aber nichts mehr von der Sache verlautet, ein Nachsuchen des Agréments in der üblichen Form sei noch nicht erfolgt. Nun erst erklärte sich der Kaiser mit Herrn Towers Vorschlag einverstanden. Überraschenderweise stieß Herrn Towers Anregung in Washington auf Schwierigkeiten, die amerikanische Presse erfuhr von der Sache, nach ihr die deutsche, und die Vorgänge wurden unzutreffend so dargestellt, der Kaiser habe Herrn Hill, weil er nicht genügend vermögend sei, abgelehnt. Es entstand eine erregte Bewegung in der Presse, die nicht ohne Mühe, unter freundlicher Mitwirkung Herrn Towers, be=

92

schwichtigt werden konnte. Auch in Reichstagskreisen wurde
man unruhig, sprach von persönlichem Regiment und war nahe
daran, den großen Apparat einer Interpellation in Bewegung
zu setzen. Tatsächlich lag zu solcher Erregung kein Anlaß vor.
War auch der Vorfall unerwünscht, so konnte doch von ernst-
lichen Verstößen gegen Regeln und Sitten nicht die Rede sein.
Es ist durchaus keine ungewöhnliche Sache und in der diplomatischen Geschichte häufig vorgekommen, daß von einer Seite
der Wunsch nach Entsendung einer bestimmten Persönlichkeit
als besonders willkommener Vertreter geäußert und von der
anderen gern erfüllt wird. Herr Hill wurde später, als er
seine neue Stellung antrat, vom Kaiser, von der amtlichen und
nichtamtlichen Welt Berlins unbefangen und freundlich aufgenommen, und damit war der Zwischenfall erledigt. Als bald
darauf unser Botschafter Freiherr Speck von Sternburg in
Washington starb, wurde dem Präsidenten Roosevelt vertraulich
Gelegenheit gegeben, zwischen drei Kandidaten für die Nachfolge
den ihm genehmsten zu wählen. Die Antwort lautete nicht ganz
bestimmt, ließ aber durchblicken, daß Graf Bernstorff besonders
willkommen sein würde. Für ihn wurde dann das Agrément
nachgesucht und erteilt. Wenn noch eine Spur von Verstimmung
vom Falle Hill übriggeblieben sein sollte, so ist sie damit ver-
schwunden. Auf dem rein politischen Gebiet empfand man
drüben lebhafte Befriedigung darüber, daß wir uns mit Amerika
in der Anerkennung und Befolgung des Grundsatzes der offenen
Tür in China zusammenfanden.

Dem Falle Hill war ein anderer vorausgegangen, der ebenfalls zu Klagen über persönliches Regiment Anlaß gegeben
und zu einer Besprechung im Reichstag geführt hatte. Es
handelte sich um einen Privatbrief des Kaisers an den englischen
Marineminister Lord Tweedmouth, worin im Anschluß an frühere
Gespräche, zur Beseitigung von Voreingenommenheiten und zur

93

Berichtigung tatsächlicher Irrtümer einige statistische und nautische Angaben über unsere Flotte gegeben wurden. Weniger der Inhalt wie die Tatsache des Briefes war durch eine Ungeschicklichkeit Tweedmouths bekanntgeworden, und sowohl in England wie in Deutschland regte man sich über das persönliche Eingreifen und vermeintlich inkonstitutionelle Verhalten des Kaisers heftig auf. Im Reichstag verteidigte der Kanzler den Kaiser. Dabei ist jedoch ein nicht unwichtiger Umstand unerwähnt geblieben, die Tatsache, daß der Kaiser mir den Brief vor Absendung gezeigt hatte. Ich hatte keinerlei Anlaß zu haben geglaubt, dem Kaiser von Absendung des Briefes abzuraten. Warum sollte es ihm nicht unbenommen sein, eine mündlich begonnene nützliche Unterredung schriftlich fortzusetzen? Pflegten nicht andere Souveräne von derartiger Freiheit reichlichen Gebrauch zu machen, und zwar, wie allgemein bekannt, in weit weniger wohlmeinender und einwandfreier Weise? Mag sein, daß es einen gewissen Anreiz auf den Kaiser ausübte, dem englischen Minister erneute Beweise der Überlegenheit seines fachmännischen Wissens zu geben, das ändert aber nichts an der Harmlosigkeit des Briefwechsels.

Ein Fall mit größerer Bedeutung, bei dem es sich auch um Handlungen und Worte des Kaisers und deren peinliche Folgen handelte, war die „Daily Telegraph"-Angelegenheit, die Veröffentlichung dieses englischen Blattes von Gesprächen des Kaisers und die Verbreitung der Veröffentlichung auf anscheinend offiziösem Wege. An dieser überaus peinlichen Sache bin ich persönlich nur in sehr geringem Grade beteiligt gewesen, da sich das Mißverständnis im Auswärtigen Amt, aus dem das Verhängnis erwuchs, zu einer Zeit zutrug, wo ich abwesend war. Was mir aus eigenem Miterleben von dieser in der Öffentlichkeit noch immer nicht völlig aufgeklärten Sache bekannt ist, ist folgendes:

94

Am 11. Oktober 1908, abends nach 7 Uhr, ließ mich der Reichskanzler zu einer Besprechung der durch die Einverleibung Bosniens und der Herzegowina in die habsburgische Monarchie geschaffenen Lage zu sich bitten. Die Amtsstelle, die mir diese Bestellung übermittelte — hier sind die Punkte aufs i zu setzen — ließ mir zugleich in einer verschlossenen Mappe ein Aktenstück geringen Umfanges mit dem Bemerken zugehen, es sei eine geheime Sache, deren persönliche Bearbeitung der Reichskanzler sich selbst vorbehalten habe, die aber noch nicht erledigt sei, obwohl sie eilig zu sein scheine. Ich hatte, da ich dem Rufe des Kanzlers zur Unterredung sogleich Folge zu leisten hatte, nicht Zeit, von dem Aktenstück Kenntnis zu nehmen, nur soviel konnte ich bei einem Blick auf das äußerste Blatt sehen, daß es der Entwurf zu einem Briefe war, der mit der Anrede „Mein lieber Martin!" begann. Martin war der Vetter des Fürsten Bülow, der Gesandte v. Jenisch, der zu jener Zeit als Vertreter des Auswärtigen Amtes beim Kaiser in Rominten weilte. Die Handschrift des Entwurfes war diejenige des Gesandten v. Müller, der bis zum Tage zuvor als Sekretär beim Kanzler in Norderney tätig gewesen war. Am Schlusse der lange andauernden Besprechung der bosnischen Frage übergab ich das kleine Aktenstück dem Fürsten Bülow mit dem Bemerken, es sei mir beim Verlassen meines Arbeitszimmers übergeben worden, ich hätte nicht Zeit gehabt, von dem Inhalt Kenntnis zu nehmen. Der Kanzler nahm das Aktenstück an sich und sagte nach einem flüchtigen Blick, es sei eine Sache, die erledigt sei, es fehle nur noch die Paraphierung. Über den Inhalt äußerte er nichts, auch las er das Schriftstück in meiner Gegenwart nicht. Zu bemerken ist noch, daß am gleichen Tage — Fürst Bülow war am Morgen von Norderney eingetroffen — der Kaiser mittags beim Kanzler gespeist hat. Nach Tisch hatte der Kaiser im Garten ein längeres

Gespräch, ohne mein Beisein, mit dem Kanzler, bei dem es sich, wie ich späterhin einer Äußerung des Kaisers entnehmen konnte, um die fragliche Veröffentlichung handelte. Der Kaiser bat um endliche Erledigung der Sache, der Kanzler sagte dies zu.

Etwas über zwei Wochen später, am 28. Oktober, überschickte mir der Leiter der Presseabteilung, Geheimrat Hammann, gegen 10 Uhr vormittags aus seiner Wohnung eine ihm von Wolffs Bureau vorgelegte, sehr unleserlich geschriebene Wiedergabe einer Veröffentlichung des „Daily Telegraph" über Gespräche, die der Kaiser gehabt haben solle. Die Sache war von der bei wichtigen Fragen üblichen Anfrage Wolffs begleitet, ob die Verbreitung erfolgen könne. Da ich beim Durchlesen der Gesprächswiedergabe auf mehrere bedenkliche Stellen stieß, setzte ich mit Rotstift ein großes und deutliches „Nein" auf den Fragebogen und ließ die Sache sofort an Wolffs Bureau zurückgehen. Zur Mittagsstunde erschien Geheimrat Hammann bei mir und stellte mir vor, eine Verhinderung der Verbreitung durch Wolff erscheine ihm nicht angängig. Sie würde, da der „Daily Telegraph"-Artikel doch auf anderem Wege bekannt werden würde, den zu erwartenden Sturm nicht zu beschwören vermögen und zu allerlei Mißdeutungen Anlaß geben, im übrigen bringe eine Berliner Mittagszeitung bereits Auszüge aus der „Daily Telegraph"-Veröffentlichung. Da weder mir noch Hammann etwas von der Entstehungsgeschichte bekannt war, ersuchte ich ihn, bei dem die allgemein politischen Angelegenheiten bearbeitenden Geheimrat Klehmet zu erfragen, was etwa im Auswärtigen Amt von der Sache bekannt sei. Hammann kehrte nach wenigen Minuten mit der überraschenden Antwort zurück, die Veröffentlichung in dem englischen Blatte sei vor längerer Zeit zwischen dem Kaiser und Kanzler vereinbart worden. „Wenn dem so ist," sagte ich, „dann habe ich freilich keinen Einfluß mehr auf den Gang der Dinge." So erfolgte die Ver-

96

breitung durch Wolff, also gewissermaßen mit dem amtlichen Visa — und der Sturm brach los.

Nachträglich habe ich die Zusammenhänge annähernd lückenlos festzustellen vermocht. Die Sammlung der Äußerungen des Kaisers war das Werk des englischen Obersten a. D. Stuart Worsley, bei dem sich der Kaiser, als er im Herbst 1907 dessen Landsitz High Cliffe Castle bewohnte, in der ihm eigenen lebhaften und offenen Weise ausgesprochen hatte. Herr Stuart Worsley glaubte mit einer Bekanntgabe jener Äußerungen der Sache besseren Verstehens zwischen England und Deutschland einen Dienst zu erweisen. Unter diesem Gesichtspunkte war der Kaiser mit der Veröffentlichung einverstanden, vorausgesetzt, daß der Reichskanzler keine Bedenken habe. Der Kaiser ließ den ihm aus England übersandten Entwurf dem in Norderney weilenden Kanzler zugehen. Fürst Bülow sandte das Manuskript an das Auswärtige Amt mit dem eigenhändig geschriebenen Auftrag, die Sache zu prüfen und nach Vornahme etwa erforderlicher Streichungen, Änderungen oder Zusätze ihm wieder vorzulegen. Der damals mich vertretende Unterstaatssekretär Stemrich gab den Auftrag mit dem Bemerken, daß die Sache besondere Aufmerksamkeit zu erheischen scheine, an Geheimrat Klehmet. Dieser faßte den Befehl des Kanzlers so auf, daß im Auswärtigen Amt lediglich zu prüfen sei, ob und wieweit die Äußerungen des Kaisers den tatsächlichen Vorgängen entsprächen. Nachdem Klehmet mehrere Tage hindurch die Akten durchwühlt und einige berichtigende Änderungen vorgenommen hatte, ohne sich aber, da es sich um eine ganz geheime Sache handelte, mit irgendeinem anderen der Räte oder dem Unterstaatssekretär zu besprechen, gingen die Schriftstücke mit dem Bemerken, daß sie dem Befehl gemäß behandelt worden seien, an den Reichskanzler nach Norderney zurück. Dort scheint die Sache einige Tage geruht zu haben, bis das Aktenstück für

einen flüchtigen, zur Kenntnisnahme nicht genügenden Augenblick in meine und dann wieder des Kanzlers Hände gelangte.

Am Tage nach der das größte Aufsehen erregenden Veröffentlichung hatte ich Gelegenheit, dem Kaiser darzulegen, daß
der Entwurf des „Daily Telegraph"-Artikels infolge eines verhängnisvollen Mißverständnisses nicht genügend sachgemäß behandelt worden sei. Ich sei persönlich nicht beteiligt, aber es
handle sich um das mir anvertraute Reichsamt, für dessen genau
arbeitenden Geschäftsbetrieb ich verantwortlich sei. Ich müsse
daher um Genehmigung meines Rücktrittes bitten. Der Kaiser
erwiderte, davon könne noch weniger die Rede sein wie von
der Demission des Kanzlers, die er soeben gleichfalls nicht angenommen habe. Die Sache werde sich übrigens als harmloser
aufklären, wie sie anfänglich scheine. Seine Äußerungen seien
zum Teil unrichtig wiedergegeben. So habe er keineswegs einen
ausgearbeiteten Kriegsplan gegen die Buren nach Windsor
gelangen lassen, sondern nur akademische Betrachtungen in
aphoristischer Form. Im übrigen handle es sich bei seinen
Äußerungen meist um längst bekannte Tatsachen. Am gleichen
Tage fand beim Kanzler eine Beratung über eine zu veröffent-
lichende halbamtliche Darstellung statt, an der noch Unterstaatssekretär v. Loebell von der Reichskanzlei und Geheimrat Hammann teilnahmen. Ich brachte einen Entwurf mit, der von
einem überaus beklagenswerten Versehen sprach, es indessen
vermied, das Auswärtige Amt als schuldigen Teil zu bezeichnen.
Außerdem verwies ich auf die Möglichkeit, im Einvernehmen
mit dem Verfasser der Gesprächswiedergaben die Veröffentlichung als teilweise unzutreffend zu kennzeichnen. Fürst Bülow
bestand indessen auf Nennung des Auswärtigen Amtes, andern-
falls würden die verschiedensten Vermutungen auftauchen und
schließlich würde man doch das Amt nennen müssen. Ich konnte
auf meinem Widerstand nicht weiter beharren, vermied aber

98

meine ausdrückliche Zustimmung zu der Fassung der Veröffentlichung. Überrascht war ich von dem Ersuchen des Kanzlers,
ich möchte Klehmet, den er am Tag zuvor erregt und barsch zur
Rede gestellt hatte, sagen, es werde ihm kein Leid geschehen.

Die weiteren Vorgänge, erregte Verhandlungen im Reichstag, Erklärung des Kaisers zu künftiger größerer Zurückhaltung,
sind bekannt. Am Abend des Tages der halbamtlichen Veröffentlichung über das im Auswärtigen Amt vorgekommene
Versehen erkrankte ich plötzlich so ernstlich, daß ich an den nach-
folgenden Dingen keinen Anteil zu nehmen vermochte.

Nach meiner Rückkehr zu den Amtsgeschäften fand ich eine
Lage vor, die manche Veränderungen aufwies. Die Stellung
des Reichskanzlers gegenüber dem Reichstag war trotz der erreichten Erklärung des Kaisers etwas beeinträchtigt. Auf der
einen Seite empfand man die Art der Erledigung der Angelegenheit als eine beklagenswerte Schwächung des Ansehens der
Krone, auf der anderen hätte man noch weitergehendere Bürgschaften für Vermeidung persönlicher Eingriffe des Kaisers in
den Gang der politischen Dinge gewünscht. Auch das bis dahin
so vertrauensvolle, es ist nicht zuviel gesagt, freundschaftliche
Verhältnis zwischen Kaiser und Kanzler war zweifellos erschüttert. Der Kaiser war der Meinung, daß er nicht genügend
verteidigt worden sei. Das erstemal, wo ich dem Kaiser wieder
nahe zu treten Gelegenheit hatte, anläßlich der Antrittsaudienz
des brasilianischen Gesandten, fand ich den Kaiser in gedrückter
Stimmung. Er berührte die Vorgänge nur in wenigen kurzen
Bemerkungen, die von Bitterkeit zeugten. Aus der Umgebung
hörte ich, daß der Kaiser von schweren Seelenkämpfen niedergedrückt gewesen war, die noch nicht ganz überwunden seien.
Er gebe sich noch immer tiefem Sinnen anheim und der Gedanke gewinne an Raum, daß die Vorgänge nicht so gewesen,
wie sie dargestellt worden sind. Ich selbst mied jedes Eingehen

auf die Sache, um so mehr, als sie mir zu jener Zeit nur bruch-
stücksweise bekannt war. Bei einem gemeinschaftlichen Vortrag
beim Kaiser fiel mir seine Kühle gegenüber dem Kanzler auf,
auch vermied er die sonst so häufigen Besuche im Kanzlerpalais.
Monate waren seit dem Novembersturme vergangen, als der
Kaiser, kurz vor Antritt der zweiten Reise nach Korfu, bei mir
vorsprach und mir in sichtbar tiefer Bewegung anvertraute, er
habe nun die schmerzliche Überzeugung gewonnen, daß der
Kanzler ihn nicht nur nicht genügend verteidigt, sondern geradezu verraten habe. Es handle sich nicht um ein Versehen
oder eine Nachlässigkeit, sondern der Kanzler habe geflissentlich
der Veröffentlichung freien Lauf gelassen in der Berechnung,
daß die Angelegenheit mit einer Unterwerfung des Kaisers
unter ein gewisses Hausmeiertum enden werde. Ich war ent-
setzt und habe den Kaiser inständig gebeten, von derartigen
bösen Gedanken Abstand zu nehmen. Es fehle, soweit ich die
Sache kenne, jeglicher Anhaltspunkt zu solchem, eine furchtbare
Anklage bergenden Glauben. Ich könne mich ihm unmöglich
anschließen. Trotz allem bestand der Kaiser auf seiner Auffassung. Sie gründe sich nicht auf unbestimmte Vermutungen
sondern auf Gewißheiten. Dem Kaiser war auch nicht unbekannt geblieben, daß in der stürmischen Zeit der öffentlichen
Erörterung des Vorfalles im Kreise der deutschen Minister,
welche zu einer Sitzung des Bundesratsausschusses für auswärtige Angelegenheiten in Berlin zusammengekommen waren,
der Gedanke erörtert worden war, den Kaiser zur Abdankung
zu bewegen. Der Kaiser hatte in der Zeit seiner seelischen
Niedergeschlagenheit selbst an Abdankung gedacht, aber gegen
eine Aufdrängung derselben bäumte er sich auf.

Aber auch in der öffentlichen Meinung war die Sache mit
dem Ende des Novembersturmes nicht erledigt. Man beschäftigte sich noch vielfach mit der Frage, ob lediglich im Aus-
100

wärtigen Amt ein verhängnisvolles Versehen vorgekommen,
oder ob nicht auch anderwärts die Behandlung der Sache nicht
einwandfrei gewesen sei. Man suchte nach weiteren Schuldigen
und glaubte sie in dem Reisebegleiter des Kaisers, dem Gesandten v. Jenisch, oder in dem Gehilfen des Kanzlers in
Norderney, dem Gesandten v. Müller, finden zu sollen.
Beides mit Unrecht. Weder Jenisch noch Müller hatten jemals
Veranlassung, ihre eigene Meinung zu dem Inhalt der zu ver-
öffentlichenden Gespräche zu äußern, da sie nach dem durch sie
vermittelten Verkehr zwischen Kaiser und Kanzler zu keinem
Zweifel darüber berechtigt waren, daß der Entwurf an zu-
ständiger Stelle eingehend geprüft und gutgeheißen worden war.
Beide haben mit allem Nachdruck gegen den Versuch, sie zu
Sündenböcken zu machen, Einspruch erhoben. Der leicht erregbare Müller drohte sogar mit aufsehenerregenden Enthüllungen, ein Hinweis, den ich teils deshalb abwies, weil ich
ihn für den Ausfluß vorübergehender Aufwallung hielt, teils
und hauptsächlich, weil ich es für nicht ratsam erachtete, das
mühsam geschlossene Pulverfaß wieder zu öffnen.

Die starke Verschiebung der innerpolitischen Lage infolge des
Schicksals der großen Finanzreform zog den Rücktritt des
Reichskanzlers Fürsten v. Bülow nach sich. Allerdings sprach
auch, insbesondere was die Entscheidung des Kaisers betrifft,
der „Daily Telegraph"-Zwischenfall in nichts weniger wie un-
bedeutendem Maße mit. Das Verhältnis zwischen Kaiser und
Kanzler war und blieb frostig und zwängte sich im Gegensatz
zu früher in enge konventionelle Formen. Beim Kaiser stand
allem Anschein nach der Entschluß, sich von Bülow zu trennen,
seit dem Frühjahr fest, er hielt es aber für angezeigt, so sehr
es auch seinem Gefühl widerstrebte, damit dem Parlamentaris-
mus eine gewisse Anerkennung einzuräumen, nach außen hin
nur die Wirkung der innerpolitischen Lage in Erscheinung treten

zu lassen. Er schob daher die Entlassung bis nach vollständiger Erledigung der Finanzreform hinaus.

Mein Verhältnis zum Fürsten-Reichskanzler war immer ein gutes, so sehr auch die Möglichkeit von Unebenheiten durch den Umstand begünstigt wurde, daß der Kanzler, dem Herkommen und seiner Vergangenheit gemäß, dem Auswärtigen Amt weit näher stand als irgendeinem anderen Reichsamt, und die auswärtige Politik das bevorzugte Gebiet seiner umfassenden Tätigkeit bildete. Fürst Bülow ließ mir indessen von vornherein in der Leitung der Geschäfte mehr freie Hand, als ich erwartet hatte und beanspruchen konnte. Die rein persönlichen Beziehungen waren vortrefflich, dank dem liebenswürdigen Wesen des Fürsten, dank der großen Gastfreundschaft seines Hauses, in dem die geschickte Hand und der feine Geist einer künstlerisch hoch begabten Frau waltete. Der Kanzler überließ mir auch gern die Vorträge beim Kaiser über laufende Geschäfte, vor allem die Personenfragen. Geschäftige Zungen haben zu erzählen gewußt, Fürst Bülow habe wegen des gütigen Vertrauens, das mir der Kaiser bezeugte, etwas wie leichte Eifersucht empfunden. Das ist eine törichte und kleinliche Verkennung der Tatsachen und der Charaktere. Daß im Laufe der Zeit verschiedene Auffassungen der Vorkommnisse auftauchten, liegt in der Natur der Sache. Sie haben sich indessen niemals bis zu ernstem Zwiespalt verdichtet, konnten vielmehr stets durch offene Aussprache oder auch leichtes Hinweggleiten unschwer überwunden werden. Einer dieser Fälle betraf den „Daily Telegraph"-Sturm, dessen Bereich ich infolge meiner Erkrankung entgangen war. Als der Fürst mich nachträglich nach meiner Meinung fragte, äußerte ich freimütig Zweifel an der Richtigkeit der Behandlung der Sache gegenüber der Krone. Wir haben dann nicht mehr über den Fall gesprochen. Auch über das Maß des dem Reichstag einzuräumenden Einflusses stimmten

102

wir hie und da nicht vollständig überein. Der Fürst fand es beispielsweise zu weitgehend, daß ich dem Ausschuß eingehende vertrauliche Aufklärungen über die nicht allgemein bekannten Vorgänge in der bosnischen Krise gegeben, sowie daß ich in Verwaltungsfragen, so namentlich der Frage der Weihnachts= gratifikationen an Beamte, den Streichungsgelüsten der Ab= geordneten nicht hartnäckigeren Widerstand entgegengesetzt hatte. Diese Weihnachtsgratifikationen waren eine etwas heikle Sache. Sie waren eine Gepflogenheit, die vor meiner Amtszeit ein= geführt und nicht allein im Auswärtigen Amt, sondern auch bei anderen Ministerien üblich war. Der Mißstand war nur der, daß die hierzu verwendeten Mittel zum nicht geringen Teil aus Fonds stammten, die für andere Zwecke bewilligt waren. Das war manchen Abgeordneten bekannt geworden, sie standen also auf völlig unanfechtbarem Rechtsboden, als sie die Beseitigung verlangten. Ein schärferer Widerstand hätte zu sehr peinlichen Erörterungen geführt. Was die tieferen Einblicke in den Gang der politischen Maschine anlangt, so hatte mich dazu das Bedürfnis bewogen, das durch die „Daily Telegraph"=Sache stark erschütterte Vertrauen in sachgemäßes Arbeiten im Auswärtigen Amt wiederherzustellen — und dieser Erfolg wurde erzielt.

Für meine Vertretung während meiner Erkrankung wurde, da auch der Unterstaatssekretär Stemrich wegen empfindlich gestörter Gesundheit einen Erholungsurlaub hatte antreten müssen, der aus früherer Zeit mit dem Geschäftsgang im Aus= wärtigen Amt genau vertraute Gesandte in Bukarest v. Kider= len=Wächter einberufen, und zwar, wie zu bemerken nützlich erscheint, auf meinen eigenen Vorschlag. Kiderlen war nach allgemein im Auswärtigen Amt herrschendem Urteil einer der befähigtsten unserer diplomatischen Vertreter. Wenn er bisher nicht weiter gelangt war als bis zu dem Gesandtenposten in

Bukareſt, ſo lag dies mehr an äußeren Umſtänden wie an un=
genügender Einſchätzung ſeiner wertvollen Kraft. Was ihn
noch beſonders empfehlenswert für die zeitweilige Führung des
Amtes erſcheinen ließ, das war der Umſtand, daß er ein
Spezialiſt in Balkanfragen war, angeſichts der hereingebroche=
nen bosniſchen Kriſe eine beſonders ſchätzenswerte Eigenſchaft.
Er hat in den wenigen Wochen der vertretungsweiſen Tätigkeit
die in ihn geſetzten Hoffnungen in vollem Maße erfüllt. Sein
Mißgeſchick beim erſten Auftreten im Reichstag unter un=
gewöhnlich ungünſtigen Umſtänden in der Hitze der Verhand=
lung über die „Daily Telegraph“=Sache tut ſeinen Verdienſten
keinen Eintrag. Fürſt Bülow ſchätzte ihn ſo hoch, daß er
angeſichts des Zweifels, ob ich geſundheitlich wieder imſtande
ſein würde, das Amt zu übernehmen, dem Gedanken nahe trat,
Kiderlen für meine Nachfolge in Ausſicht zu nehmen. Ab=
geſehen von der politiſchen Befähigung, verſprach er ſich von
Kiderlens ſtarker Perſönlichkeit und robuſter Natur beſſere
Erfolge nach außen und innen, wie von meinem mehr bedäch=
tigen und verſöhnlichen Weſen. Indeſſen kam es nicht zur
Ausführung des Gedankens, da mein weſentlich gebeſſerter
Geſundheitszuſtand mir die Wiederübernahme der Geſchäfte
erlaubte. Überdies war auch der Plan des Fürſten, den Bot=
ſchafterpoſten in Paris, für den er mich beſonders geeignet
hielt, freizumachen, an dem gereizten Widerſtand des Fürſten
Radolin geſcheitert. Ich ſelbſt war an dieſem Verſuche, von
dem ich erſt nach ſeinem Mißlingen Kenntnis erhielt, gänzlich
unbeteiligt. Fürſt Bülow beſchränkte ſich nun auf den Vor=
ſchlag, ich möchte Herrn v. Kiderlen bis zur Erledigung der
bosniſchen Angelegenheit als Gehilfen behalten. Ich ging
hierauf ohne Zögern in der Zuverſicht ein, daß es nicht ſchwer
ſein dürfte, Verſtimmungen, die der Umſtand begünſtigen könnte,
daß Kiderlen an Dienſtjahren über mir und nun mit spe suc-

104

cedendi neben mir stand, vorzubeugen. In dieser Hoffnung habe ich mich nicht getäuscht. Ebenso kam ich dem Wunsche des Fürsten entgegen, Kiderlen durch bemerkbare Mitwirkung beim Zustandebringen einer Verständigung mit Frankreich über Marokko Gelegenheit zur Erholung von seinem unglücklichen Debüt im Reichstag zu bieten.

Am 14. Juli 1909 erfolgte die Ernennung des bisherigen Staatssekretärs des Innern, Herrn v. Bethmann Hollweg, zum Nachfolger des Fürsten Bülow. Ob ihm von seinem Vorgänger nahegelegt worden war, Personaländerungen vorzunehmen und zum Staatssekretär des Äußern Herrn v. Kiderlen zu wählen, und ob etwa die Ausführung eines solchen Gedankens auf Schwierigkeiten gestoßen ist, wie hie und da geflüstert wurde, ist mir nicht bekannt geworden. Danach zu forschen habe ich keine Veranlassung gehabt, nachdem mich der neue Kanzler sogleich bat, ihm zur Seite zu bleiben, eine Vertrauenskundgebung, die ich um so höher einschätzen mußte, als bei seiner Unbewandertheit in den Dingen der auswärtigen Politik meine Stellung mehr Gewicht gewann, als unter dem Berufsdiplomaten Bülow. Herr v. Bethmann ging mit Eifer daran, sich in die vorliegenden Fragen der äußeren Politik zu vertiefen und den Geschäftsbetrieb des Auswärtigen Amts, über dem noch immer der Schatten der aus der „Daily Telegraph"-Sache geschöpften Zweifel lag, eingehend kennenzulernen, so daß sich ein sehr reger Verkehr mit dem neuen Kanzler entwickelte. In einzelnen Kreisen der öffentlichen Meinung begannen sich bald einige Bedenken zu regen, hervorgegangen aus der Besorgnis, daß ich durch die Abhängigkeit des Kanzlers von meiner größeren Geschäftskenntnis zur Betätigung eigener Politik verführt werden könnte und daß diese nicht eine kraftvolle sein würde. Zu dieser Besorgnis hatte u. a. der Umstand geführt, daß ich in einer vertraulichen Unterredung mit

einigen liberalen Abgeordneten aus Schleswig bei Beantwortung
bestimmter Fragen, die der irrtümlichen Meinung entsprangen,
daß Verhandlungen mit der dänischen Regierung im Gange
seien, bemerkt hatte, der Kampf zwischen Deutschtum und Dänen-
tum in unserer Nordmark, und zwar weniger der Kampf selbst
wie die Art, in der er geführt wurde, bereite der auswärtigen
Politik nicht geringe Ungelegenheiten. Von dieser Äußerung
sickerte etwas durch, geriet auf den Weg der Entstellung und
Mißdeutung und bestärkte in nationalen Kreisen die aus früheren
Anlässen bereits bestehende Annahme, daß ich gegenüber dänischen Wünschen nicht die erwünschte Festigkeit zeigen könnte.
So wenig diese Annahme in Tatsachen begründet war, so nahm
ich doch nunmehr Anlaß, meine politischen Handlungen noch
sorgsamer als dies unter Bülow der Fall gewesen, den leitenden Gedanken, Wünschen und Weisungen des neuen Kanzlers
unterzuordnen. In besonderem Maße geschah dies, soweit
eine Trennung von der Reichspolitik möglich war, hinsichtlich
der rein preußischen Angelegenheiten, mit deren Psychologie
ich weniger vertraut war, wie der aus der preußischen Verwaltung hervorgegangene Kanzler, preußische Ministerpräsident
und preußische Minister der auswärtigen Angelegenheiten. So
entwickelte sich das Verhältnis mit dem neuen Kanzler zu einem
durchaus harmonischen und vertrauensvollen.

Die Bedenken in den Kreisen stark nationalen Gepräges
gegen meine vermeintliche Neigung zu Nachgiebigkeiten nach
außen hatten sich beschwichtigt, als eine neue Marokkofrage
auftauchte, deren Behandlung jenen Bedenken neue Nahrung
brachte und sie mit Schärfe hervortreten ließ. Es handelte
sich um die von den unternehmenden Gebrüdern Mannesmann
in Marokko erworbenen Ansprüche auf Bergbau. Die Tätigkeit dieser kühnen Pioniere deutscher friedlicher Eroberung war
vom Auswärtigen Amt mit Wärme unterstützt worden, solange

sie sich innerhalb der Grenzen der Rechtslage, die freilich eine etwas unbestimmte war, bewegte. Die Unterstützung mußte unterbleiben von dem Augenblick an, wo diese Grenzen, troß unserer wiederholten Mahnungen, willkürlich überschritten wurden. So sehr auch die Anerkennung der sogenannten Mannesmannrechte und die Ausbeutung der marokkanischen Erzlager im deutschen Interesse lagen, so konnten wir uns doch nicht mit dem verlangten Nachdruck für sie einsetzen, weil wir damit in Widerspruch mit dem von allen Mächten, teilweise sogar unter unserem Vorantritt, geschaffenen marokkanischen Staatsrecht geraten wären. Mit einem Versuche, die Auf- fassung der Gebrüder Mannesmann durchzusetzen, würden wir nicht allein unsere eigene Unterschrift verleugnet haben, sondern wir hätten auch mit der erdrückenden Mehrheit der Mächte, nicht etwa nur mit Frankreich allein, wie es geflissentlich be- hauptet wurde, einen Kampf aufnehmen müssen, der sicherlich zu einer diplomatischen Niederlage geführt hätte. Der einzig gangbare Ausweg aus dem Labyrinth war eine Verständigung der verschiedenen Interessentengruppen unter sich unter wohl- wollender Führung durch die beteiligten Regierungen. Frank- reich, das in dieser Beziehung in erster Linie in Betracht kam, war dazu auf Grund des Marokkoabkommens vom Februar 1909 bereit. Es ist späterhin gelungen, die Herren Mannesmann zur Beschreitung dieses Weges zu bewegen. Wir haben sie dabei mit allen anwendbaren Mitteln unterstüßt und Erfolge erzielt, die nicht durch Schuld der beteiligten amtlichen Kräfte wieder zerronnen sind. Die Frage der Mannesmannansprüche, deren Behandlung im Reichstag zu erwarten war, wurde in ihrem ganzen Umfange, in rechtlicher, tatsächlicher und politischer Beziehung im Bundesratsausschuß für auswärtige Angelegenheiten eingehend erörtert, mit dem Ergebnis, daß die Auffassung des Auswärtigen Amts die einmütige Zu-

stimmung der Mitglieder sowie auch diejenige des Reichskanzlers fand.

Das Wiederaufleben des Bundesratsausschusses für auswärtige Angelegenheiten, einer in der Reichsverfassung vor-
gesehenen, bisher aber nicht zur Verwirklichung gelangten Einrichtung, war eine Neuerung, die sich nicht ohne mein Zutun
vollzogen hatte. In Bayern und Württemberg hatte man
das Vergessen, in das jener Verfassungspunkt geraten war,
längst mit Unmut bemerkt und wiederholt Anläufe zur Aus-
füllung der Lücke unternommen. Diese waren jedoch in Berlin
an dem Bedenken gescheitert, daß die Tätigkeit des Ausschusses
zu unerwünschten Einmischungen in die ausschließlich der Reichs-
leitung vorbehaltene Führung der auswärtigen Politik Anlaß
geben könnte. Ich fand mich jedoch mit dem Reichskanzler
— es war noch Fürst Bülow — in der Auffassung zusammen,
daß das Inslebentreten des Ausschusses nur zur Stärkung des
föderativen Charakters des Reiches beitragen könne und daß die
Besorgnisse vor störenden Einflüssen gegenstandslos würden,
wenn die Gewißheit bestand, daß der Ausschuß nur infor-
matorischen Zwecken dienen sollte. Diese Gewißheit wurde
erlangt, und so ist der Ausschuß zu einer lebendigen und wertvollen Einrichtung geworden.

Der Streit um die Anerkennung und Durchsetzung ihrer Ansprüche wurde von den Herren Mannesmann mit Hilfe einer
gewaltigen Pressetätigkeit zunächst in der Öffentlichkeit mit großer
Leidenschaftlichkeit ausgefochten, schließlich auch in den Reichstag getragen und hier im Ausschuß aufs gründlichste, sodann
auch in größeren Umrissen im Plenum erörtert. Das Ergebnis
war eine mit großer Mehrheit erfolgende Anerkennung der
Auffassung des Auswärtigen Amts. Die Herren Mannesmann
haben sich dann entschlossen, den vom Auswärtigen Amt emp-
fohlenen Weg der Verständigung der Interessenten zu be-

108

schreiten, zunächst aber ohne Inanspruchnahme amtlicher Hilfe. Ein Privatmann, der bekannte Herr Walter Rathenau, erbot sich, seine nützlichen Beziehungen in Paris und seine geschäftlichen Erfahrungen zur Herbeiführung einer solchen Verständigung zur Verfügung zu stellen, falls er dazu auch die Ermächtigung der auswärtigen Leitung erhielt. Ich habe ihm dieselbe gern erteilt. Es ist dann in der Tat seinem Geschick gelungen, einen vorteilhaften Verständigungsplan in Paris zustande zu bringen. Nachdem sie anfänglich zugestimmt, haben jedoch die Herren Mannesmann in entscheidender Stunde sich nicht zur Unterschrift zu entschließen vermocht. Ich habe später, als Botschafter in Paris, die Verständigungsversuche auf neuer Grundlage wieder aufgenommen, habe bereitwillige Mithilfe bei der damaligen Regierung, insbesondere bei dem Ministerpräsidenten Caillaux persönlich gefunden, und es ist gelungen, die Sache so weit zu bringen, daß der grundlegende Gesellschaftsvertrag in meinem Amtszimmer von den beteiligten Franzosen und den Herren Mannesmann unterzeichnet wurde. Gleichwohl sind die letzteren im weiteren Verlauf von der Verständigung wieder abgesprungen. Mit diesem Mißerfolg war weiteren amtlichen Bemühungen die Aussicht verbaut.

Die in der Mannesmannsache entfachte Erregung hatte solchen Umfang und solche Tiefe gewonnen, daß sie zu einer Flut der schärfsten Angriffe auf das Auswärtige Amt und dessen Leiter persönlich führten, welche die Absicht, meine Stellung zu erschüttern nicht nur erkennen ließen, sondern auch vielfach aussprachen. Ich war, um ein Bismarcksches Wort zu gebrauchen, in die Drecklinie gerückt und wurde nicht nur mit Schmutz und Steinen beworfen, sondern auch mit giftigen Pfeilen beschossen, und zwar in einem Maße, das weit über die Grenzen hinausging, die weitgehender Freimut politischen Kämpfen einzuräumen pflegt. Von Freunden ist mir wieder-

109

holt nahegelegt worden, den gehäſſigen, in Erfindungen, Ent-
ſtellungen und böſen Verdächtigungen unerſchöpflichen Anwürfen
mit größerer Schärfe entgegenzutreten. Ich habe mich dazu
nur ausnahmsweiſe entſchloſſen, in der Erwägung, daß leiden-
ſchaftlicher Gegenkampf nur ſelten zu befriedigendem Abſchluß
zu führen pflegt. Da wo ich Widerſachern, die ſich nicht mit
Namenloſigkeit deckten, auf den Leib gerückt bin, habe ich regel-
mäßig die entſchuldigende Erklärung erhalten, daß die Angriffe
auf Vorausſetzungen aufgebaut waren, die nun als irrig erkannt
werden mußten. Ebenſo folgte meiſt die Verſicherung, „eine
perſönliche Spitze“ ſei nicht beabſichtigt geweſen. Von einer
Belehrung über die Grenzen zwiſchen Perſönlichem und Sach-
lichem verſprach ich mir unter ſolchen Umſtänden keinen nützlichen Erfolg.

Die in endloſer Reihe in Preſſe und Reichstag ſich fort-
ſetzenden Angriffe auf das Auswärtige Amt und ſeine Organe,
denen man in Erinnerung an die „Daily Telegraph“-Angelegen-
heit und an die Mannesmannſache Nachläſſigkeiten, Irrungen
und ungenügendes Eintreten für deutſche Intereſſen nachzu-
weiſen ſich bemühte, endeten ohne Ausnahme zuungunſten der
Angreifer, ſo daß das beeinträchtigte Vertrauen in das Amt
ſich wiederherſtellte. Eine gewiſſe Ermüdung, ja ein Gefühl,
daß man über das Ziel geſchoſſen hatte, war unverkennbar.
Ein letzter Verſuch eines beſonders unbelehrbaren Widerſachers,
der im Reichstag ſo weit ging, mich „femininen Weſens“,
Liebedienerei gegen das Ausland, und ſchließlich der Unwahrhaftigkeit zu zeihen, hatte keinen anderen Erfolg, als den einer
ungewöhnlich ſcharfen Abfuhr ſeitens des Herrn Reichskanzlers.

Schon vor meiner Amtszeit hatte die deutſche Öffentlichkeit, unbefriedigt von dem Gang der Dinge, begonnen, mehr
als vorher üblich, kritiſche Betrachtungen über auswärtige
Politik und ihre Träger anzuſtellen. Es war vielfach zunächſt

110

noch ein tastendes Vorgehen, ein Bewegen im Nebel, ein un-
sicheres Fassen des Zieles. Man sprach von Fehlern der
Diplomatie, ohne erkenntlich zu machen, was und wer gemeint
war, die Staatskunst auf dem Gebiet der äußeren Politik, ihre
Richtung, ihre Führung oder ihre Ausführung durch die auswärtigen Vertreter, die „Diplomaten". Meist hielt man sich,
wenn man Anlaß zu Tadel zu haben glaubte, an die letzteren,
in der irrigen Meinung, daß sie vor allem eine Schuld treffe.
Begünstigt wurde die Neigung zu abfälligen Urteilen in dieser
Richtung durch den Umstand, daß die Getadelten zu Entgeg-
nungen aus Gründen der Disziplin nicht in der Lage, daß sie
in der Heimat persönlich wenig bekannt waren, sowie, und nicht
zum geringsten Teil, dadurch, daß das Volksempfinden im
allgemeinen der diplomatischen Zunft fremd gegenüberstand.
Man stand noch unter dem Banne veralteter Anschauungen,
die sich einen richtigen Diplomaten als einen glattgebügelten
Salonmenschen vorzustellen liebten, der mit listiger Miene und
mit spitzfindigen Worten an der Wahrheit vorbeizuschleichen
pflegte. Auch die ungemein gehobene Stellung der Vertreter
im Ausland trug zur Weckung unfreundlicher Gefühle bei.
Eine Hauptquelle der Voreingenommenheit war die geheimnis-
volle Atmosphäre, welche das diplomatische Tun umgab. Je
mehr der Einblick verwehrt, je mehr man auf Vermutungen,
auf notdürftige Aufklärungen, auf ein nur gelegentliches leichtes
Lüften des Vorhanges angewiesen war, desto ungünstiger wurde
die Stimmung, desto größer die Neigung, Urteile über Sache
und Personen an unsichere Haltepunkte, an trügerische Erscheinungen, an wertlose Äußerlichkeiten zu heften. Fast von
jedem auswärtigen Vertreter wußte man Unerfreuliches zu
erzählen, von dem einen, daß er in Repräsentation aufgehe,
vom anderen, daß er ein Klausnerleben führe, von dem, daß
er zu viel, von jenem, daß er zu wenig Anpassungsfähigkeit

an seine Umwelt zeige, von diesem, daß er zu zart, von jenem, daß er zu barsch auftrete, von den meisten, daß sie ihr Vorwärtskommen nur höfischer Gunst oder der Fülle ihrer Börse verdankten. Vertrauen wurde nur jenen geschenkt, deren Namen, mit Recht oder mit Unrecht, mit einem in die Augen springenden Erfolg verbunden war, von denen, die geräuschlos an langsam reifenden Werken arbeiteten, nahm niemand Notiz. So verbreitete sich der Mißmut in dem Maße, daß es zur Gewohnheit wurde, nahezu jedem diplomatischen Tun den Stempel des „Versagens" aufzudrücken. Der Unzufriedenheit mit dem Bestehenden entsprang der Wunsch nach Besserem. Man glaubte die Wurzel des Übels in dem Überwiegen der Geburts- und der Geldaristokratie gefunden zu haben und verlangte nach stärkerer Heranziehung bürgerlicher Kräfte. Mag bei derartigen Wünschen auch hie und da persönlicher Ehrgeiz die treibende Kraft gewesen sein, so läßt sich doch nicht verkennen, daß ihnen im ganzen eine wohlbegründete Berechtigung innewohnte. Die historische Entwicklung der Diplomatie sowie die Anforderungen, welche nicht wenige auswärtige Posten gebieterisch stellten, hatten in der Tat zu Zuständen geführt, die nicht mehr dem Zeitgeist entsprachen. An leitender Stelle waren diese Mißlichkeiten längst erkannt, war der redliche Wille zum Einschlagen neuer Wege in vollem Maße vorhanden, vereinzelt auch zur Tat geworden. Seiner Betätigung in größerem Umfange standen noch auf geraume Zeit hinaus harte Wirklichkeiten entgegen, die großenteils außerhalb dieses Willensbereiches lagen. Was in der Richtung der Beseitigung veralteter Verhältnisse zunächst geschehen konnte, ist nicht versäumt worden. Sowohl die Besetzung der Posten wie die Heranziehung neuer nützlicher Kräfte im Nachwuchse des diplomatischen Dienstes erfolgte nach durchaus vorurteilsfreien Grundsätzen. Es wurden Anordnungen getroffen, damit das Eintrittstor der diplomatischen

112

und konsularischen Laufbahn weit offen stehe, soweit Name und
Herkunft in Betracht kam, aber streng überwacht, soweit es
sich um Wissen und Können handelt. Freilich sind auch hier
natürliche Grenzen gezogen. Wollte man allen für die Aus=
bildung von Diplomaten und Konsuln erteilten Anregungen
Folge leisten, so würde sich eine Schule von solchem Umfange
und vor allem von solcher Dauer ergeben, daß sich nicht viele
Bewerber finden dürften, welche ihr Durchlaufen auf sich ge=
nommen hätten. Im übrigen, Universalgenies bewähren sich
in der Praxis keineswegs immer. Kenntnisse, und wären sie
phänomenal, tun's allein nicht. Was der Auslandsvertreter,
neben gründlicher allgemeiner Bildung, vor allem braucht, das
ist ein gesunder Verstand, ein klarer Blick und eine glückliche Hand.

Wenn trotz der mit vollem Verständnis und mit dem Ein=
satz festen Willens in Angriff genommenen Erneuerung des
auswärtigen Dienstes — hier ist von der Zeit vor dem Kriege
die Rede — die Klagen über Mängel nicht verstummten, wenn
immer wieder von der Unzulänglichkeit der deutschen Diplomatie
gesprochen wurde, wenn in und nach dem Krieg die Neigung
scharf hervortrat, für den unheilvollen Gang der Dinge in erster
Linie die auswärtigen Vertreter verantwortlich zu machen, so
kann sich dies nur daraus erklären, daß Unvertrautheit mit den
Verhältnissen dazu führte, den Grund des Übels an der un=
richtigen Stelle zu suchen. In der Tat war und ist diese Un=
kenntnis beklagenswert groß. Über die Eigenart der diplomatischen Tätigkeit, über ihre Möglichkeiten und Unmöglichkeiten,
über die Grenzen, die ihr durch bestehendes Herkommen, durch
feste Regeln des Völkerrechts, durch die Macht der Verhält=
nisse gezogen sind, herrschen noch in weitesten Kreisen völlig
unzutreffende Vorstellungen. Man ist nur zu leicht geneigt,
der diplomatischen Kunst an sich eine Kraft beizumessen, die

sie nicht hat und nicht haben kann, den Vertretern ein Maß
von Befugnissen, eine Fülle der Macht, eine Größe des
Wirkungskreises zuzuschreiben, über die sie nie verfügt haben
und niemals, wer die Personen auch seien, verfügen werden,
ihnen Aufgaben zuzumuten, die sie, und wären sie die genialsten
Übermenschen, nicht zu erfüllen vermögen. Der Gang der
Dinge im Leben der Völker ist vielfach zu gewaltig, um sich
durch diplomatische Kunst meistern zu lassen. Er wird von
Kräften bestimmt, deren Quellen und Bahnen persönlichem
Können nicht immer zugänglich sind. Die großen Züge politischer,
wirtschaftlicher und kultureller Entwicklung der Nationen in
aufsteigender oder abfallender Richtung, das Wachsen, Stehen
oder Sinken der lebendigen Volkskräfte, tiefwirkende günstige
oder ungünstige Schicksalsfügungen, geschichtlich verankerte
nationale Ideale, starke Bewegungen und Strömungen, hohe
Schwingungen der Volksseele und Wallungen der Leidenschaft,
das sind Dinge, deren elementarer Gewalt auch der stärkste
und klügste Diplomat mit den ihm zu Gebote stehenden Mitteln
fast machtlos gegenübersteht. Diese Mittel beschränken sich
in der Regel auf Worte, das gesprochene, das geschriebene und
das gedruckte Wort. Geschickter Gebrauch kann viel erreichen,
ungeschickter noch mehr verderben. Eine Begleitung von
Sporenklirren und Schlagen mit den Fäusten auf den Tisch,
wie dies nicht selten von deutschen Überpatrioten empfohlen
wurde, ist selbst kleineren Staaten gegenüber nicht am Platze,
denn diese sind die empfindlichsten. Liegen ausnahmsweise die
Dinge so, daß die Anwendung stärkerer Mittel in Betracht
kommt, so ruht die Entscheidung hierüber nicht in der Hand
des Vertreters, sondern der höheren leitenden Stelle. Von
dieser ist der Diplomat in weit höherem Maße abhängig, als
gemeiniglich angenommen wird. Die Zeiten, wo ein Gesandter
mit weitgehenden Vollmachten und freier Hand hinausgeschickt

114

wurde, Streit oder Verständigung, Krieg oder Frieden in den
Falten seines Gewandes tragend, sind heute, wo der Funke
von Weltende zu Weltende eilt, vorüber. Er tut keinen bedeutungsvollen Schritt ohne Wissen und Willen seiner Regierung, hat ihren Anordnungen zu folgen. „Die Botschafter
haben einzuschwenken wie die Unteroffiziere," sagte Bismarck.
Auch diese Abhängigkeit von einer zentral leitenden Stelle ist
geboten, denn nur an dieser Stelle laufen alle Nachrichten
zusammen, aus welchen sich ein vollständiges Bild der Lage
aufbauen und die einzuschlagende Richtung bestimmen läßt.
Hat ein Vertreter ernste Bedenken gegen eine Weisung seiner
Regierung, so kann er sie geltend machen, sofern dazu Zeit
bleibt, was selten der Fall sein wird. Befindet er sich nicht
in Übereinstimmung mit der allgemeinen Richtung der heimischen
Politik oder erscheint ihm ein besonderer Schritt unheilvoll und
bringt er mit seinen Bedenken nicht durch, so — kann er gehen.
Handelt es sich in der Tat um Unheil, so hält er es damit
freilich nicht auf. Geht hieraus schon hervor, daß die Bewegungsfreiheit des Vertreters eine beschränkte ist, so ist sie auch in
räumlicher Beziehung eine eng begrenzte. Sie erstreckt sich nur
auf das Land seiner Tätigkeit, nur diejenigen Stückchen der
Fäden der großen Politik hält er einigermaßen in seiner Hand,
die in dieses Gebiet hinein- oder aus ihm hinausreichen. Hier
hat er vor allem Beobachter zu sein, nützliche Verbindungen
anzuknüpfen, um mehr zu sehen als die Oberfläche, in die
Psychologie des nationalen Lebens einzudringen, Mittel zu
nützlichen Einwirkungen zu finden, endlich seiner Regierung
das Ergebnis seiner Beobachtungen und Bemühungen eingehend
und überzeugend darzulegen. Schlüsse daraus zu ziehen und
Entschlüsse zu fassen, ist immer wieder Sache der heimischen
Gesamtleitung der äußeren Politik. Aber auch diese Stelle
ist keineswegs immer frei in ihren Entschließungen. Zwar wird

sie, ebenso wie der Feldherr, stets darauf bedacht sein, dem
Gegner das Gesetz des Handelns vorzuschreiben. Aber nicht
immer ist ihr Wille derjenige, der die zu meisternde Lage schafft.
Die Geschichte des Friedens wie diejenige des Krieges ist reich,
die des Weltkrieges überreich an Beispielen, daß andere Kräfte
als diplomatische, berufen oder nicht berufen, in den Gang der
Dinge in einer Weise eingreifen, welche die politische Leitung
auf Wege zwingt, die sie nach eigenem freien Ermessen niemals
eingeschlagen hätte.

Eines ist ferner zu beachten: die Diplomatie ist nicht selten
der nicht beneidenswerte Erbe drückender Vermächtnisse, der
Träger unerwünschter Zustände, die ohne ihr Verschulden, ohne
ihre Mitwirkung entstanden sind. Es gibt auch Lagen und
einzelne Ereignisse, die zu Schwierigkeiten mit anderen Nationen
führen, an deren Eintritt niemand an maßgebender Stelle
beiderseits eine Mitschuld trägt. Zwischenfälle, Mißverständ-
nisse, Widersprüche der Rechtsauffassungen und ähnliche Dinge,
die gewissermaßen wie Meteore vom Himmel fallen. Endlich
ist nicht zu vergessen, daß die diplomatische Arbeit nicht nur
von Gegenarbeit von gegnerischer Seite beeinflußt wird, sondern
auch von heimatlicher. Es kommt nicht nur vor, daß die
Diplomatie „Fenster zu verkitten hat, die die Presse eingeworfen",
sondern noch böseres Unheil wieder gutzumachen hat. Nur
zu häufig hat es sich ereignet, daß die mühsame Penelopearbeit
von ungeschickten Händen wieder aufgelöst oder jäh in Stücke
gerissen wurde.

Erscheinen nach diesen Darlegungen die landläufigen weg-
werfenden Urteile über die deutsche Diplomatie meist unbegründet, so muß doch eingeräumt werden, daß auch sie, wie
jede menschliche Gestaltung, nicht vollkommen und nicht unfehlbar
gewesen ist. Es sind Fehler begangen worden, große und kleine,
oben und unten, aber sie sind vereinzelt und werden gedeckt

116

von einem Berge guter und erfolgreicher Arbeit. Die Arbeit hätte vielfach noch nutzbringender sein können, wenn der Diplomatie das Werkzeug in gleich reichem Maße zur Verfügung gestanden hätte, wie es in anderen Großstaaten der Fall war. In diesem Punkte haben die unter dem Druck und den Erfahrungen der Kriegsjahre gereiften Urteile das richtige getroffen, wenn sie auf die ungenügende Handhabung des gedruckten Wortes hingewiesen haben. Indessen ist die Unzulänglichkeit nicht sowohl bei der Handhabung, als vielmehr bei dem Ausmaß der Mittel zu suchen. Auch hier lag ein Mangel, der an leitender Stelle frühzeitig erkannt und schmerzlich empfunden wurde, zu dessen Abstellung sie aber nicht die erwünschte Hilfe gefunden hat. Als Staatssekretär habe ich im Jahre 1910 im Bundesrat und im Reichstagsausschuß einen beifällig aufgenommenen Plan zu ausgedehnterer Pressetätigkeit dargelegt. Das Verlangen nach erheblicher Erhöhung der Mittel ist jedoch schließlich von der Reichstagsmehrheit nicht erfüllt worden. Die Sache scheiterte einerseits an der prinzipiellen Opposition der Liberalen, andererseits, und hauptsächlich, an dem Widerstand des unter dem Einfluß Herrn Erzbergers stehenden Teiles des Zentrums. Hier bestand der Argwohn, daß die Mittel nicht ausschließlich zu den Zwecken, zu denen sie bewilligt würden, verwendet werden könnten, sondern zu Zwecken der inneren Politik, zur Bekämpfung des Zentrums. Zwar ist mir vertraulich ausdrücklich gesagt worden, daß dieses Mißtrauen sich in keiner Weise gegen meine Person richte; ich könne auf freigebige Bewilligungen rechnen, wenn ich der bestehenden Stimmung durch gewisse Personaländerungen in der Presseabteilung ohne Verzug Rechnung tragen wollte. Diesem Ansinnen konnte ich mich um so weniger beugen, als ich mich damit mit der Auffassung und mit den Wünschen des Herrn Reichskanzlers in Widerspruch gesetzt haben würde.

117

Die Erfahrung, wie enger Parteistandpunkt und unbegründete Voreingenommenheit die Kraft der auswärtigen Politik zu lähmen vermag, hat, wie ich bekenne, nicht wenig zu meinem Entschlusse des Rücktrittes vom Amt beigetragen.

Nicht nur vom Einschlagen neuer Wege bei der Auswahl und der Heranbildung der auswärtigen Vertreter ist zu jener Zeit viel gesprochen worden, sondern auch von der Notwendigkeit der Erneuerung von Geist und Form der leitenden Stelle, des Auswärtigen Amts. Auch diesen Forderungen, wenn sie auch zum nicht geringen Teil auf der irrigen, von der „Daily Telegraph"-Sache genährten Vorstellung beruhten, daß das Amt eine Sammelstelle verknöcherten Bureaukratentums geworden sei, wohnte Berechtigung inne. Zwar der Geist, der bei dieser Behörde herrschte, war unbefangener, den neuzeitlichen Bedürf=nissen weit mehr angemessen, als gemeiniglich angenommen wurde. Die Arbeitskraft, die rasche und doch die peinlichste Gründlichkeit nicht vernachlässigende Bewältigung der viel=fältigen, immer mehr anwachsenden Aufgaben ließ nichts zu wünschen übrig. Die alte Maschine des nie rastenden Betriebes arbeitete, abgesehen von dem ganz vereinzelten Ausnahmefall der „Daily Telegraph"-Angelegenheit, ohne Stockungen. Aber die Maschine war eine solche veralteten Baues, sie mußte durch Neues, Besseres ersetzt werden, das war eine Forderung der Zeit, die nirgends frühzeitiger erkannt wurde wie im Amt selbst. Anläufe zu gründlicher Umgestaltung wurden wieder=holt unternommen, aber sie blieben in den Schwierigkeiten, die in den Zeiten der großen Finanzreform besonders groß waren, stecken. Man mußte sich zunächst mit kleinen Ausbesserungen, technischen Erleichterungen behelfen, Größeres mußte einem günstigeren Zeitpunkt vorbehalten werden. An Einführung des Regionalsystems wurde schon damals gedacht, Mängeln des Zusammenhanges wurden durch Direktorenkonferenzen, so-

118

weit möglich, abgeholfen, einzelne unbedingt erforderliche Zwischen=
und Bindeglieder geschaffen. Weiterem Vorwärtsgehen auf
diesen Wegen stand außer den finanziellen Schwierigkeiten ein
Hindernis mit besonderer Bedeutung entgegen, die Über=
lastung des Staatssekretärs. Sollte dieser in der Lage sein,
sich einer so schwierigen Aufgabe wie der Prüfung und Durch=
führung einer durchgreifenden Reform mit ganzer Kraft zu
widmen, so mußte er vor allem von dem überaus umfang=
reichen Ballast seiner Stellung befreit werden. Hier lagen
Hindernisse, die nicht unterschätzt werden dürfen. Die große
Aufgabe der Reform anderen Händen anzuvertrauen, glaubte
ich mit meiner Verantwortung nicht in Einklang bringen zu
können, im übrigen fehlte es nicht an fähigen Händen, aber
sie waren bei der Knappheit des höheren Personals nicht
frei — ein circulus vitiosus.

Auf dem Gebiete der inneren Reichspolitik lag die im
Jahre 1910 erörterte Frage der neuen Verfassung für Elsaß=
Lothringen. Aber sie war eine jener Fragen, deren Lösung
von Wirkung auf die äußere Politik sein kann. Ich wurde
daher zu der Sitzung des preußischen Staatsministeriums, in
welcher dieses im Hinblick auf die im Bundesrat einzunehmende
Stellung sich mit der Sache zu befassen hatte, zugezogen. Auf
die Befragung, welche Lösung sich vom Standpunkt der äußeren
Politik empfehle, ob beschränkte oder ob weitgehende Be=
rücksichtigung der Wünsche der Bevölkerung, habe ich dargelegt,
daß mir die Gewährung der erstrebten Autonomie das ratsamste
scheine. Sie würde nicht nur die Elsaß-Lothringer befriedigen,
sondern auch die Franzosen einigermaßen beruhigen und damit
einer Entspannung zwischen uns und Frankreich förderlich sein.
Würde Elsaß-Lothringen auf die gleiche Stufe gestellt wie die
anderen das Reich bildenden Glieder, so werde eine solche
Kundgebung kraftbewußten Vertrauens in die Festigkeit der

erweiterten Grundmauern des Reichsgebäudes nicht ohne starken
ernüchternden Eindruck auf die Franzosen bleiben, die den bestehenden Zustand nur als einen provisorischen zu bezeichnen
liebten. Nicht wenige Franzosen, die alle im Ehrenpunkt
empfindlich seien, würden in der Einräumung einer achtungs-
vollen Stellung an die ehemals französischen Lande eine gewisse
Genugtuung und einen ersten Schritt in der Richtung zu
besserem Nebeneinanderleben erblicken. Geschehe es, so dürften
sich auf französischer Seite Regungen auslösen, denen bis jetzt
die Kraft fehlte, sich zur Oberfläche zu erheben. Die Be-
fürchtung, daß dann französischer Einfluß in Elsaß-Lothringen
sich in noch höherem Maße geltend machen werde, erscheine
mir nicht begründet. Der gesunde Sinn der überwiegend
kerndeutschen Bevölkerung werde unzulässigem Eindringen des
Franzosentums einen stärkeren Wall entgegensetzen, als dies
bureaukratische Bevormundung zu tun vermöge. Leider bin
ich mit dieser Auffassung allein geblieben, auch der Herr Reichskanzler schloß sich ihr nicht an, und da ich weder Sitz noch
Stimme im Staatsministerium hatte, so ging meine Meinungs-
äußerung spurlos vorüber. Die späteren Ereignisse haben
gezeigt, daß meine Auffassung ein besseres Los als das der
Nichtbeachtung verdient hätte. Herr v. Bethmann Hollweg
hat in seinen „Betrachtungen zum Weltkrieg" freimütig eingeräumt, daß das Versagen der Autonomie ein Fehlgriff gewesen. Man hat den Fehler gegen das Ende des Krieges
wieder gutzumachen gesucht, aber es war zu spät!

Übrigens ist die Frage der Verfassung der Reichslande nicht
die einzige, in welcher der Leitung der auswärtigen Angelegenheiten Schwierigkeiten daraus erwachsen sind, daß ihrer Meinung,
wenn sie überhaupt eingeholt wurde, nicht die gebührende Beachtung zuteil ward. So sind bekanntlich in Preußen Kanal-
unternehmungen beschlossen worden, die eine namhafte Erhöhung

120

der Schiffahrtsabgaben nach sich ziehen mußten. Diese sind nicht nur bei den an den Rhein- und Elbeverträgen beteiligten Staaten Holland und Österreich, sondern auch bei einzelnen Bundesstaaten auf um so stärkeren Widerstand gestoßen, als sie darüber verstimmt waren, daß nicht frühzeitig der Versuch einer Verständigung unternommen worden war. Dem Auswärtigen Amt fiel nun die ebenso undankbare wie aussichtslose Aufgabe zu, diese Hindernisse nachträglich zu überwinden. Ähnlich verhielt es sich mit der von den preußischen inneren Behörden befolgten Dänenpolitik, die nicht nur der Herstellung eines ungetrübten Verhältnisses zu Dänemark hinderlich war, sondern auch einen angebahnten Handelsvertrag mit diesem wirtschaftlich wichtigen Nachbarlande zu Fall brachte. Das Auswärtige Amt verkannte nicht, daß der Mißerfolg der Versuche, die Bevölkerung dänischen Blutes und dänischer Sprache in unserer Nordmark zu guten Deutschen zu machen, unseren inneren Behörden viel Verdruß bereitete, auch entsprechende Maßnahmen rechtfertigte, aber es war der Meinung, daß diesen im Zahlenverhältnis zur Reichsbevölkerung doch sehr geringfügigen Mißständen nicht ein solches Gewicht beigelegt werden sollte, daß die Beziehungen zwischen den Staaten darunter litten. Selbst mit unserem österreichisch-ungarischen Bundesgenossen ergaben sich Unstimmigkeiten aus der scharfen preußischen Ostmarkenpolitik und der Ausweisungspraxis, gegen die sich das Auswärtige Amt wiederholt auszusprechen Anlaß hatte, ohne wesentlichen Erfolg zu erzielen, es sei denn der mehr oder weniger deutlich hervortretende Vorwurf allzu großer Rücksichtnahme auf das Ausland.

Eine nicht wenig belastende Beigabe zu den laufenden Amtsgeschäften bildeten die höfischen Verpflichtungen. Der Staatssekretär des Auswärtigen Amts war hierdurch in weit höherem Maße in Anspruch genommen als andere Minister, da er

nicht nur den großen Hoffestlichkeiten, sondern auch allen Ver=
anstaltungen beizuwohnen hatte, wo es sich um auswärtige
Besuche, auch solche aus den Bundesstaaten, handelte, sowie
um Mitglieder des diplomatischen Korps, besondere Missionen,
Kongresse u. dgl. Derartige Veranstaltungen häuften sich bis=
weilen so, daß eine ohne Pause der anderen folgte. Ergaben
sich dabei auch hie und da nützliche Berührungen mit gewichtigen
Persönlichkeiten, so war doch in der Mehrzahl der Fälle die
politische Bedeutung zu gering, um einen Ausgleich des Zeit=
verlustes zu bilden. Erwähnenswert, weil die Politik berührend,
waren nur wenige dieser Vorkommnisse. Ein Besuch des Erz=
herzogthronfolgers Franz Ferdinand mit Gemahlin führte zu
einer kleinen Reibung zwischen politischen Rücksichten und höfischen
Gebräuchen. Die Politik sprach für auszeichnende Aufnahme
auch der nicht ebenbürtigen Gemahlin des Thronfolgers, Hof=
etikette dagegen. Es entstanden Meinungsverschiedenheiten,
die sogar dazu führten, daß die Kaiserin den Herrn Reichs=
kanzler besuchte, um ihn zur Rückstellung der politischen Rück=
sichten zu bewegen. Herr v. Bethmann Hollweg blieb aber
der hohen Frau gegenüber standhaft, und die Besuchstage
verliefen dann mit der erwünschten Glätte.

Einige Seltsamkeiten, zum Teil heiterer Natur, stellten sich
bei anderen Gelegenheiten ein. Zwei chinesische Missionen,
die zum Studium unseres Marine= und des Armeewesens
entsandt waren, wurden mit großer Feierlichkeit empfangen.
Als die zweite dieser Missionen im Muschelsaal des Neuen
Palais des Eintritts des Kaisers harrte, trat eine Störung
dadurch ein, daß der Kaiser, der an einem Furunkel am Arm
litt, infolge des dicken Verbandes nicht in den Ärmel der
Uniform gelangen konnte. Dem Vorschlag, das Hindernis
durch einen Schnitt in die Ärmelnaht zu beseitigen, widersetzte
sich der alte Kammerdiener des Kaisers so nachdrücklich, daß

122

der Versuch aufgegeben werden mußte. Es gelang glücklicherweise, den Kronprinzen telephonisch so rasch herbeizurufen, daß der Empfang durch ihn ohne große Verspätung stattfinden konnte.

Auch ein Besuch des früheren Präsidenten der Vereinigten Staaten, Herrn Theodor Roosevelts, der, von einer Jagdreise im ägyptischen Sudan kommend, europäische Hauptstädte besuchte, um hier Vorträge zu halten, verlief nicht ganz so, wie es gedacht war. Obwohl der Expräsident nur noch als Privatmann zu betrachten war, hatte der Kaiser in dem Drange des Entgegenkommens, das er Amerikanern von Bedeutung zu erweisen liebte, die Absicht, Herrn Roosevelt mit Familie im Schloß zu Berlin wohnen zu lassen. Ich wußte von Herrn Hill, daß Herr Roosevelt einer so weitgehenden Auszeichnung, die auch in Amerika nicht recht verstanden worden wäre, gern ausgewichen wäre, und war gerade im Begriffe, den Kaiser hiervon zu unterrichten, als die Nachricht von dem Ableben König Eduards eintraf. Die Hoftrauer brachte dann eine Beschränkung des Empfanges auf schlichte Formen mit sich. Auch hier waltete ein gewisser Unstern der Verspätungen über den Vorkommnissen. Es war gemeldet worden, daß der Zug von Kopenhagen, mit dem Herr Roosevelt kommen sollte, erhebliche Verspätung habe. Infolgedessen war keine offizielle Persönlichkeit zum Empfang anwesend, als Herr Roosevelt, dessen Zug die Verspätung fast eingeholt hatte, eintraf. Im übrigen verlief dieser Besuch ohne weitere Störung. Der Kaiser fand an dem naturwüchsigen mannhaften Wesen des früheren Präsidenten viel Gefallen und überhäufte ihn mit Freundlichkeiten. Wie wenig nachhaltige Wirkung diese gehabt haben, ist aus der feindseligen Haltung, die Herr Roosevelt während des Weltkrieges geräuschvoll gegen Deutschland eingenommen, bekannt.

*

Hatte ich auch den zahlreichen Anläufen meiner Widersacher
erfolgreich Widerstand geleistet, so war mir doch aus der Art
der Kampfführung eine Erinnerung geblieben, die es mir unerwünscht erscheinen ließ, von neuem in die Arena treten zu
müssen. Ein Zweifel lastete ferner auf mir, ob ich dem Kanzler
derjenige nützliche Gehilfe sein konnte, dessen er bedurfte. Unsere
inneren Naturen waren sich zu ähnlich, um ein Ganzes zu
bilden, das die Führung der auswärtigen Politik in dem Sinne
verbürgte, der dem nationalen Empfinden entsprach. Beide mehr
zu bedächtigem Erwägen und vorsichtigem Handeln geneigt wie
zu raschem Entschließen und kräftigem Anschlagen des Tones.
Zu alledem kam beeinträchtigte Gesundheit, die den Wunsch nach
einer Zeit der Ruhe oder zum mindesten wenig aufreibender
Tätigkeit gebieterisch hervortreten ließ. Ich entschloß mich daher
im Sommer 1910, die Entbindung vom Amt des Staatssekretärs
zu erbitten und den mir angebotenen Posten als Botschafter
in Paris anzunehmen. Beworben habe ich mich um diesen
Posten nicht, der Kanzler stellte mir vielmehr die Wahl zwischen
Weiterführung des Amtes nach einer Erholungspause oder
Übernahme des Pariser Postens, dessen Inhaber den Anforderungen nicht mehr gewachsen war, daher abgelöst werden
müßte, vollkommen frei. Für meine Nachfolge im Amt konnte
nach meiner Überzeugung niemand anders in Frage kommen,
als Herr v. Kiderlen, der diejenigen Eigenschaften besaß, die
nach Lage der Dinge erforderlich schienen. Auch Herr v. Bethmann Hollweg hatte seine Gedanken auf ihn gerichtet. Eine
Frage war allerdings, ob die Wahl nicht auf Schwierigkeiten
beim Kaiser stoßen werde, der eine unangenehme Erinnerung
aus der Zeit hatte, wo Kiderlen Reisebegleiter gewesen war
und seinem naturwüchsigen Witz zuweilen die Zügel zu weit
hatte schießen lassen. Der Kaiser ließ indessen persönliche Gefühle vor politischen Notwendigkeiten zurücktreten und genehmigte
124

den vorgeschlagenen Personenwechsel. Es ist damals aufgefallen, daß mein Rücktritt nicht von einem Kabinettsschreiben begleitet war, und es tauchte das Gerücht auf, daß er sich nicht in einer mir günstigen Weise vollzogen habe. Die Sache ist die, daß Kabinettsschreiben bei den Staatssekretären der Reichsämter nicht üblich waren, weil sich die Zuständigkeit des preußischen Zivilkabinetts auf diese nicht erstreckte. Im übrigen hatte ich eine freundliche Abschiedskundgebung des Kaisers erhalten, sie aber nicht zur Veröffentlichung gebracht. Es war ein Telegramm aus Kiel, das lautete: „Ich vertraue, daß Sie mir in Paris ebenso gute und treue Dienste leisten werden wie auf Ihrem bisherigen Posten. Zur Erinnerung an die Berliner Zeit lasse ich Ihnen mein Bild mit Unterschrift zugehen. In Dankbarkeit gez. Wilhelm I. R."

*

Die amtliche Stellung brachte gewissermaßen zwangsläufig rege persönliche Beziehungen zum Kaiser mit sich. Der Kaiser nahm, dem Herkommen und eigener Neigung gemäß, an der auswärtigen Politik lebhaften Anteil, wünschte über alle Vorgänge auf dem laufenden gehalten, in wichtigen Sachen um seine Zustimmung oder seine Entschließung angegangen zu werden. So entwickelte sich ein ununterbrochener, auf schriftlichem oder mündlichem Wege aufrecht erhaltener dienstlicher Verkehr. Dazu kamen häufige Berührungen aus Anlaß der höfischen Veranstaltungen. Den täglichen Dienstverkehr erleichterte der Kaiser dadurch wesentlich, daß er ein Vorübergehen an den sonst üblichen umständlichen Formen der höfischen Gepflogenheiten gestattete. Während des Aufenthaltes in Berlin pflegte der Kaiser in den frühen Vormittagsstunden beim Kanzler oder bei mir, oder bei beiden vorzusprechen und beim Ergehen in den schönen Gärten die vorliegenden Angelegenheiten zu behandeln. Wenn der Kaiser auch gewohnt war, seine Meinung und seinen Willen

125

voranzuſtellen, ſo war er doch für Einwendungen und gegen-
teilige Anſichten keineswegs unzugänglich, vielmehr ſtets bereit,
dem Wort des verantwortlichen Beraters gebührenden Wert
und meiſt auch Anerkennung zuteil werden zu laſſen. Es hat
ſich wiederholt als angezeigt erwieſen, dem Kaiſer, der rückhalt-
loſe Offenheit erwartete, Dinge zu ſagen, die ihm nicht angenehm ſein konnten, oder Entſchließungen zu erlangen, die ihm
nicht leicht fallen mochten. Dabei iſt es mehrfach vorgekommen,
daß der Verzicht auf beabſichtigte Handlungen, ja der Widerruf getroffener Entſcheidungen erreicht wurde. Niemals ſind
derartige Bemühungen unwilliger Abweiſung, nie einem Zeichen
des Unmutes begegnet. Auch was die Entſchließungen des
Kaiſers in bezug auf Perſonenfragen betrifft, ſo iſt die land-
läufige Legende, daß er meiſt eigenen unſachlichen Neigungen
gefolgt ſei, unbegründet. Mir iſt kein Fall bekannt, wo der
Kaiſer dem Vorſchlage der verantwortlichen Stelle über die
Beſetzung höherer Poſten nicht zugeſtimmt hätte, kein einziger
Fall, wo die Frage der Vermögenslage eines Botſchafters oder
Geſandten auch nur andeutungsweiſe berührt worden ſei. Wenn
es trotz dieſem regen und erleichterten Verkehr und trotz dem
ernſten Willen des Kaiſers, das Gebiet der auswärtigen
Politik nicht ohne verantwortliche Begleitung zu betreten, zuweilen zu Worten und zu Taten gekommen iſt, die jenſeits der
gebotenen Schranken lagen, ſo erklärt ſich dies aus ſeinem in
jüngeren Jahren ſtürmiſchen, in reiferen immer noch ungemein
lebhaften Temperament, das Regungen des Augenblicks, Ver-
lockungen einer vermeintlich harmloſen Gelegenheit, dem Drange
nach perſönlicher Geltendmachung nicht genügenden Widerſtand
zu leiſten vermochte. Der Kaiſer war eine Perſönlichkeit von
ungewöhnlicher Eigenart, in mancher Hinſicht hochbegabt, in
anderer von kindlich-ſchlichtem Geiſte, im ganzen mehr ein Mann
von weitem lauteren Herzen wie von kühlem überragenden
126

Verstand. Beseelt von ernstestem Willen, nach göttlichen und menschlichen Gesetzen ein treuer Walter seines hohen Amtes zu sein, erfüllt von hochfliegenden Gedanken und dem Vertrauen, daß ihm die Kraft zu deren Ausführung verliehen sei. Ausgestattet mit einem empfänglichen Sinn, raschem Fassungsvermögen, einem erstaunlichen Gedächtnis, einer verführerisch leichten Handhabung des gesprochenen und geschriebenen Wortes, auf manchen Gebieten des Wissens gründlich, auf anderen nur oberflächlich bewandert, frei von veralteten Vorurteilen und doch ein Gläubiger des Gottesgnadentums, häufig von übereiliger Entschlossenheit, dann wieder von tastendem Zaudern, meist überzeugt von der Richtigkeit seines Handelns, zuweilen sich in Zweifeln und Selbstanklagen verzehrend. Wiederholt sind, ohne daß die Öffentlichkeit davon erfahren, Stockungen in seiner rastlos vorwärts strebenden Tätigkeit eingetreten, ist er von Anwandlungen von Niedergeschlagenheit befallen worden, sind Gedanken an Abdankung aufgetaucht. In solchen Zeiten seelischen Kleinmutes bedurfte es des starken Zuspruches der Kaiserin, um ihn wieder aufzurichten und mit dem Gelöbnis besseren Wollens und Vollbringens an die Fortführung seines Amtes heranzutreten. Eine der schwächsten Seiten seines inneren Menschen war der Mangel an Menschenkenntnis, ein Erzeugnis der Abgeschlossenheit des höfischen Lebens. Sein Vertrauen im Übermaße gewährendes Herz verlangte nach gleicher Gegengabe, glaubte sie bei einzelnen Freunden zu finden und hat darin schwere Enttäuschungen erleben müssen. Bitternisse sind gleichwohl nicht zurückgeblieben, sie versanken in der Tiefe seines Gemüts. Diejenige Herrschergabe, die ihm die nützlichste gewesen wäre, die Befähigung zu kühl abwägendem politischen Denken, ist ihm am meisten versagt geblieben. Einseitige Erziehung, frühzeitige Berufung auf den Thron, schmeichelnde, immer mehr sich steigernde Bewunderung der Mitwelt haben

127

nicht dazu beigetragen, die Lücke in den Lehren des Lebens zu ergänzen. Alles in allem, ein Mann von großen Vorzügen, aber auch von erheblichen Mängeln, eine Persönlichkeit von nicht ausgeglichenem Seelenzustand. Im öffentlichen Leben der gebietende, auf hohem Kothurn einherschreitende Herrscher, in stiller Häuslichkeit ein Mensch wie andere, ein guter Mensch, von gewinnendem einfachen Wesen, von heiterer Offenheit, von erwärmender Herzensgüte. Es ist eine schwere psychologische Aufgabe, die Frage zu entscheiden, welche von den Wesens=arten des Kaisers, die schlichte häusliche oder die geräuschvoll öffentliche, seiner wahren Natur mehr entsprochen hat, eine Frage, die nur die Wenigen zu stellen vermögen, welchen beide Seiten bekannt geworden sind. Nach welcher Richtung das Urteil auch neigen mag, den Kennern wird von dem nun ver=hüllten Bild des Kaisers mehr Licht wie Schatten im Gedächtnis haften, dank der gütigen Gabe der Natur, Erfreuliches im Erinnern tiefer wurzeln zu lassen als Unerfreuliches.

128

IV.

Botschafter in Paris

Meine Ernennung zum Botschafter in Paris fiel in einen jener ruhigen Zeitabschnitte, welche Perioden der Spannung zu folgen pflegten. Die Erledigung des Casablanca-Zwischenfalles und der Abschluß des Marokkoabkommens vom Februar 1909 war nicht ohne wohltätige Wirkung auf die beiderseitige Stimmung geblieben. In den Ansprachen, die, bestehendem Brauch gemäß, bei meinem feierlichen Empfang durch den Präsidenten Fallières ausgetauscht wurden, kam zum erstenmal das Wort „freundnachbarliche Beziehungen" zur Anwendung. Der Ausdruck war nicht etwa eigenmächtig von mir gewählt worden, sondern das Ergebnis eingehender Erwägung der leitenden Stellen in Berlin und der Ausdruck eines dort aufrichtig gehegten Wunsches. Erschien somit der Boden empfänglich für den Samen besseren Verstehens, so konnte doch nicht zweifelhaft sein, daß unser Verhältnis zum westlichen Nachbarn nach wie vor im Banne der großen Frage von Elsaß-Lothringen stand. Trotzdem 40 Jahre über die Ereignisse hingegangen waren, welche Frankreich schwere Niederlagen und schmerzliche Verluste an Gebiet, Macht und Ansehen gebracht hatten, trotzdem das Land sich zu neuer Blüte erhoben, im Innern sich nach langen Kämpfen beruhigt und gekräftigt, nach außen sich durch ausgedehnten und wertvollen Kolonialbesitz vergrößert und durch eine kluge Politik

die Stufe einer achtunggebietenden Großmacht längst wieder
erstiegen hatte, wollte die Wunde von 1871 nicht vernarben,
das Verlangen nach Genugtuung für den tief gekränkten Na-
tionalstolz nicht erlöschen. Wohl war die dahinschreitende Zeit
nicht ohne Wirkung geblieben, der Ruf nach „den verlorenen
Provinzen" erscholl nicht mehr so laut und drohend, wie in
jenen Zeiten leidenschaftlicher Erregung, denen der Revanche-
general Boulanger und der Patriotenführer Déroulède ihren
Stempel aufzudrücken vermocht hatten, aber die Seele der
französischen Nation hing nach wie vor an dem Ideal der
Wiedergewinnung des Verlorenen. Dieses Ziel war und blieb
der Angelpunkt der französischen Politik, daran änderten auch
Zeitläufte der Entspannung nichts. So erfreulich diese auch
an sich sein mochten, so konnten sie doch nicht als der Ausdruck
des Verzichts auf Erfüllung der Hoffnungen gelten, sondern
nur als eine Ruhepause auf dem verfolgten Wege, als ein
Aufschub der entscheidenden Taten. Die Lage ist niemals,
auch in Zeiten ruhigen Denkens und Verhaltens, so gewesen,
daß eine Regierung in Frankreich hätte auftreten und sich
halten können, welche irgendeine Handlung begangen hätte, die
als eine Anerkennung des Frankfurter Friedens erscheinen
konnte. Wohl war die Mehrheit der Nation mit der Zeit
dahin gelangt, nicht mehr sich im patriotischen Feuer zu ver-
zehren, aber eine tatkräftige und wirksame Mittel gebrauchende
Minderheit war unablässig bemüht, das glimmende Feuer zu
unterhalten, um es zu gegebener Stunde zu lodernden Flammen
aufschlagen zu lassen. Und in keinem Lande mehr, wie in
Frankreich, hat die Lehre sich bestätigt, daß rührige Minder-
heiten die trägere Masse der Mehrheit mit sich fortzureißen
vermögen. Es hat Zeiten gegeben, wo Frankreich unter der
Leitung weitblickender Staatsmänner die Auswirkung seiner
nationalen Kräfte weitab von dem „Vogesenloch", auf dem
130

Gebiete großer kolonialer Unternehmungen gesucht und in dieser Richtung reichen Gewinn gefunden hat, aber im geeigneten Zeitpunkt, wenn ein Mißerfolg Unzufriedenheit geweckt hatte, hat eine geschickt und kräftig vorstoßende Gruppe es vermocht, einen Umschwung herbeizuführen, der Volksseele wieder das alte Ziel, Elsaß-Lothringen, als dasjenige erscheinen zu lassen, auf das alle Kräfte zu richten seien. Die Gesamtpolitik Frankreichs war unverkennbar von Gegnerschaft gegen Deutschland beherrscht, unbeschadet gelegentlichen Zusammenfindens in einzelnen dem großen Gegensatz fernab liegenden Fragen. Alles, was im Stile der großen Politik geschah, diente nur dem einen Zweck, der Schaffung günstiger Vorbedingungen für eine dereinstige Abrechnung mit Deutschland. In diesem Sinne kam es zunächst zum Bündnis mit Rußland und den sich daran knüpfenden besonderen militärischen Abmachungen, und zehn Jahre darauf, unter fast demütiger Überwindung alter bitterer Feindschaft, zu der entente cordiale, der Freundschaft mit England, auf deren immer engere Gestaltung Frankreich eifrig bedacht blieb.

Nachdem diese bedeutsamen Erfolge erzielt waren, stellte sich wiederum eine Zeit verhältnismäßiger Ruhe ein, erklärlich aus dem befriedigenden Bewußtsein, daß man für die aus dem stetigen Rückgang der eigenen Bevölkerungszahl sich ergebende Schwäche Ersatz in den Menschenkräften und Hilfsquellen der Kolonien sowie in der Unterstützung machtvoller Bundesgenossen und Freunde gefunden hatte und somit gerüstet war, um Deutschland zu gegebener Zeit mit wohlbegründeter Aussicht auf Erfolg entgegenzutreten.

Bei dieser Sachlage waren mir die in Paris einzuschlagenden Wege vorgezeichnet. Es lag auf der Hand, daß in dem Unvermögen der französischen Nation, sich mit der bestehenden Lage abzufinden, die eigentliche Quelle des europäischen Unfriedens, die Ursache alles Unbehagens und des Zwanges zu erdrückenden militärischen Lasten zu suchen sei. Wäre es auch ein aussichtsloses Beginnen gewesen, diese Quelle abgraben zu wollen, so lag es doch im Bereich des Möglichen, einerseits die unterirdischen Zuflüsse zu vermindern, andererseits den Abfluß in die Richtung allmählichen Versickerns zu leiten. Behutsame Versuche in diesem Sinne erschienen jedenfalls der Mühen wert. Sie durften freilich ebensowenig im Entgegentragen aufdringlicher Freundlichkeiten bestehen, wie dies hie und da ohne bleibenden Erfolg geschehen war, wie in einer die stets wache Empfindlichkeit der Franzosen reizenden schroffen Haltung. Wollte man die Keime besseren Verstehens aufsprießen lassen, so war ein sorgsames Abwägen der zu unternehmenden Schritte hinsichtlich ihrer Wirkung auf das politische Gefühlsleben der Franzosen unerläßlich. Ruhiges, gemessenes aber ritterlich höfliches Verhalten im ganzen, im einzelnen hie und da eine Verständigung auf einem dem brennenden Boden entrückten Gebiet schien allein geeignet, eine Atmosphäre zu schaffen, in der eine den Spalt überwuchernde Vegetation entstehen und sich entwickeln konnte.

Nach einiger Zeit aufmerksamer Beobachtung fand ich die Annahme bestätigt, daß die französische Nation, ohne den Idealen zu entsagen, im ganzen friedlich gesinnt und nicht geneigt war, sich durch nationalistische Hetzer in gefährliche Abenteuer treiben zu lassen. Es war damit zu rechnen, daß die Beruhigung der Gemüter um so stetigere Fortschritte machen werde, je mehr wir darauf bedacht waren, Störungen dieser Entwicklung, vor allem jede Handlung zu vermeiden, welche das überaus empfindliche patriotische Gefühl der Franzosen in Wallung bringen und Wasser auf die geschäftigen Mühlen der Revancheprediger leiten konnte.

Die Anfänge meiner Tätigkeit in Paris eröffneten nicht ungünstige Aussichten für einen Gang der Dinge in erwünschtem

132

Sinne. Es entstanden Pläne zum Hand in Hand gehen im Geiste des Marokkoabkommens, nicht nur im scherifischen Reiche, sondern auch in weiteren afrikanischen Gebieten. Verschiedene Unternehmungen dieser Art, meist deutscher Anregung entsprungen, sind bis nahe an den Zustand der Reife gelangt. Sie waren nicht Gegenstand amtlicher Verhandlungen, sondern zunächst nur vertraulicher Besprechungen, fanden aber, wie bei uns, so auch auf französischer Seite wohlwollende Förderung der Amtsstellen. Mehrere französische Minister setzten sich mit Wärme für das Gelingen ein, aber gerade dieser an sich erfreulich scheinende Umstand erwies sich im weiteren Fortgang als ungünstig, es kam zu Reibungen zwischen den um die Führung streitenden Politikern und zu Verwirrungen, in denen die Pläne einer nach dem anderen versanken.

Auch Marokko sollte sich bald wieder als eine Pandorabüchse erweisen. Der Ehrgeiz einiger militärischer und politischer Vertreter Frankreichs in Marokko konnte sich in die durch Verträge und Abkommen geschaffene Lage schwer finden und der Versuchung nicht widerstehen, über die gezogenen Schranken in einer Weise hinauszugehen, welche die Absicht erobernden weiteren Vordringens nur schlecht verhüllte. Es kam, wie einst in Tunis, zu Aufständen, die einen willkommenen Anlaß zum Einschreiten lieferten, und schließlich, behufs Errettung der angeblich gefährdeten Europäer in den Sultansstädten Fez und Mekinez, zu einem militärischen Zug gegen diese inneren Plätze und, nach geringfügigen Kämpfen, zu deren Besetzung. Was von der von der französischen Regierung gegebenen Versicherung, daß diese Besetzung nur eine vorübergehende sein und nach Wiederkehr der Ordnung alsbald aufgehoben werden solle, zu halten war, lehrten vorangegangene französische Beispiele in Nordafrika, ebenso mit besonders eindringlicher Sprache, der englische Vorgang in Ägypten. An rechtzeitiger Warnung vor dem vertragswidrigen Vordringen der Franzosen in Marokko hat es unsererseits nicht gefehlt, sowohl in Berlin durch den Reichskanzler an den französischen Botschafter, wie in Paris durch mich an die Minister. Der Regierung in Paris — Ministerpräsident Monis, Minister des Äußern Cruppi — schienen aber die Dinge über den Kopf zu wachsen, sie fand nicht die Kraft, dem militärischen Drängen Widerstand zu leisten und die Fabel von den in den Sultansstädten in äußerster Gefahr schwebenden Europäern auf ihren wahren Wert herunterzudrücken. Man war sich in Paris nicht im unklaren darüber, daß das Vorgehen aus dem Rahmen eines zulässigen Polizeiunternehmens weit hinausging, somit mit Verträgen und Abkommen nicht im Einklang stand, man konnte auch nicht im Zweifel darüber sein, daß unser Wunsch nach Vermeidung von Reibungen nicht so weit gehen konnte, Handlungen, die eine wesentliche Beeinträchtigung unserer vertraglichen Rechte und Interessen mit sich bringen mußten, ruhig zuzuschauen, man war nicht frei von Schuldbewußtsein und gab dem Gedanken Raum, daß unsere Zustimmung zu der Verschiebung der Lage in Marokko nur durch eine unsere Einbuße ausgleichende Befriedigung zu erreichen sei. Aber man fand nicht den Entschluß zu einem Schritt, aus dem der gute Wille zu derartigem Ausgleich zu entnehmen gewesen wäre, obwohl wir Zeit ließen, solchen Entschluß reifen zu lassen. So gelangten die Dinge dahin, daß die deutsche Regierung sich veranlaßt sah, ihre Stimme zu erheben und dem Auslösen tätigen Willens einen Anstoß zu geben, sie entsandte das Kanonenboot Panther nach Agadir an der südlichen atlantischen Küste Marokkos. Der Entschluß zu diesem Schritt ist ohne jegliches Zutun von meiner Seite gefaßt worden, auch war ich von dem Plane nicht in einer Weise unterrichtet worden, welche mir Anlaß zu einer gutachtlichen Äußerung geboten hätte.

134

Ich hatte zwar unter der Hand erfahren, daß an eine Demonstration gedacht wurde, aber in welchem Umfange, mit welchen
Mitteln, an welchem Ort und zu welchem Zeitpunkt war mir
nicht bekannt bis zu dem Augenblick, wo ich den Auftrag erhielt, der französischen Regierung die Entsendung des Schiffes
mitzuteilen und damit zu begründen, daß unsere wirtschaftlichen
Interessen im Süden Marokkos, im Susgebiet, durch drohende
Unruhen, dem Anscheine nach durch die Vorgänge in anderen
Teilen des Landes hervorgerufen, gefährdet seien, daß wir uns
daher veranlaßt sähen, nötigenfalls den Deutschen und den
Schutzgenossen in jenen Gegenden Hilfe und Schutz zu gewähren. Sobald Ruhe und Ordnung in Marokko wieder her-
gestellt seien, werde das Schiff Agadir wieder verlassen. —
Also, ein nicht mißzuverstehender Wink und eine deutliche Be-
tonung unserer Rechte.

Trotzdem das französische Gewissen nicht rein war, überdies
sich prophetisch warnende Stimmen, so diejenige von Jaurès, hör-
bar gemacht hatten, schlug die Nachricht von unserem Schritt in
Paris wie eine Bombe ein. Der erste Eindruck war der der
Bestürzung und der Ratlosigkeit, dies um so mehr, als soeben
eine neue Regierung unter dem Vorsitz des bisherigen Finanz-
ministers Caillaux und einem Neuling, Herrn de Selves, im
Ministerium des Äußern ans Ruder gekommen war, eine Regierung, der man die Absicht zuschrieb, mit Deutschland auf
einen besseren Fuß zu gelangen. Wären diese guten Absichten
frühzeitiger erkennbar gewesen, so hätte wohl vorerst ein weiteres
Abwarten unsererseits in Frage kommen können, der Regierungswechsel hatte sich aber mit jener in Frankreich nicht seltenen
überraschenden Schnelligkeit und unter äußeren Umständen vollzogen, welche der geläufigen Redensart entsprachen, daß die
Ministerien zuweilen über „einer Orangenschale" zu Fall kommen.
Nun war unser Pfeil abgeschossen und alles kam darauf an,

ob die französische Regierung den Entschluß finden werde, den bisher unterlassenen Schritt auf dem Wege eines Ausgleiches mit uns zu unternehmen. Leicht mochte es ihr nicht werden, denn die öffentliche Meinung war heftig erregt über unser Vorgehen, in dem sie eine erpresserische Handlung erblicken zu sollen glaubte. Die Schwierigkeiten der Lage wurden noch dadurch vermehrt, daß der Minister des Äußern im Begriff stand, den Präsidenten Fallières auf einer mehrtägigen Besuchsreise zum niederländischen Hof zu begleiten. Immerhin gelang es, von ihm noch vor seiner Abreise, wenn auch keine bestimmte Antwort, so doch das Wort zu erhalten „je ne dis pas non“. Für die wenigen Tage übernahm Herr Caillaux selbst die Vertretung des Ministers des Äußern, und damit war, bei der persönlichen Sinnesart des Ministerpräsidenten, eine gewisse Aussicht eröffnet, daß die Regierung einer Aussprache mit uns nicht ausweichen werde. Aber auch Herr Caillaux schwankte zunächst noch. Er wandte sich mit einer Bitte um Rat an den englischen Freund und scheint die Antwort erhalten zu haben, es dürfte sich der Versuch empfehlen, den deutschen Eindringling durch eine Gegendemonstration lahmzulegen und zum Abzug zu veranlassen. Dies schien Herrn Caillaux aber doch bedenklich, er wollte zunächst klarer sehen und abwarten, ob es bei unserer bloßen Demonstration vor Agadir sein Bewenden haben werde, oder ob etwa eine Ausschiffung bewaffneter Mannschaften und Fußfassung auf dem Lande folgen werde. Dieses Zögern war nicht nach dem Sinne der englischen Regierung, die uns ohne weiteres willkürlich die Absicht des Fußfassens an der marokkanischen Atlantikküste zugeschoben hatte und nun dem zaudernden französischen Freund den Rücken stärken zu sollen glaubte. Es geschah mittels der bekannten Rede Herrn Lloyd Georges, der uns mit drohenden Worten einzuschüchtern suchte. Die gebührende Abweisung, die diese

136

Anmaßung bei uns fand, wirkte ernüchternd auch auf Paris, und als der Minister des Äußern aus Holland zurückgekehrt war, fand ich die Stimmung bei ihm soweit vorgeschritten, daß die Bereitwilligkeit zur Aussprache erkenntlich wurde. Herr de Selves hätte gern gesehen, daß die Verhandlungen in Paris geführt würden, ein Ansinnen, das ich indessen sogleich als der Lage nicht entsprechend abwies. Es mußte, meines Erachtens, auch äußerlich sichtbar werden, daß es nicht an uns, sondern an Frankreich war, entgegenzukommen, und hierfür war der Gang nach Berlin der angezeigte Weg. Dagegen bin ich der Inangriffnahme von Verhandlungen insoweit zu Hilfe gekommen, daß ich dem Minister auf seine Bitte andeutete, man würde, soweit mir bekannt, in Berlin gern sehen, wenn uns Frankreich aus seinem ausgedehnten afrikanischen Machtbereich als Entschädigung für unsere etwaige Einbuße in Marokko ein Stück Kongo anbieten würde. So erhielt nun der in Paris weilende französische Botschafter Jules Cambon den Auftrag, nach Berlin zurückzureisen und die Verhandlungen anzuknüpfen. Auch an den russischen Verbündeten hatte sich die Pariser Regierung ratsuchend gewandt, indessen nur laues Interesse gefunden. Dagegen war Herr Iswolski, nunmehr russischer Botschafter in Paris, unablässig bemüht, die französische Empfindlichkeit aufzustacheln. Es sei nicht zulässig, sagte er, sich auf Verhandlungen mit einem Partner einzulassen, der von vornherein „einen geladenen Revolver" auf den Tisch lege.

Mehr Interesse an der Sache nahm Spanien, das in Nordmarokko einen Besitzstand zu wahren und nicht wenig Mühe hatte, das vertraglich festgelegte Verhältnis zu Frankreich reibungslos aufrechtzuerhalten, im Süden gegenüber den Kanarischen Inseln die Fußfassung einer anderen als der eigenen Macht nicht zuzulassen wünschte. Herr Perez Caballero, der spanische Botschafter, derselbe, der in Algeciras nachdrücklich

gegen uns aufgetreten war, näherte sich mir nun mit der Anregung, an den Verhandlungen teilzunehmen, von vornherein
in der Absicht, an unsere Seite zu treten. Der Gedanke, den
ich sogleich befürwortend der Berliner Leitung unterbreitete,
fand dort indessen kein Entgegenkommen. Der Gang der Ereignisse hat später diese Haltung bedauern lassen. Spanien war nun
darauf angewiesen, sich allein und nicht zu unseren Gunsten mit
Frankreich auseinanderzusetzen und empfand die Nichtbeachtung
seiner Wünsche um so unangenehmer, als es zum Anschluß an
den Dreibund neigte, mit einem vor längerer Zeit zunächst in Wien
ausgestreckten Fühler jedoch kühler Aufnahme begegnet war.

Der Gang der Verhandlungen in Berlin war, der Schwierigkeit der Materie entsprechend, ein langsamer. Frankreich war
zwar bereit, unserem Wunsche nach Überlassung eines beträcht-
·lichen Stückes seines Kongogebietes nachzukommen, es war indessen nicht leicht, natürliche Grenzen zu finden, welche die
beiderseitigen Wünsche und Bedürfnisse befriedigten. In Paris
suchte die Regierung, und insbesondere Herr Caillaux persönlich,
unsere Ansprüche im Kongobecken durch das Angebot von Ent-
schädigungen auf anderen Gebieten herabzudrücken. Die beiderseitigen Stellungen waren noch weit voneinander entfernt, als
eine Pause in den Verhandlungen eintrat, die der erholungs-
bedürftige Staatssekretär v. Kiderlen zu einem Ausflug nach
Chamonix, also auf französischem Boden, benützte. Nicht ohne
Mühe vermochte ich in Paris den Unmut über dieses als verletzende Taktlosigkeit aufgefaßte, tatsächlich aber auf eine ver-
sehentliche Nichtbeachtung der Grenze zurückzuführende Auftreten zu beschwichtigen. Immerhin blieb eine für den weiteren
Fortgang nicht günstige Verstimmung zurück. Gleichzeitig gelang
es mir, die grundsätzliche Zustimmung zu einer Lösung zu erreichen,
welche uns einen breiten Zugang zum Kongobecken, nicht nur
die später zugestandenen zwei Landspitzen zum Ubangi, gesichert

138

hätte. Der Vorschlag ist dann in den weiteren Verhandlungen wieder versunken. Je länger die Lösung der ganzen Streit= frage auf sich warten ließ, desto mehr machten sich in Paris Einflüsse geltend, welche den anfänglich nicht schlechten Willen der französischen Regierung beeinträchtigten. Ich machte die Berliner Regierung wiederholt hierauf aufmerksam und drang auf tunlichste Beschleunigung der Verhandlungen, in der Be= sorgnis, daß das Ministerium Caillaux der immer stärker hervor= tretenden Opposition erliegen könnte. Wenn es zum Sturz dieser Regierung vor Abschluß des Vertrages nicht gekommen ist, so erklärt sich dies daraus, daß die Gegner den Vertrag selbst, der Frankreich immerhin den Vorteil freier Hand in Marokko zu bringen versprach, nicht gefährden und die schweren Folgen eines Scheiterns der Auseinandersetzung nicht auf sich nehmen wollten. Aber die Tatsache, daß Herr Caillaux sich nicht nur unserem Druck zum Eintritt in Verhandlungen ge= beugt, sondern auch die Gelegenheit benutzt hatte, um uns, be= hufs Erzielung einer allgemeinen Entspannung, weitergehende Verständigungen, überdies unter der Hand, unter Umgehung des verantwortlichen Ministers des Äußern, anzubieten, konnten ihm seine Widersacher, an ihrer Spitze der altbewährte Minister= stürzer Clémenceau, nicht verzeihen. So erfolgte nach Abschluß des Vertrages der Sturz des Ministeriums anläßlich einer bei der Beratung im Senat sich bietenden nebensächlichen Ver= anlassung. Der Vertrag selbst wurde genehmigt.

Die Nachfolge der Regierung Caillaux trat ein aus den stärksten verfügbaren Kräften gebildetes „großes Ministerium" an, unter dem Vorsitz des Senators Raymond Poincaré, der auch das Ministerium des Äußern übernahm. Bedeutete der Kabinettswechsel allein schon eine Absage an die versöhnliche Politik Caillaux', so wurde dies noch deutlicher aus der pro= grammatischen Erklärung der neuen Regierung erkennbar, die

mit besonderem Nachdruck Würde, Stärke und Selbstbewußtsein sowie die sorgsame Pflege des Bündnisses mit Rußland
und der Freundschaft mit England betonte, die beide Herr
Caillaux zu vernachlässigen geneigt gewesen war. Also, eine
nationalistische Regierung und ein Programm, das sich in die
kurzen Worte fassen ließ „Frankreich wird sich ein zweites
Agadir nicht bieten lassen".

Der am 4. November 1911 zustande gekommene Vertrag über
Marokko und Kongo hat weder auf deutscher noch auf französischer Seite befriedigt. Wenn bei uns Enttäuschung über
den geringen Umfang und den fragwürdigen Wert des territorialen Gewinnes in Innerafrika herrschte, so entsproß in
Frankreich der Unmut vornehmlich dem Boden des gekränkten
Selbstgefühls. Man konnte sich nur schwer darein finden,
koloniale Gebiete, die ihre Erschließung französischem Unter-
nehmungsgeist verdankten, in unrühmlicher Weise, unter einem
an Erpressung streifenden Druck preisgeben zu müssen und als
Entgelt nur politisch, nicht aber auch wirtschaftlich völlig freie
Hand in Marokko zu gewinnen, das der französische Ehrgeiz
nun einmal als ein ausschließlich französischer Tätigkeit vor-
behaltenes Land betrachtete. Der Hauptwert des Vertrages,
die Beseitigung einer wiederholt mit Schärfe hervorgetretenen
Reibungsfläche zwischen uns und Frankreich, wurde im stillen
zwar vielfach anerkannt, aber öffentlich wagte sich niemand zu
dieser Auffassung zu bekennen. Weit entfernt, eine Besserung
des Verhältnisses zwischen uns und Frankreich zu erreichen,
hinterließ die neue Vereinbarung, im Gegensatz zu derjenigen
vom Jahre 1909, einen gewissen Reizzustand, aus dem nicht
wenige Schwierigkeiten bei der Ausführung erwuchsen, dies um
so mehr, als in der Person des Ministers Poincaré sich der
neue Geist stärkeren Selbstgefühls und unzugänglicher Hart-
näckigkeit verkörperte. Immer wieder wurde auf französischer

140

Seite versucht, einzelnen Vertragsbestimmungen eine uns un=
günstige Auslegung zu geben oder auch an unseren auf früheren
Abmachungen beruhenden Ansprüchen vorbeizugehen. Und selbst
dann, wenn in Paris durch nachdrückliche Betonung unserer
Rechte und Interessen eine Beachtung derselben erreicht war,
scheiterte die weitere Behandlung nur zu häufig an dem will=
kürlichen Verhalten der französischen Vertreter in Marokko, in
desto höherem Maße, je untergeordneter deren Stellungen waren.

Als eine Folge der mit dem Zug nach Fez eingeleiteten
französischen Eroberung Marokkos ist das italienische Unter=
nehmen nach Tripolis zu werten. Mögen auch Gründe der
inneren Politik die italienischen Staatslenker bewogen haben,
der Nation den schon lange in Aussicht genommenen Weg zu
einem kolonialen Gebiet jenseits des Mittelmeeres zu öffnen,
mag auch der Gedanke nicht neu gewesen sein, Anspruch auf
Anteil an der Mittelmeerherrschaft geltend zu machen, so unter=
liegt es doch keinem Zweifel, daß der Entschluß zu dem Unter=
nehmen unter dem Eindruck des französischen Vorgehens gereift
ist, eines Vorgehens, das sich nicht auf Marokko beschränkte,
sondern auch auf die Hinterlande der nordafrikanischen Küsten=
staaten ausdehnte. Herr Tittoni, der italienische Botschafter
in Paris, früher Minister des Äußern und ein Mann von
bedeutendem politischen Einfluß in der Heimat, vertrat die
Ansicht, daß der Augenblick zur Besitzergreifung des letzten
Stückes türkischer Herrschaft in Nordafrika zu nützen sei, wollte
man nicht vom französischen Imperialismus überflügelt werden
und einer Zukunft verlustig gehen, auf welche man Anwartschaft
hatte. In der Tat waren französische Unternehmungen im Hinter=
land Tripolitaniens in bedenklicher Weise tätig, und es fehlte
nicht an gewichtigen französischen Stimmen, welche die Lehre
verbreiteten, Frankreich müsse sich des ganzen Nordafrika vom
Ozean bis zum Nilland bemächtigen. Die Zustimmung der

141

Mächte zu seinem Schritte hatte sich Italien teils schon vor
Jahren versichert, teils erlangte es sie nun mit mehr oder
weniger Mühe. Die üble Lage, die uns dadurch bereitet wurde,
daß wir zwischen den Bundesgenossen und den türkischen Freund
gestellt wurden, bereitete Italien keine ernste Sorge. Das wenige,
was uns und ebenso Österreich-Ungarn den Verdruß mildern
konnte, war die unbestimmte Aussicht, daß Italien seine Herrschaft im Mittelmeer stärken und damit den Wert seiner
Bundesgenossenschaft erhöhen konnte. Das Unternehmen vollzog sich bekanntlich nicht so glatt, wie es gedacht war, die italienischen Streitkräfte, obwohl bedeutend, stießen auf hartnäckigen
Widerstand und vermochten nicht mehr zu erreichen wie die
Eroberung des Küstengebiets. Überdies ergaben sich Verdrieß-
lichkeiten mit England, das sich den Hafen von Solum an-
eignete, sowie nicht leichte Reibungen mit Frankreich, über die
alle schönen Worte von der Freundschaft der lateinischen
Schwesternationen nicht hinweghalfen. Italien hatte Anlaß zu
scharfen Klagen über den von Tunesien aus schwunghaft betriebenen französischen Waffenschmuggel und mußte bis zur
Beschlagnahme zweier französischer Dampfer schreiten, die Konter-
bande an Bord führten. Es kam zu gereizten Auseinander-
setzungen in Unterredungen und Noten, in der Presse und auf
der Parlamentstribüne, welche die italienisch-französische Freundschaft auf eine harte Probe stellten, so zwar, daß Frankreich sich
veranlaßt sah, seine gesamte Flotte mit deutlicher Front gegen
Italien nach dem Mittelmeer zu verlegen. Nachdem der zeitweilig auftauchende italienische Gedanke, die Türkei auch in
ihrem europäischen Besitz anzugreifen, berechtigten Einwendungen Österreich-Ungarns begegnet, ein Versuch zur Forcierung
der Dardanellen mißglückt war, griff Italien zur Besetzung
zwölf ägäischer Inseln — des Dodekanes —, hierdurch die
Verbindung der Türkei mit Tripolitanien unterbindend, und

142

damit war der türkische Widerstand gebrochen. Der Friede von Lausanne, in dem die Türkei die italienische Herrschaft über Libyen anerkannte, beendete das kriegerische Unternehmen. Mit Frankreich uns über dasselbe zu unterhalten, war kein Anlaß gegeben, in Paris konnte ich mich auf die Rolle des Beobachters beschränken.

Die marokkanischen und tripolitanischen Witterungsstörungen waren noch nicht überstanden, als aus dem europäischen Wetterwinkel, dem Balkan, ein neues Unwetter aufzog, der Balkankrieg und daran anschließend die albanische Frage. War auch der Keim der Verwicklungen in den Gegensätzen der Nationalitäten und der türkischen Mißwirtschaft zu suchen, die durch die von den Mächten unter Rußlands Führung aufgedrängten und von den Jungtürken ungeschickt in Angriff genommenen Reformen mehr gesteigert wie vermindert wurden, so erscheint doch der Ausbruch und die Schärfe der Verwicklungen als eine Folge des schweren Schlages, den das italienische Unternehmen dem türkischen Reich versetzt, und in zweiter Stufe des Stoßes, den Frankreich gegen die muselmanische Welt im nordwestlichen Afrika geführt hatte. Die Balkannationen hielten nun den Zeitpunkt für gekommen, um auch ihrerseits die europäische Türkei in Stücke zu schlagen und die Beute zu teilen. Sie vereinigten sich unter Rußlands gefälliger Leitung zum Balkanbund und zum Todesstoß gegen die Herrschaft von Konstantinopel, zum Balkankrieg. Bei der Verschiedenheit der Stellungen der Großmächte, von denen die einen aufrichtig, die anderen nur vorgeblich die Aufrechterhaltung der Türkei als Grundsatz befolgten, sowie bei den zwischen Österreich-Ungarn und Rußland, die beide die Vorherrschaft auf dem Balkan erstrebten, bestehenden Gegensätzen, zogen die Verwicklungen weite Kreise. Frankreich war an den Vorgänger weniger unmittelbar wie mittelbar durch sein Bündnisverhältnis zu Rußland und die

Freundschaft mit England beteiligt, ebenso wie wir indirekt
durch die Bundesgenossen Österreich-Ungarn und Italien. Hieraus, sowie aus dem beiderseitigen Ruhebedürfnis nach bewegter
Zeit ergab sich eine gewisse Gleichstellung, die nutzbar gemacht
werden konnte. Herr Poincaré verschloß sich nicht der Erkenntnis dieser Lage und zeigte, auf unsere Anregung, Bereitwilligkeit zu mäßigender und vermittelnder Einwirkung auf die
näher beteiligten, dem beiderseitigen Einfluß zugänglichen Mächte,
so daß wir uns zeitweise, zu unserer aufrichtigen Befriedigung,
mit Frankreich in den Bemühungen zusammenfanden, bedenklichen Reibungen unter den Großmächten vorzubeugen. Be-
denkt man, daß der Minister kurz vorher einen Besuch in
St. Petersburg abgestattet hatte, daß dort eine Erhöhung der
Kriegsbereitschaft in der Weise vereinbart war, daß Rußland den Ausbau seiner gegen uns gerichteten strategischen
Bahnlinien mit französischem Geld beschleunigen, Frankreich
zur dreijährigen Dienstzeit zurückkehren solle, daß ferner Rußland die französische Unterstützung der auf Konstantinopel gerichteten und in Angriff genommenen Politik, die vor allem
die Zertrümmerung Österreich-Ungarns ins Auge faßte, zugesagt wurde, nachdem schon vor dem Besuche eine Marine-
konvention zustande gekommen war, die eine für Rußland
günstige Verschiebung der französischen Mittelmeerflotte vorsah,
so würde die zugesagte entspannende Tätigkeit um so beachtens-
werter erscheinen, je erfolgreicher und nachhaltiger sie gewesen
wäre. Das war leider nicht der Fall, vielmehr ist die französische Politik im Verlaufe der Krise mehr oder weniger deutlich wieder in russisches Kielwasser gesteuert. Was damals
nur aus äußeren Anzeichen geschlossen werden konnte, haben
späterhin die veröffentlichten Berichte des russischen Botschafters
Iswolski bestätigt. Hiernach hat ihm der französische Ministerpräsident von vornherein, als die Wetterwolke vom Balkan auf-
144

stieg, erklärt, Rußland könne der nachdrücklichsten diplomatischen Unterstützung von seiten Frankreichs sicher sein, und, falls es zu einem Zusammenstoß mit Österreich-Ungarn und in dessen Gefolge zu einem bewaffneten Einschreiten Deutschlands kommen sollte, auch der militärischen. Einige Wochen darauf folgte die weitere Erklärung, an Rußland sei es, die Initiative zu ergreifen, Frankreich werde, falls Rußland Krieg führe, gleichfalls Krieg führen, da es nicht zweifelhaft sei, daß Deutschland Österreich-Ungarn zur Seite treten werde. Die Aussichten in einem allgemeinen Kriege seien nach fachmännischem Urteil für Rußland und Frankreich überaus günstig. Auch dem italienischen Botschafter hat er Ähnliches gesagt. Einen Vorbehalt, daß die Hilfe nur im Falle eines unprovozierten Angriffes auf Rußland eintreten sollte, wurde nicht ausgesprochen. Die Erklärungen erscheinen somit in dem Lichte einer an Rußland erteilten Blankovollmacht, wenn nicht einer kriegerischen Ermunterung. Auch nach der englischen Seite hin war Herr Poincaré tätig, um ein militärisches Zusammengehen der Dreiverbandsmächte zu erreichen. Es kam zu den bekannten, in einem Briefwechsel zwischen Sir Edward Grey und dem französischen Botschafter Paul Cambon niedergelegten Abmachungen über militärisches Handeln im Bedarfsfalle. In der Form war es nicht ein Bündnis, wie dies Frankreich und auch Rußland gern gesehen hätten, dies widersprach den Grundsätzen der englischen Politik, aber es waren Abmachungen, denen jederzeit leicht der Stempel des Bündnisses aufzudrücken war. Mit diesen diplomatischen Schritten hat sich aber die französische Regierung nicht begnügt, vielmehr in der Zeit, in welcher Rußland durch sogenannte Probemobilisationen in seinen westlichen Gebieten seiner Stimme im Rat der Mächte einen ehernen Nachdruck zu verleihen für gut hielt, ebenfalls militärische Vorbereitungen treffen lassen, allerdings ganz in der Stille, aber nicht so verborgen, daß sie nicht wachsamen Augen bemerkbar geworden wären. Und die französische Heeresleitung war im Verein mit der Marineleitung eifrig mit den großen Plänen beschäftigt, die der Ausblick auf einen europäischen Krieg, wie Iswolski sagt, „als zeitgemäß erscheinen ließ". Wenn es trotz aller dieser scharfen Spannungen schließlich gelungen ist, auf der Londoner Botschafterkonferenz die Pandorabüchse des Balkans notdürftig zu schließen, so ist dies sicher nicht das Verdienst der französischen Politik. War diese doch so gewesen, daß sie selbst den russischen Bundesgenossen erschreckt und den russischen Botschafter in London, Graf Benckendorff, veranlaßt hat, seiner Regierung zu schreiben, von allen Mächten sei Frankreich die einzige, welche, um nicht zu sagen, daß sie den Krieg wünsche, ihn doch ohne Bedauern sehen würde. Jedenfalls habe Frankreich nicht im Sinne eines Kompromisses gearbeitet; der Kompromiß aber sei der Frieden, jenseits desselben liege der Krieg. In der Tat hat die Botschafterkonferenz, dank der englischen und der deutschen vermittelnden Tätigkeit, den Frieden unter den Großmächten zu erhalten vermocht, aber das was blieb, war ein gebrechlicher Frieden, mehr ein latenter Kriegszustand, in dem zwei Mächtegruppen, der Dreibund und der Dreiverband, sich in einer von Mißtrauen und Spannung erfüllten Atmosphäre gegenüberstanden.

Im Hinblick auf diese zum Teil erst in späterer Zeit in völliger Klarheit ersichtlichen, in ihren Wirkungen meist aber sogleich wahrnehmbaren Vorgänge konnte es nicht als ein Schritt zur Beruhigung der allgemeinen Lage angesehen werden, als Ministerpräsident Poincaré es erreichte, zu Anfang des Jahres 1913 als Nachfolger Herrn Fallières zum Präsidenten der französischen Republik gewählt zu werden. Nicht ohne Mühe, denn der Wahl gingen heftige, mehr hinter wie auf der Bühne

geführte Kämpfe zwischen den Radikalen und Sozialisten, den
Anhängern einer ruhigen Außenpolitik, und den Rechts-
republikanern und Konservativen, den Freunden einer starken
Tonart, voraus. Erst im zweiten Wahlgang entschied sich der
Kampf mit 429 gegen 327 Stimmen zugunsten Herrn Poincarés.
Den schließlichen Erfolg hatte er der Hilfe der nationalistischen
Rechten zu verdanken, die er durch das Versprechen des Auf-
schubes sozialer Reformen und der Wiederherstellung diplo-
matischer Vertretung beim Vatikan, also einer Milderung der
kirchenfeindlichen Politik, zu gewinnen gewußt hatte.

Hatte vor wenig mehr wie einem Jahre die Mehrheit der
Nation die Bildung des Kabinetts Poincaré gut aufgenommen,
weil die französische Eigenliebe darin die Auflehnung gegen die
Kränkung von Agadir erblickt hatte, war die öffentliche Meinung seitdem der Regierungspolitik, soweit diese sichtbar geworden, in dem Vertrauen gefolgt, daß sie, ohne Abenteuer
zu suchen, Frankreichs Stellung durch Vertiefung von Bündnis
und Freundschaft in einer Weise zu stärken schien, welche die
Erhaltung des Friedens verbürgte, hatte man ihr auch deshalb
zugestimmt, weil sie sich gegen vermeintlich anmaßendes und
gewalttätiges deutsches Ausdehnungsstreben wandte und dem
immer unbequemer empfundenen Eindringen deutschen Unter-
nehmungsgeistes und deutscher Arbeitskraft entgegentrat, so
fehlte es doch nicht an Einsichtigen, welchen die neue Richtung
Bedenken einflößte. In den Kreisen derjenigen, die mit dem
Gang der Dinge mehr vertraut waren und weiter in die Zukunft zu schauen vermochten wie die Menge, kamen vor der
Wahl des Präsidenten ernste Besorgnisse zum Vorschein, die
sich in dem geflüsterten knappen Wort ausdrückten: „Lui, pré-
sident, ce sera la guerre." Immerhin, Herr Poincaré hatte
gesiegt, es blieb eine Hoffnung, daß die Politik des neuen
Präsidenten, gemäßigt durch die gebotene Neutralität dieser

147

Stellung, eine ruhigere sein werde wie die des leitenden Ministers, aber diese Hoffnung war eine schwache, sie kam bald zum Erlöschen. Das erste Wort, das der Präsident an Kammer und Senat richtete, hatte den gleichen Ton wie seine früheren Äußerungen. „Frankreich," sagte er in seiner Botschaft, „müsse im Interesse der Zivilisation und des Friedens groß und stark sein. Was vor allem not tue, das sei Tatkraft." Daß er selbst in der Verwirklichung dieses Geistes der Tatkraft mit gutem Beispiel vorangehen wollte, zeigten seine ersten Schritte in die Öffentlichkeit. Er brach mit der Tradition, welche dem Präsidenten der Republik große Zurückhaltung auferlegte, machte Besuche, nahm eine Fülle von Einladungen an, versäumte keine Gelegenheit, sich den Parisern zu zeigen, seine Rednergabe glänzen, sich feiern, sich bejubeln zu lassen. Sein Auftreten glich mehr demjenigen eines Monarchen, wie dem stillen Leben eines Präsidenten und verfehlte nicht die berechnete Wirkung auf die Bevölkerung. So gewann er rasch das, was er vor allem erstrebte, Volkstümlichkeit; seine Anhänger wuchsen von Tag zu Tag, sie erblickten in ihm den Führer der Nation, der unter allen Umständen deren Würde zu wahren wissen werde, den Staatsmann, dem es gelingen werde, Frankreich eine starke und hochgeachtete Stellung unter den Mächten zu schaffen, wohl auch den Großen, der über Wiederherstellung hohen Ansehens hinaus Verlorenes wiederzugewinnen verstände. Wenn er selbst auch in seinen öffentlichen Äußerungen Vorsicht walten ließ, mit Nachdruck das Wort „Friede" betonte, stets aber mit dem vielsagenden Zusatze „aber ein Friede in Ehren und mit Würde", so sah er, der geborene Lothringer, es doch nicht ungern, als solcher geehrt und als künftiger Erfüller nie erloschener, wenn auch zeitweilig verschwiegener Hoffnungen gefeiert zu werden.

Der Präsident stattete mir bald nach seinem Amtsantritt einen persönlichen Besuch ab. Auch bei diesem Anlaß betonte

148

er vor allem seine Friedensliebe. Er sei ein Mann des Friedens, und die Erkenntnis, daß dem so sei, sei es wesentlich,
der er seine Wahl und die gute Aufnahme derselben im französischen Volke zu verdanken habe, das durchaus friedlich gesinnt sei. Auch sprach er in ruhigem Tone von den beiderseitigen Rüstungen. Es sei zu beklagen, daß alle kontinentalen
Mächte sich zu ungeheuren Anstrengungen in dieser Richtung
genötigt glaubten, aber es lasse sich nicht verkennen, daß jede
einzelne der Nationen gute Gründe zu ihrem Handeln hätte,
er sei weit entfernt davon, in der neuen großen deutschen Wehrvorlage eine gegen Frankreich gerichtete Drohung zu erblicken,
wie er auf eine analoge Auffassung unsererseits hinsichtlich
Frankreichs hoffe. Er kam ferner auf die soeben vollzogene
Ernennung Herrn Delcassés zum Botschafter in St. Petersburg zu sprechen. Es wäre verfehlt, wenn man darin in Deutschland, wie es den Anschein habe, eine unfreundliche Handlung
erblicken wollte, dazu liege keinerlei Veranlassung vor. Er habe
für St. Petersburg erst an den angesehenen früheren Ministerpräsidenten Ribot gedacht, doch habe dieser sich nicht zu entschließen vermocht. Da der Petersburger Posten einen Mann
von Bedeutung erheische, sei er auf Delcassé gekommen, der
eben das Marineministerium verlassen habe. Schließlich kam
der Präsident nochmals auf die friedliche Stimmung der französischen Nation zurück und fügte hinzu, ein „zweites Agadir"
würde sie freilich nicht ruhig hinnehmen. Die letztere Äußerung
war besonders bedeutungsvoll. Sie kennzeichnete nicht allein
zutreffend die vorherrschende Stimmung der französischen Nation,
sondern auch den Grundton der bisherigen Politik des Ministerpräsidenten, wie die zukünftige des nunmehrigen Präsidenten
der Republik.

Die erste politische Handlung des Präsidenten war die Berufung eines neuen Kabinetts, welches seine Richtung ein-

schlagen und deſſen weſentlichſte Aufgabe es ſein ſollte, den
gewagten Schritt zur Wiedereinführung der vor wenigen Jahren
aufgegebenen dreijährigen Dienſtzeit zu unternehmen. Dazu
bedurfte es Staatsmänner von bedeutender, faſt rückſichtsloſer
Tatkraft. Der Präſident fand ſie in Herrn Barthou, der den
Vorſitz, und Herrn Millerand, der das Kriegsminiſterium übernahm. Das Miniſterium des Außern wurde mit einem Neuling, Herrn Jonnard, früherem Generalgouverneur von Algier,
beſetzt, einem Mann von ruhigem verbindlichen Weſen, dem
wohl hauptſächlich die Rolle zugedacht ſein mochte, in dem zu
erwartenden Kampfgetöſe um die dreijährige Dienſtzeit das
Ausland zu beruhigen. Gleichzeitig erfolgte die Abberufung
des Botſchafters Louis aus St. Petersburg, eines Mannes,
der ſich in die ruſſiſche Außenpolitik nicht zu finden vermochte,
und ſeine Erſetzung durch den bisherigen Marineminiſter Delcaſſé,
den aus früherer Zeit bekannten Gegner Deutſchlands, der ſich
indeſſen in den letzten Jahren ſehr zurückgehalten, gelegentlich
ſogar ſeine feindſelige Geſinnung gegen Deutſchland verleugnet
hatte. Offiziös wurde dieſe Ernennung hauptſächlich als eine
dem viel verläſterten Manne geſchuldete Achtungserklärung
hingeſtellt, zwiſchen den Zeilen der nationaliſtiſchen Preſſe war
jedoch zu leſen, daß Delcaſſés Miſſion der Vertiefung des
ruſſiſchen Bündniſſes dienen ſollte. Das iſt in der Tat der
Sinn geweſen, Herrn Delcaſſés Aufgabe war, die ruſſiſche
Regierung zu immer größerer militäriſcher Bereitſchaft, ganz
beſonders zu Maßnahmen, welche die Mobilmachung und den
Aufmarſch nach Weſten beſchleunigen ſollten, zu veranlaſſen.
Er hat dieſe Aufgabe während ſeines nur kurz bemeſſenen
Aufenthaltes in St. Petersburg bis dahin gelöſt, wo das
Weitere in die Hände rein militäriſcher Stellen gelegt werden
konnte. Gewiſſermaßen als Quittung für ſeine Tätigkeit kann
der bekannte, vom ruſſiſchen Kriegsminiſter herrührende Artikel

150

in der Petersburger Börsenzeitung gelten, worin gesagt war, die russische Armee sei stark und siegesbewußt, Rußland sei völlig bereit.

Ein weiterer bedeutungsvoller Schritt des Präsidenten war ein Besuch am englischen Hofe, bezeichnend für die Richtung, in welcher er zunächst seine Bemühungen um Gewinnung von Unterstützung anzusetzen für gut hielt. In unterrichteten Kreisen erzählte man sich, es komme ihm vor allem darauf an, in London die Zusage eines baldigen Gegenbesuches in Paris zu erreichen, der von großer Wirkung auf die öffentliche Meinung beider Länder sein und der Welt zeigen würde, wie geachtet und wie stark Frankreich dastehe. Mit dem Besuche beim Verbündeten in St. Petersburg beeilte sich Herr Poincaré weniger, hier bedurfte es kaum noch einer persönlichen Bemühung, um das Verhältnis noch enger zu schmieden. Dieser Besuch erfolgte erst über ein Jahr später, nach dem englischen Gegenbesuch, kurz vor Ausbruch des Krieges.

Eine schwere Belastungsprobe der allgemeinen Lage, und in erster Linie der deutsch-französischen Beziehungen brachte das die kontinentalen Mächte nach den Balkankriegen befallende Rüstungsfieber, das in Frankreich zu solcher Temperatur anstieg, daß die durch militärische Anstrengungen bereits ungemein stark angespannte Nation sich, teils aus eigenem Entschluß, teils und vornehmlich auf russisches Drängen, die ungeheuerliche Last der Rückkehr zur dreijährigen Dienstzeit aufbürdete, und zwar einer solchen ohne die früher üblichen Erleichterungen und Ausnahmen, voll Grimm und Haß uns beschuldigend, daß wir das Zeichen zu so maßloser und gefährlicher Überspannung der Kräfte gegeben hätten. War es auch jedem unbefangenen Auge ersichtlich, daß unsere Verstärkung der Wehrmacht durch die aus den Balkanereignissen sich ergebende Verschiebung der allgemeinen Lage unabweisbar geworden war und keinerlei gegen

Frankreich gerichtete Spitze hatte, überdies nicht sowohl eine
Überspannung unserer Volkskräfte, als vielmehr eine gleich-
artige Verwertung derselben bedeutete, war es auch jedem nur
halbwegs Wissenden nicht zweifelhaft, daß der französische Entschluß zur Heeresvermehrung dem unserigen vorausgegangen
war, so erging man sich doch in Frankreich in leidenschaftlicher
Erörterung und Verzerrung unseres Vorgehens in dem Sinne,
daß es aggressive Absichten gegen das friedliebende Frankreich
offenbare und dieses an Bevölkerungszahl und damit an Wehrkraft uns weit unterlegene Land zu einer verzweifelten Anstrengung nötige. Es war von vornherein ersichtlich, daß die
neue Wehrvorlage in Frankreich auf starken Widerstand stoßen
und nur mit den stärksten Mitteln der Beeinflussung der öffentlichen Meinung durchzusetzen sein werde; diese Mittel wurden
daher in jenem Umfange und mit jenem Nachdruck zur Anwendung gebracht, in deren Gebrauch die französischen Staatslenker von je eine Meisterschaft bewiesen haben. Zwar ver-
sicherten mich außer dem Präsidenten auch einzelne Minister,
daß sie sich dem Verständnis für unsere militärischen Anstrengungen nicht verschlössen, aber es geschah von seiten der
Regierung nichts, um die Erörterungen in Presse und Parlament in ruhigere Bahnen zu leiten, geschweige denn der Wehrvorlage eine weniger schneidende Schärfe zu geben. Die Regierung war sich des Ernstes des Wagnisses wohl bewußt, sie
konnte die Gefahr nicht verkennen, daß die neuerliche Anstrengung einen so unerträglichen persönlichen und finanziellen
Druck bedeutete, daß die Gefahr entstand, die Nation werde
über kurz oder lang die Befreiung in einer inneren Umwälzung
suchen oder zu dem verzweifelten Entschluß gelangen, lieber ein
Ende mit Schrecken, wie einen Schrecken ohne Ende zu sehen,
aber ein Zurück gab es nun nicht mehr, es ging um die Verwirklichung des Präsidentenwortes, daß „Frankreich stark sein
152

müsse", und die Herren Barthou und Millerand waren die Männer, um das Wort um jeden Preis zur Tat werden zu lassen. Es war nur möglich, wenn die Leidenschaften in eine bestimmte Richtung, gegen Deutschland, gedrängt wurden, und so entstand wieder eine jener Lagen, in welcher steifer deutschfeindlicher Wind die Segel des französischen Staatsschiffes blähte. Die Folgen ließen nicht lange auf sich warten, die Spannung der Atmosphäre entlud sich in mannigfachen Aufwallungen des französischen Patriotismus, der Ruf nach Elsaß-Lothringen erscholl wieder laut, kriegerischer Geist machte sich geräuschvoll geltend, militärische Schaustellungen auf der Straße und auf Bühnen, hier stets mit Verhöhnung des Deutschen, mehrten sich und wurden bejubelt, es entstand wieder die aus General Boulangers Zeit bekannte, die Deutschenhetze geschäftsmäßig betreibende Schandliteratur, und es kam zu peinlichen Zwischenfällen, wie der Mißhandlung harmloser deutscher Ausflügler in Nancy, zu den Unfreundlichkeiten gegen deutsche Luftschiffer, die unfreiwillig bei Lunéville gelandet waren, u. a. m. Diese Vorgänge wirkten erregend auf unsere öffentliche Meinung zurück, während die Franzosen sich wegen den zahlreichen und scharfen Angriffe in unserer Presse gegen die Fremdenlegion ereiferten, um so mehr, als sie in dem Wahne befangen waren, daß diese Angriffe von der deutschen Regierung gern gesehen, wenn nicht genährt waren. Litten die deutschen öffentlichen Warnungen vor dem Eintritt in die französische Fremdenlegion auch hie und da an Übertreibungen, so waren sie doch im ganzen nur zu sehr berechtigt. Dies gilt namentlich hinsichtlich der Art, wie die Anwerbungen durch gewissenlose private Werber unter geflissentlicher Umgehung der gesetzlichen Vorschriften und unter empörender Ausbeutung jugendlicher Unerfahrenheit betrieben wurden. Um die Abstellung dieser Übelstände herbeizuführen, war die öffentliche Erörterung nicht das geeignete

Mittel, fie auf amtlichem Wege zu erreichen, war ausgeschloffen, da die französische Regierung die Angelegenheit als eine ausschließlich innere betrachtete, die Vorstellungen von außen nicht zugänglich fei. Indeffen ist es durch besonders behutfame Behandlung unter der Hand gelungen, die Befeitigung der schlimmsten Mißstände sowie die Rückgängigmachung zahlreicher regelwidriger Anwerbungen von unbefonnenen jungen Deutschen zu erreichen und damit der Sache die schärffte Spitze zu nehmen. Ebenfo konnten die Fälle von Nancy und Lunéville einer einigermaßen befriedigenden Löfung zugeführt werden. Eine überraschende und unerfreuliche Folge des Feldzuges der deutschen Preffe gegen die Fremdenlegion war übrigens die gewefen, daß der Zuftrom junger Deutscher, deren Abenteuerluft durch die vielen Schilderungen nicht etwa abgeschwächt, fondern verftärkt wurde, zu einer zuvor nicht erreichten Höhe anftieg, eine überaus betrübende Erscheinung, welche übereifrigen Vaterlandsfreunden, die über den Kopf der eigenen Regierung hinweg Angriffspolitik nach außen, wenn auch in der redlichsten Abficht, fo doch in unzweckmäßiger Weife treiben, zu denken geben follte. Die Erfahrung in Dingen der Fremdenlegion ist nicht der einzige Fall, wo mit ungeeignetem Vorgehen erheblicher Schaden angerichtet wurde. Es wäre nützlicher, es den berufenen Vertretern der auswärtigen Angelegenheiten zu überlaffen, mit kühler Überlegung in Anpaffung an die beftehenden Möglichkeiten diejenigen Wege einzuschlagen, die allein zum Ziel zu führen versprechen.

In jener Zeit der auf beiden Seiten hochgehenden Erregung war es, daß ich eine fich bietende Gelegenheit wahrnahm, um dem Ministerpräfidenten Barthou von mir aus und unter ausdrücklicher Betonung, daß ich nicht in amtlichem Auftrag spreche, auch eine große Frage nicht berühren wolle, freundschaftlich vorzuftellen, es fei doch überaus beklagenswert, daß wir uns

154

in gegenseitigen Rüstungen erschöpften und in Streitigkeiten
verzehrten, erfreulicher würde es sein, wenn wir einen Weg zu
ruhigem Nebeneinanderleben, vor allem durch Beschwichtigung
der erregten Gemüter, suchten. Bei beiderseitigem guten Willen
— und bei uns sei er vorhanden — scheine mir das Ziel er=
reichbar. „Rendez-nous l'Alsace-Lorraine, alors nous serons
les meilleurs amis de la terre," erwiderte mir Herr Barthou
mit erstaunlichem Freimut, worauf ich das Thema sogleich
verließ, um eine Belehrung darüber reicher, was von dem
häufig geäußerten Wunsche französischer Machthaber nach
ruhiger Gestaltung des deutsch=französischen Verhältnisses zu
halten war.

Einiges Aufsehen hat es erregt, daß ich inmitten jener nicht
freundlichen Zeiten, im Februar 1914, dem Präsidenten Poincaré
ein Fest auf der Botschaft veranstaltete. Es war das erstemal seit Bestehen der dritten Republik, daß der Präsident
Gast des deutschen Botschafters war, also in gewissem Sinne
ein historisches Ereignis, in dem nicht Wenige das Anzeichen
einer Wendung zum Besseren in den deutsch-französischen Beziehungen sehen zu dürfen glaubten. Erschien mir selbst auch
die Tatsache einer über politische Schwierigkeiten hinweggehenden
Höflichkeit als erfreulich, so vermochte ich mich doch der Meinung
von einer tiefergehenden politischen Bedeutung nicht anzuschließen.
Präsident Poincaré hatte, abweichend von der Zurückhaltung,
welche seine Vorgänger sich aufzulegen pflegten, sich grundsätzlich
entschlossen, Einladungen, vor allem solche der fremden Botschafter, anzunehmen, konnte daher, sollte es nicht peinlich auf-
fallen, an der deutschen Botschaft nicht vorübergehen, ebensowenig wie ich meinerseits an einer Einladung. Übrigens hatte
in Berlin der Kaiser bereits durch Annahme einer Einladung
beim französischen Botschafter nach Abschluß des Vertrages
über Marokko und Kongo das Eis gebrochen.

Den Höhepunkt von Herrn Poincarés Erfolgen bildete der im Frühjahr 1914 stattfindende Besuch des englischen Königspaares in Paris, aller Welt sichtbar eine feierliche Bestätigung des zwischen beiden Staaten erzielten engen Einvernehmens. Jedem auch nur halbwegs mit den Dingen Vertrauten mußte es in die Augen springen, daß es sich um Großes handle, denn nur die hohe Staatsräson vermochte den Entschluß des britischen Staatssekretärs des Äußern, Sir Edward Grey, zu erklären, ganz gegen seine Gewohnheit, selbst das Königspaar nach Paris zu begleiten. Die äußeren Vorgänge spielten sich nach geläufigem Muster ab, auch die Tischreden, die selbstverständlich die Freundschaft zwischen beiden Nationen und friedliche Wünsche betonten, boten nichts Ungewöhnliches. Aus allem, was vorging, war ersichtlich, daß der Besuch nicht als eine Einleitung zu neuen Vereinbarungen zu betrachten sei, sondern als eine eindrucksvolle Bestätigung dessen, was zwischen Frankreich und England abgemacht war. Aufklärungen über diese Abmachungen im einzelnen zu geben, erschien keinem der beiden Teilnehmer angezeigt, es genügte ihnen, sich Hand in Hand der Welt zu zeigen. Allerdings ist die Anwesenheit des britischen Außenministers auf russische Anregung dazu benutzt worden, um den englischen Freund noch enger wie bisher in die Kreise des Dreiverbandes zu ziehen: Herr Iswolski, zweifellos im Einvernehmen, wenn nicht im Auftrag seiner Regierung handelnd, ließ durch Vermittlung des französischen Außenministers Doumergue dem britischen Minister den Entwurf zu einer englisch-russischen Flottenkonvention unterbreiten, die im wesentlichen englische Unterstützung russischer kriegerischer Unternehmungen in der Ostsee ins Auge faßte. Sir Edward Grey ging ohne Zögern auf den Vorschlag ein — und damit war ein weiteres Glied in der Kette geschmiedet, welche Deutschland einschließen sollte. Daß der endgültige Abschluß der Konvention

dann vom Ausbruch des Weltkrieges überholt wurde, tut der
Tatsache der grundsätzlichen Zustimmung des britischen Ministers
keinen Eintrag.

Ein kurz nach dem englischen erfolgender Besuch des dänischen
Königspaares war politisch farblos. Bedeutung mochte ihm
nur insofern ebenfalls zukommen, als er die französische Bevölkerung mit Genugtuung darüber erfüllte, daß der Kreis
der Freundschaften, welche die Republik zu erwerben wußte,
kein kleiner war.

Im gleichen Sinne war ein Besuch des Königs von Serbien
zu bewerten, eines Freundes Frankreichs, der angesichts der
vergangenen Ereignisse und vielleicht auch der noch kommenden,
besonderen Anspruch auf freundliche Beachtung erheben durfte.

Nachdem die Wiedereinführung der dreijährigen Dienstzeit
nach ungemein heftigen parlamentarischen Kämpfen im Grundsatz beschlossen war, flaute die erregte Stimmung etwas ab.
Es wagten sich wieder Ansichten hervor, die Zweifel bekundeten,
ob die vom Präsidenten und seinem nationalistischen Anhange
betriebene Politik eines eng gezogenen Netzes von Bündnissen
und Abmachungen dem wahren Interesse des französischen
Volkes, das nach Ruhe und Frieden ohne allzu große Opfer
und Verpflichtungen verlangte, entspreche. Jene Politik erscheine
mehr geeignet, die in Europa bestehenden Gegensätze zu verschärfen, wie zu mildern, und bringe Frankreich in ein Ab-
hängigkeitsverhältnis, das namentlich im Hinblick auf die in
Rußland immer stärker sich regende neoslawistische Abenteuer-
lust zu den ernstesten Bedenken Anlaß gebe. Es sei ratsam,
die französische Politik in die Richtung einer Entspannung zu
orientieren, damit die Nation möglichst bald wieder des furchtbaren Druckes der dreijährigen Dienstzeit enthoben werden
könne. War der Präsident bereits veranlaßt, dieser neuen
Stimmung, gewissermaßen der Reaktion gegen die Reaktion,

157

durch Berufung eines Ministeriums unter dem besonnenen und persönlich auch unter den politischen Gegnern Freunde zählenden Doumergue Rechnung zu tragen, so mußte er sich zu noch weiterem Einlenken verstehen, als die Neuwahlen zur Kammer im Frühjahr 1914 eine beachtenswerte Stärkung der radikalen und sozialistischen Linken und damit der Gegner der dreijährigen Dienstzeit und der nationalistischen Politik brachten. Nach einem totgeborenen Versuch mit dem nach rechts neigenden bejahrten Ribot kam es zur Bildung eines Ministeriums unter dem sozialistisch-bürgerlichen Viviani, der vorerst an dem beschlossenen Gesetz über die Dienstpflicht festhalten zu sollen erklärte, aber die Möglichkeit einer baldigen Revision durchblicken ließ.

Die Aussichten auf eine ruhigere Entwicklung der öffentlichen Dinge in Frankreich und ihrer Wirkung nach außen erschienen nun wieder günstig. Aufmerksamer Beobachtung wurden Anzeichen bemerkbar, daß einzelne führende Politiker dem Gedanken nahe traten, den durch die allseitigen Rüstungen gesteigerten Gefahren zuvorzukommen, wenn auch nicht durch offene Anlehnung an Deutschland, so doch durch Bereitwilligkeit zur Verständigung über einzelne abseits des brennenden Bodens liegende Fragen, sowie durch Anschlagen eines minder feindseligen Tones in der Presse und in sonstigen Kundgebungen der öffentlichen Meinung. Diese bessere Stimmung ermöglichte und begünstigte die Aufnahme von Verhandlungen zwischen uns und Frankreich über eine Abgrenzung der Einflußgebiete in Kleinasien und Syrien und über die Herstellung von Bahnen in der asiatischen Türkei. Die Geneigtheit der französischen Regierung zu derartigen Abmachungen wurde wesentlich dadurch gestärkt, daß wir in ähnlichem Sinne auch mit der britischen Regierung in Verbindung getreten waren und dort Entgegenkommen gefunden hatten, das nicht nur auf gute Absichten zur Verständigung auf derartigen Einzelgebieten schließen ließ, sondern auch zur wesentlichen Besserung unserer allgemeinen Beziehungen mit dem Inselreich. Es hatte fast den Anschein, als ob dem Leiter der englischen Außenpolitik Bedenken über das innerhalb des Dreiverbandes gesponnene Gewebe kriegerischer Abmachungen aufgestiegen seien und daß er nun auf eine wohltuende Entspannung hinsteuerte.

Angesichts dieser freundlicheren Gestaltung der Lage habe ich auch meinerseits einen Schritt vorwärts tun zu dürfen geglaubt, indem ich einen sich bietenden Anlaß dazu benützte, nach eingeholter Zustimmung des Kanzlers und des Kaisers und nicht ohne Wissen des Präsidenten Poincaré, einen zwanglosen Besuch des früheren Ministerpräsidenten Briand zur Kieler Woche anzuregen, wozu Fürst Albert von Monako durch Einladung Briands auf seiner Jacht freundlich die Hand bot. Irgendwelche große politische Pläne kamen nicht in Betracht, es handelte sich lediglich um eine gelegentliche Berührung, welche in Anbetracht der Persönlichkeit Briands einen angenehmen und nützlichen Eindruck hinterlassen konnte. Herr Briand zeigte sich dem Gedanken gern geneigt, sah sich aber nach einigen Tagen veranlaßt, seine Zusage unter dem Vorwand der Inanspruchnahme durch Dinge der inneren Politik zurückzunehmen. Der Plan war durch den zufällig in Paris weilenden französischen Botschafter in St. Petersburg, Herrn Paléologue, den Freund des Präsidenten Poincaré, mit dem Hinweise auf die Gefahr der bezaubernden Liebenswürdigkeit Kaiser Wilhelms vereitelt worden.

Trotz der besseren Stimmung bei den Westmächten verlor die allgemeine Lage wenig von ihrem Ernst. Der Friede, der nach den Balkankriegen und der Londoner Konferenz geblieben war, stand auf schwachen Füßen, und mit den allseitigen starken Rüstungen wurden Zündstoffe angehäuft, die beim ersten Anlaß in furchtbaren Explosionen aufflammen konnten. Diese Gelegenheit brachte die Mordtat von Serajewo und die Sühneforderung Österreich-Ungarns an Serbien.

Die Bedeutung des Ereignisses von Serajewo kam im allgemeinen der französischen Nation nicht voll zum Bewußtsein. Abgesehen von dem Mangel verletzten monarchischen Gefühls, lagen die Dinge räumlich so fern, daß der Gedankenkreis des französischen Bürgers sie kaum erreichte. Überdies waren die Gemüter durch andere Dinge in Anspruch genommen, vor allem durch den Sensationsprozeß gegen die Gattin Herrn Caillaux', die den Hauptredakteur des „Figaro", Calmette, getötet hatte. Calmette war einer der leidenschaftlichsten Vorkämpfer für den Präsidenten Poincaré und damit Widersacher von Caillaux gewesen, den er nicht müde wurde, auch nach seinem politischen Sturz, um ihn für immer unschädlich zu machen, aufs heftigste und mit so verwerflichen Mitteln anzugreifen, daß die Gattin Caillaux', zur Verzweiflung getrieben, zum Revolver griff. Der Prozeß, bei dem das ganze politische und private Leben Caillaux' schonungslos vor die Öffentlichkeit gezerrt wurde, gestaltete sich so in der Meinung vieler Zuhörer zu einem erbitterten Kampf zwischen der Richtung Caillaux' und derjenigen Poincarés, dessen Ausgang alle Welt mit größter Spannung entgegensah. Das Ende war der Freispruch von Frau Caillaux.

Bezeichnend für die Stimmung der Pariser Bevölkerung war auch ihr Verhalten bei der großen, stets das Hauptstück des Nationalfestes vom 14. Juli bildenden Truppenschau, einer Veranstaltung, welche die Machthaber als vorzüglichstes Mittel zur Hebung des militärischen Geistes der Nation und zugleich als Gradmesser für deren vaterländische Hingabe zu betrachten pflegten. Zu jener Parade waren zum erstenmal auch Kolonialtruppen, insbesondere ein Bataillon ausgesucht stattlicher Senegalneger, zugezogen, ersichtlich zu dem Zwecke, der Be-

160

völkerung den Umfang und die Stärke der französischen Streitkräfte vor Augen zu führen. Der beabsichtigte Eindruck wurde
erreicht, ganz Paris strömte zum Paradefeld hinaus, bejubelte
das gebotene Schauspiel und überließ sich dann sorglos den
weiteren Freuden des Nationalfestes in dem beruhigenden Gefühl, daß für Frankreichs militärische Kraft genug geschehen
sei. Daß im europäischen Osten Ereignisse reiften, deren Entwicklung jene Kraft auf die Probe stellen könnten, daran
dachte kaum jemand. Man kannte zwar oberflächlich die Unsicherheit der europäischen Lage, man wußte von Bündnis und
Freundschaft, bemerkte den Eifer, mit dem sich die Machthaber,
vor allem der Präsident, der Pflege derselben widmete, aber
man vertraute dem stets betonten defensiven Charakter der Abmachungen, man spendete den blendenden Schaustellungen der
Besuche befreundeter Staatsoberhäupter Beifall, aber man
wußte nicht, wie eng und bedrohlich das Netz der Verpflichtungen gezogen war, wie emsig weitere Knoten in Form von
Militär- und Marinekonventionen geknüpft und sonstige Kriegsvorbereitungen in behutsamer Stille getroffen wurden. Überdies war man gewohnt, den Lärm, den eine geschäftige Presse
zu schlagen liebte, nicht tragisch zu nehmen und ließ sich in der
Zuversicht nicht stören, daß auch jetzt, wie häufig zuvor, das
angekündigte Gewitter sich verziehen werde. Anders in der
amtlichen Welt. Hier, wo man volle Kenntnis der nicht allgemein sichtbaren Vorgänge hatte, wo man den Inhalt der
bestehenden Abmachungen und ihre Bedeutung kannte, wo
man insbesondere über die bedrohliche Richtung der in Rußland treibenden Kräfte ebenso unterrichtet sein mußte wie über
diejenige der militärischen Gewalten im eigenen Lande, konnte
man sich über die Nähe und den Umfang der Gefahren um
so weniger einer Täuschung hingeben, als man an der Ansamm-
lung von Spannungsmaterien nichts weniger als unbeteiligt

gewesen war. Man war, allem Anscheine nach, völlig vorbereitet und klar zum Gefecht.

Das überaus scharfe Ultimatum der Wiener Regierung an Serbien ließ mit einem Schlage den vollen Ernst der Lage erkennen. Auch mir persönlich kam das Ereignis insofern völlig überraschend, als ich in keiner Weise über das, was sich inzwischen zugetragen, unterrichtet war. Noch am Tage vor Überreichung der Note hatte mir mein österreichisch-ungarischer Kollege gesagt, nach seinen Nachrichten werde sie so gefaßt sein, daß Serbien alle Forderungen annehmen könne, und damit werde der Fall in der Hauptsache erledigt sein. Wir folgten bekanntlich unserem Verbündeten sogleich mit der Mitteilung an die Mächte, daß wir die Forderung unseres Bundesgenossen von ausreichender Sühne und von sicheren Bürgschaften nicht nur als verständlich, sondern nur zu sehr als berechtigt betrachten müßten, daher der Auseinandersetzung zwischen Wien und Belgrad in keiner Weise in den Weg zu treten gedächten. Es erscheine dringend erwünscht, daß wie wir, so auch die anderen Mächte sich einer Einmischung enthielten, damit nicht Verwicklungen entständen, die infolge der bestehenden Bündnisverpflichtungen unabsehbare Konsequenzen haben könnten.

Die Frage mag berechtigt erscheinen, ob eine solche Mitteilung an die Mächte erforderlich und ratsam war. Bei dem stets wachen Argwohn, mit dem man im Lager der uns nicht freundlich gesinnten Mächte gewohnt war, jede unserer politischen Handlungen zu betrachten, war mit der Möglichkeit zu rechnen, daß auch unser jetziger Schritt falscher Deutung begegnen, daß man uns Absichten unterschieben würde, die uns tatsächlich fern lagen. Gewiß entsprach die offene Darlegung unserer Auffassung und die Anregung zur Lokalisierung des Konfliktes einer redlichen Absicht und dem aufrichtigen Wunsche nach Vermeidung kriegerischer Verwicklungen unter den Mächten,

162

auch war die Hoffnung berechtigt, daß dieses Ziel erreicht würde, wenn alle Mächte unserem Vorschlage dasjenige Maß an gutem Glauben angedeihen ließen, das er beanspruchen durfte. Die Mehrzahl der Mächte war aber nur zu sehr geneigt, ihre Aufmerksamkeit weniger der Anregung der Lokalisierung zu schenken, als der sie beunruhigenden Tatsache unserer auffallend frühzeitigen Stellungnahme neben unserem Bundesgenossen und der Betonung der Bündnispflichten.

Zu jenem Zeitpunkte war der französische Ministerpräsident und Minister des Äußern, Viviani, mit dem Präsidenten der Republik auf einer Besuchsreise nach St. Petersburg abwesend. Ich hatte daher mit dem ihn vertretenden Justizminister Bienvenu-Martin sowie mit dem ebenfalls stellvertretenden politischen Direktor Berthelot, einem Manne zu tun, dem vermöge seiner genaueren Kenntnis der Dinge eine besonders beachtenswerte Rolle zufiel. Meine Eröffnungen fanden bei dem Minister nicht ungünstige Aufnahme. Den Wunsch nach örtlicher Einschränkung des Konfliktes könne er nur teilen und sei bereit, in diesem Sinne für Erhaltung des Friedens mitzuwirken. Freilich könne er sich nicht verhehlen, daß es einer Macht wie Rußland, die mit starken panslawistischen Strömungen zu rechnen habe, nicht leicht fallen dürfte, sich zur Seite zu halten, namentlich dann nicht, wenn Österreich-Ungarn auf sofortiger und bedingungsloser Annahme und Erfüllung aller seiner in mehreren Punkten sehr weitgehenden Forderungen bestehen sollte. Ihm scheine die der Belgrader Regierung belassene Frist allzu kurz bemessen, und was den Inhalt der Forderungen betreffe, so sei nicht zu verkennen, daß einzelne mit der Souveränität Serbiens nicht vereinbar schienen. Die französische Regierung finde es selbstverständlich, daß Serbien in ausreichender Weise Genugtuung zu geben, die Bestrafung von Verbrechen zu verbürgen, auch Sicherheiten gegen weiteres

163

Verschwörertreiben zu leisten habe. Man habe auch von Paris aus den Serben geraten, soweit wie irgend möglich entgegenzukommen. Man sei hier aber auch der Ansicht, daß Österreich-Ungarn gut tun würde, falls etwa Serbien nicht alle Forderungen ohne Ausnahme sofort erfülle, sondern über einzelne Punkte zu verhandeln wünsche, diese Lösung nicht ohne weiteres abzuweisen, vorausgesetzt, daß, wie anzunehmen, im ganzen der gute Wille Serbiens deutlich erkennbar sei.

Die Antwort des Ministers, die vermutlich nicht aus dem Stegreif gegeben, vielmehr das Ergebnis von Erwägungen war, die in Erwartung einer österreichisch-ungarischen nachdrücklichen Forderung und auf Grund der eingelaufenen Nachrichten und Ansichten der französischen Vertreter stattgefunden hatten, ließ trotz der vorsichtigen Fassung und des verbindlichen Tones erkennen, daß Frankreich in einem Konflikt auf seiten Rußlands zu finden sein werde. Unser Lokalisierungsvorschlag mag dagegen Herrn Bienvenu-Martin überraschend gekommen sein und konnte nicht von vornherein abgewiesen werden, wollte die französische Regierung sich nicht mit dem Odium des Mangels an friedlichem Willen belasten. Aber er ist der zugesagten Unterstützung seitens Frankreichs alsbald verlustig gegangen, nachdem Herr Bienvenu-Martin von dem auf der Rückreise von St. Petersburg befindlichen Herrn Viviani die telegraphische Nachricht erhalten hatte, die französische und russische Regierung hätten sich im Hinblick auf eine wahrscheinliche scharfe Sühneforderung seitens der österreichisch-ungarischen Regierung dahin geeinigt, gemeinsam in Wien zur Mäßigung zu raten und vor einer Bedrohung Serbiens zu warnen. Also, die Einmischung der Mächte, deren Vermeidung wir anstrebten. Bezeichnend in diesem Zusammenhange ist es, daß im französischen Gelbbuch die anfängliche Zustimmung zu unserem Lokalisierungsvorschlag unterdrückt ist.

164

In der französischen Preſſe wurde das öſterreichiſch-ungariſche Ultimatum ſogleich in ſcharf verurteilendem Sinne beſprochen. Es ſei erſichtlich, daß Öſterreich-Ungarn zum Krieg treibe, deſſen es zur Ablenkung von ſeinen inneren Wirren und Zwiſtigkeiten zu bedürfen glaube; allem Anſcheine nach ſei auch Deutſchland beteiligt, denn es ſei kaum denkbar, daß die Wiener Regierung ohne enge Fühlung mit Berlin einen ſo ſchwerwiegenden Schritt unternommen habe. Den beiden verbündeten Mächten ſei vielleicht der Zeitpunkt für eine Aktion großen Stils günſtig erſchienen, wo England durch die Ulſterkriſe in Anſpruch ge-nommen, Rußland durch Arbeiterunruhen gelähmt ſei, in Frankreich, wie die Enthüllungen des Senators Humbert er-gäben, die Rüſtung nicht in Ordnung zu ſein ſchiene und über-dies die Abweſenheit des Präſidenten und des leitenden Miniſters mit einer gewiſſen Verwirrung rechnen laſſen mochte. Infolge einer der in Paris geläufigen Indiskretionen erhielt die Preſſe auch ſogleich Kenntnis von meiner der franzöſiſchen Regierung gemachten Eröffnung und erging ſich in den gewagteſten Deu-tungen und Mißdeutungen, von denen einzelne bis zu der Be-hauptung gelangten, es handle ſich um eine ſchlecht verhüllte Drohung, die entſchieden abzuweiſen ſei. Gegen dieſe Indis-kretion und die entſtellende Auslegung habe ich ohne Verzug bei der franzöſiſchen Regierung nachdrücklichen Einſpruch er-hoben, auch, erhaltener Weiſung gemäß, beſtimmt erklärt, daß die deutſche Regierung an dem Zuſtandekommen des Ultimatums an Serbien in keiner Weiſe beteiligt ſei, wenn ſie auch nach deſſen Bekanntgabe die Sühneforderung als berechtigt anerkenne. Es wurde mir überraſchenderweiſe verſichert, daß die Regierung an der Indiskretion, die ſie bedauere, unbeteiligt ſei, für eine Beſchwichtigung der Preſſe werde Sorge getragen werden. Allerdings erhielt ich bei dieſem Anlaß den Eindruck, daß man am Quai d'Orſay nicht weit davon entfernt war, die Anſichten der Presse zu teilen, jedenfalls erblickte man in unserer Mitteilung eine Handlung, die weniger beruhigend wie besorgniserregend wirken dürfte. Trotz einer halbamtlichen Notiz und obgleich ich selbst bemüht gewesen bin, bei der Presse der Auffassung entgegenzutreten, daß es sich bei der in Belgrad übergebenen Note um eine zwischen Wien und Berlin vereinbarte scharfe Fassung handle, verharrte die Presse bei ihrer Meinung, um so mehr, als sie zu wissen vorgab, daß unsere Mitteilung nur in Paris, nicht auch anderwärts, erfolgt sei. Sie sei also als eine an Frankreich gerichtete ernste Mahnung zu betrachten. Einzelne nationalistische Blätter sprachen sogar von einem erpresserischen Einschüchterungsversuch.

Inzwischen war die russische Regierung an die Mächte und zugleich an die Öffentlichkeit mit der schwerwiegenden Erklärung herangetreten, daß der serbisch-österreichische Konflikt sie nicht gleichgültig lassen könne. Fast gleichzeitig wurde bekannt, daß Rußland bereits militärische Maßnahmen traf. Mit dieser russischen Stellungnahme, in der mit ungleich begründeterem Recht, wie in unserem Lokalisierungsvorschlag, eine Drohung erblickt werden mußte, wurde die Lage überaus ernst, wurde die serbisch-österreichische Frage zu einer europäischen, was wir zu vermeiden gesucht hatten. Sollte nun die Sache des Friedens nicht verloren sein, so waren ohne Verzug die Anstrengungen darauf zu richten, Rußland zum Einhalten auf dem betretenen gefahrdrohenden Wege zu bewegen. Mit einiger Aussicht auf Erfolg konnte ein Versuch in dieser Richtung nur von dem französischen Bundesgenossen unternommen werden und er erschien dadurch erleichtert, daß die Wiener Regierung sich beeilt hatte, in St. Petersburg erklären zu lassen, daß sie in Serbien keinen territorialen Gewinn beabsichtige und den Bestand des Königreichs nicht antasten werde. Dementsprechend erhielt ich den Auftrag, der französischen Regierung, „mit der wir uns in

166

dem Wunsche nach Erhaltung des europäischen Friedens eins wissen", nahezulegen, sie möge in St. Petersburg ihren Einfluß in beruhigendem Sinne geltend machen. Der Erfolg des hierauf unternommenen Schrittes war leider wenig befriedigend. Herr Bienvenu-Martin versicherte zwar, daß der Appell an die Solidarität im Friedenswunsche angenehm berühre und gebührend beachtet werde, bezüglich einer Einwirkung in St. Petersburg aber verhielt er sich ausweichend, wenn nicht abweisend. Er wolle nicht „nein" sagen, meine aber, daß vor allem eine mäßigende Einwirkung der Mächte in Wien am Platz wäre. Die Wiener Regierung würde gut tun, sich für Verhandlungen zugänglich zu zeigen, nachdem Serbien anscheinend in fast allen Punkten nachgegeben habe. Im übrigen verwies er darauf, daß er sich wegen einer namens der französischen Regierung zu gebenden Antwort zunächst mit dem auf der Rückreise von St. Petersburg befindlichen Ministerpräsidenten in Verbindung setzen müsse. Ich verfehlte nicht, dem Minister entgegenzuhalten, daß sein Gedanke einer gemeinschaftlichen Einwirkung der Mächte in Wien mit unserer von vornherein betonten Auffassung, daß Österreich-Ungarn und Serbien allein zu lassen seien, nicht vereinbar scheine. Einen tieferen Einblick in die am Quai d'Orsay vorherrschenden Gedanken gab mir eine vertrauliche Unterredung mit dem stellvertretenden politischen Direktor Berthelot. Angesichts der vorgekommenen Indiskretion und zur Vermeidung neuer Mißdeutungen regte ich eine Notiz an die Presse über meine zweite Unterredung mit dem Minister an, worin die Solidarität des Friedenswunsches zu erwähnen sei. Herr Berthelot fand dies zu weitgehend und verstand sich nur zu einer wenig sagenden Mitteilung an die Presse. Im übrigen verhehlte er nicht, daß er selbst in der Auffassung befangen war, daß wir treibend hinter unserem Bundesgenossen ständen und „den Krieg wollten". Wenn unsere wiederholte Ver-

ficherung, daß wir den Wortlaut der österreichisch-ungarischen
Note an Serbien vor der Bekanntgabe nicht gekannt hätten,
auch zu beachten sei, so dränge sich doch die Annahme auf, daß
die Wiener Regierung einen so ungewöhnlichen und gewagten
Schritt nicht ohne unser Vorwissen und unsere Zustimmung
unternommen haben dürfte. Unsere Weigerung, nun in Wien
mäßigende Ratschläge zu erteilen, nachdem sich Serbien so gut
wie völlig unterworfen habe, sei auffällig, und unsere Ab-
mahnung von gemeinschaftlichen Vorstellungen in Wien bestärke
die Auffassung, daß wir uns schützend zwischen unseren Verbündeten und die anderen Mächte stellten. Was das Ersuchen
um französische zurückhaltende Einwirkung in St. Petersburg
anlange, so werde die bei Herrn Viviani einzuholende Entschließung aller Voraussicht nach dahin lauten, daß Frankreich
dazu bereit sei, aber nur unter der Voraussetzung, daß wir
gleiches in Wien tun. Meinerseits beharrte ich auf dem Standpunkt, daß wir unserem Bundesgenossen nicht in den Arm
fallen könnten, den er zur Erlangung von Sühne für un-
geheuerliches Verbrechen und zur Abwehr von Gefahren erhoben hatte, die seinen Bestand ernstlich bedrohten und mittelbar auch uns betrafen. Die von russischer Seite verbreitete
Anschauung, daß Österreich Serbien „vernichten" wolle, sei
unzutreffend, wir hätten keine Veranlassung, den Verbündeten
von Absichten abzubringen, die er nicht hege. Die Lage habe sich
nun so gestaltet, daß der Punkt, wo vor allem der Hebel zur
Friedenserhaltung eingesetzt werden müsse, Petersburg sei. Im
übrigen hielte ich persönlich es nicht für ausgeschlossen, daß die
Wiener Regierung für angemessene Mahnungen, die einer
Pression fernblieben, nicht unzugänglich sein werde. Gegen
die Auffassung, daß unser Verhalten auf Willen zum Krieg
schließen lasse, müsse ich entschiedenen Einspruch erheben. Der
Vorschlag der örtlichen Einschränkung des Konflikts, die An-

regung zurückhaltender Einwirkung in St. Petersburg, die Berufung auf die Gemeinschaft im Friedenswunsche mit Frankreich, das seien für jedes unbefangen blickende Auge nicht Akte der Friedensstörung, sondern der Friedensbeschützung.

Die Äußerungen Herrn Berthelots, die wenigstens den Vorzug der Offenherzigkeit hatten, sind bezeichnend für die Anschauungen, welche sich von Anfang an in Paris festsetzten. Man glaubte von vornherein, uns nicht nur mit der Schuld der Brandstiftung belasten zu sollen, sondern auch mit dem Odium, anstatt der Löschung, die Anfachung des Kriegsfeuers betrieben zu haben. Mit nackter Deutlichkeit tritt diese Tendenz in dem sogleich nach Kriegsbeginn veröffentlichten Gelbbuch hervor. Hier werden mit gefälliger Breite Berichte und Nachrichten, auch solche aus unlauteren Quellen, wiedergegeben, die die bei uns und in Österreich zur Herrschaft gelangte Kriegslust beweisen sollen, uns als die hinter unserem Bundesgenossen stehende treibende Kraft hinstellen und fast jeden unserer Schritte in das Gegenteil dessen verkehren, was sie tatsächlich bezweckten. So wird der Vorschlag der Lokalisierung als ein Versuch zur Deckung gegen Einwirkung der Mächte in Wien gedeutet, die Anregung zu beruhigender Vorstellung in St. Petersburg und die Berufung auf den französischen Friedenswunsch als ein plumpes Manöver zur Sprengung der Einigkeit zwischen Frankreich und Rußland. Bemerkenswert ist im übrigen auch die Verwandtschaft zwischen Herrn Berthelots Auffassung und der Sprache der Pariser Presse. Auffallend ist ferner, daß das in Klagen über unser Verhalten so gesprächige Gelbbuch stumm ist, wenn es sich um unsere nicht mißzudeutenden Bemühungen um friedliche Lösung des Knotens handelt. So findet sich in demselben keine Spur von einer Unterredung, die ich mit dem Unterstaatssekretär im Ministerium des Äußern, Herrn Abel Ferry, hatte, und in der ich nochmals dringend um mäßigende

Vorstellungen in St. Petersburg bat, dabei durchblicken lassend,
daß wir uns von freundschaftlichen Anregungen in Wien, die
keinen Druck enthielten, nicht ausschließen würden. Zur Überwindung des französischen Mißtrauens ging ich bis zu dem
Erbieten, meiner Regierung ein Hand in Hand gehen mit
Frankreich in Wien und in St. Petersburg zugleich nahezulegen.
Es war alles vergebens, die Voreingenommenheit an französischen maßgebenden Stellen war nicht zu entwurzeln.

Eine Antwort des Ministerpräsidenten Viviani wegen des
erbetenen Schrittes Frankreichs in St. Petersburg ist, obwohl
er mit Paris in ununterbrochener Verbindung stand, nicht erfolgt, wenigstens nicht zu meiner Kenntnis gebracht worden.
Die Abweisung war damit außer Zweifel gestellt. Ob die
Haltung der französischen Regierung eine andere gewesen wäre,
wenn Herr Viviani sich im Kreise seiner friedliebenden Partei-
freunde und nicht vorwiegend unter dem Einfluß der in
St. Petersburg gewonnenen Eindrücke befunden hätte, ist schwer
zu beantworten, mag aber immerhin gestellt werden. Jedenfalls
hat die französische Regierung mit der Weigerung, rechtzeitig
in St. Petersburg vor weiterem verhängnisvollem Vorgehen zu
warnen, einen wesentlichen Anteil an der Schuld des Zusammen-
bruches der Friedensbemühungen auf sich geladen. Eine Mahnung vor Übereilung in St. Petersburg ist erst dann erfolgt,
als das Verhängnis bereits in vollem Gange war, und auch
dann nur in lauer Weise und mit dem durchsichtigen Hinweis, es sei ratsam, Deutschland keinen „Vorwand" zur Ergreifung kriegerischer Maßnahmen zu geben. Zweifellos ist
das Verhalten der französischen Regierung durch den russischen
Botschafter Iswolski stark beeinflußt worden, der, ungeachtet
der bestimmten Erklärung der Wiener Regierung, daß sie
keinen territorialen Gewinn suche und den Bestand des Königreichs Serbien nicht antasten werde, immer wieder erregt be-

170

tonte, Rußland könne eine „Vernichtung" — écrasement — Serbiens nicht zulassen.

Die weiteren Verhandlungen betrafen den von Sir Eduard Grey ausgehenden Vorschlag einer vermittelnden Botschafter-konferenz, eines Mittels, das sich in der albanischen Streitfrage bewährt hatte. Der Gedanke fand in Paris sogleich Zu-stimmung, bei uns begegnete er dem Bedenken, daß ihm die Tendenz eines Druckes auf Österreich-Ungarn innewohnte. In der Tat ist der Vorschlag in Wien ablehnender Haltung be-gegnet. Dagegen haben wir uns einem weiteren Vorschlag des britischen Außenministers geneigt gezeigt, der dahin ging, das Wiener Kabinett zu bewegen, sich mit der Antwort Serbiens zu begnügen oder sie als Grundlage für weitere Verhandlungen anzunehmen. Aber auch hierzu fand sich die Wiener Re-gierung, trotz unserer Befürwortung, nicht bereit. Unsere Bemühungen richteten sich nunmehr darauf, einen Weg zu offener Aussprache zwischen Wien und St. Petersburg gangbar zu machen. Sie sind nicht ohne Erfolg geblieben, aber von den militärischen Vorbereitungen Rußlands und Frankreichs überholt und gelähmt worden. Auch erscheint es fraglich, ob sie dem Laufe der Dinge noch eine wesentliche Wendung ge-bracht hätten, nachdem England sowohl in Paris wie in St. Petersburg unzweideutig zu erkennen gegeben hatte, daß im Falle des Scheiterns der Verhandlungen auf sein Eingreifen neben den Freunden zu rechnen sei. Damit war dem in Rußland unzweifelhaft längst bestehenden Kriegswillen eine verhängnisvolle Stärkung zuteil geworden. In diesem Zu-sammenhange muß darauf hingewiesen werden, daß Rußland nicht allein umfassende Kriegsvorbereitungen traf, die den Kriegswillen bekundeten, sondern auch, wie späterhin bekannt geworden, bereits Monate vorher die schwerwiegendsten Ent-schlüsse gefaßt hatte. In einem Kronrate war beschlossen worden: „Die Zeit zur Erreichung des Zieles naht heran. Es ist nur durch Krieg zu erreichen. Aufgabe des Ministers der auswärtigen Angelegenheiten ist es, günstige Vorbedingungen zu schaffen." So lautete das Protokoll der Kronratssitzung, so sah die russische Friedensliebe aus, dies war der Plan der russischen Politik, der schwerlich dem Präsidenten Poincaré unbekannt geblieben sein durfte, als er kurz vor Kriegsausbruch in St. Petersburg weilte. Und wie die Regie betrieben wurde, darüber gibt ein Eingeständnis des französischen Botschafters in St. Petersburg, Paléologue, Auskunft, der in seinen Erinnerungen erzählt, wie er in den entscheidenden Tagen im Vorzimmer des Ministers Sassonow mit dem englischen Botschafter zusammentraf und dieser, der von Sassonow kam, ihm zuflüsterte: „Rußland ist zum Krieg entschlossen. Wir müssen nun Deutschland die ganze Verantwortlichkeit und die Initiative des Angriffs zuschieben, nur so wird die öffentliche Meinung in England für den Krieg zu gewinnen sein. Ich bitte Sie dringend, auch Ihrerseits in diesem Sinne auf Herrn Sassonow einzuwirken." Dieser Aufforderung bedurfte es kaum noch, war doch Herr Paléologue unermüdlich tätig gewesen, den russischen Minister, ja selbst den Zaren, auf die angeblich von Deutschland drohenden Gefahren in einer Weise aufmerksam zu machen, welche nicht anders wie als Treiben zum Kriege bezeichnet werden kann.

Nicht allein in Rußland, sondern auch in Frankreich waren Vorbereitungen im Hinblick auf kriegerische Verwicklungen seit geraumer Zeit ganz in der Stille im Gang. Bereits im Winter 1913/14 war auf militärische Anregung und mit dem ausdrücklichen Hinweis auf große Dringlichkeit dafür Sorge getragen, die Stadt Paris mit großen Mehlvorräten zu versehen. „Die Zeit drängt," äußerte der Gouverneur von Paris, General Michel, im Januar 1914, „dieses Jahr ist ein ungewöhnliches
172

Jahr, wir wissen nicht, was es uns bringen wird. Wir wissen
nicht, ob wir im März oder im April die Mobilmachung
haben werden!" Konnten diese Vorbereitungen noch als Vor-
sichtsmaßregeln gelten, so hatten andere Schritte der französischen
Regierung bedenklichere Bedeutung. Sie trat im Frühjahr
an den Schweizer Bundesrat mit dem Anerbieten heran, der
Schweiz im Falle eines Krieges, der als bald bevorstehend
und als unvermeidlich bezeichnet wurde, Brotgetreide zuzuführen. Frankreich, so wurde dabei gesagt, suche nicht den
Krieg, aber der Tag der Abrechnung wegen Elsaß-Lothringens
nahe heran. Frankreich halte es für richtig, der Schweiz die
Getreidezufuhr sicherzustellen, denn der gewohnte Bezug über
Rotterdam würde im Kriegsfall nicht mehr möglich sein —
also schon ein vielsagender Hinweis auf die Blockade. Nach
Ausbruch des Konfliktes zwischen Österreich und Serbien
wurden alsbald die Manöver des 14. Armeekorps abgebrochen,
alle Offiziere der Armee und Marine erhielten den Befehl,
vom 27. Juli ab bei ihren Truppenkörpern und auf ihren
Schiffen zu sein, auch wurde mit der Armierung der Festungen
und sonstigen Bereitstellungen begonnen, Truppen aus Marokko
und Algier herangezogen. Ich erhielt nun den Auftrag, den
inzwischen von St. Petersburg zurückgekehrten Ministerpräsidenten auf die französischen militärischen Vorbereitungen
anzureden und eindringlichst darauf hinzuweisen, daß uns derartige Maßnahmen zu entsprechenden Schutzmaßregeln zwingen
würden. Wir würden „den Zustand der drohenden Kriegsgefahr" verkünden müssen, und wenn dies auch noch keine
Einberufungen und noch nicht Mobilmachung bedeute, so würde
doch die Spannung erhöht werden. Wir hofften fortgesetzt
noch auf Erhaltung des Friedens. Herr Viviani stellte nicht
in Abrede, daß einige militärische Maßnahmen getroffen seien,
es handle sich aber, sagte er, lediglich nur um Vorsichtsmaßregeln

von geringem Umfange und ganz unauffälliger Ausführung. Von einer Mobilmachung sei man weit entfernt. Er würde es für seine Person nicht beunruhigend empfinden, wenn etwa auf unserer Seite gleiches geschehe, wenn ihm dies auch wegen der alarmierenden Wirkung auf die öffentliche Meinung beklagenswert erscheinen würde. Das beste Mittel, um weiterer nervöser Beunruhigung vorzubeugen, sehe er in der tunlichst beschleunigten Betreibung von vermittelnder Tätigkeit, gleichviel in welcher Form. Auch er wolle die Hoffnung auf Erhaltung des Friedens, den man in Frankreich aufrichtig wünsche, nicht aufgeben. Noch an gleichem Tage ließ der Minister, wie aus dem Gelbbuch ersichtlich, immer der Tendenz folgend, uns als die Friedensstörer erscheinen zu lassen, in London eine Aufzählung von deutschen und französischen militärischen Maßnahmen mitteilen, die beweisen sollte, daß Frankreich uns in dieser Beziehung erst langsam und zögernd gefolgt sei. Aus späteren Veröffentlichungen ist indessen ersichtlich geworden, daß Frankreich, um uns nicht „hinter dem Wandschirm der Kriegsgefahr“ einen Vorsprung zu lassen, weitgehende Maßregeln bereits zu einem Zeitpunkt getroffen hat, wo der Zustand der Kriegsgefahr bei uns noch nicht verkündet, vielmehr nur der Hinweis an Frankreich erfolgt war, daß uns dessen Vorbereitungen, wenn sie weiter gingen, dazu veranlassen müßten.

Die Dinge nahmen nun einen stürmischen und verhängnisvollen Lauf. In dem aufrichtigen Bestreben, nichts unversucht zu lassen, um den schon bedrohten Frieden zu retten, hatte die deutsche Regierung in Wien dringend geraten, den Weg zu einer Verständigung mit Rußland zu betreten, und dies Ziel, nicht ohne Mühe, erreicht. Ferner hatten wir unsere grundsätzliche Zustimmung zu dem Vorschlag Sir Edward Greys einer gemeinsam mit England, Italien und Frankreich zu unternehmenden Vermittlungsaktion ausgesprochen, auch

174

erklärt, daß uns die serbische Antwortnote als Grundlage zu
Unterhandlungen geeignet erscheine. Das hinderte Herrn
Viviani nicht, in einem Rundschreiben an die französischen
Botschafter zu erklären, die Haltung Deutschlands dränge die
Überzeugung auf, daß es die Demütigung Rußlands, die
Sprengung des Dreiverbandes und, wenn das nicht zu erreichen
sei, den Krieg beabsichtige. Unsere Bemühungen, Wien und
St. Petersburg sich nähern zu lassen, waren noch im Gange
und schienen nicht aussichtslos, als die russische Regierung der
Teilmobilmachung gegen Österreich-Ungarn die gegen uns ge-
richtete Gesamtmobilmachung von Armee und Flotte folgen
ließ, trotz der eindringlichsten Vorstellungen unseres Botschafters
in St. Petersburg, ungeachtet der wiederholten ergreifenden
Appelle des Kaisers an die Freundschaft, die Weisheit und
die Friedensliebe des Zaren, trotz des Versuches des Zaren,
die Mobilmachung noch aufzuhalten, überdies noch nach einem
frevelhaften Spiel der russischen Machthaber mit Ehrenworten.
Anders wie die unserige war die Haltung der Pariser
Regierung: Von hier keinerlei nachdrückliche Vorstellung in
St. Petersburg, kein Telegramm des Präsidenten an den
Zaren, nur, nachdem das Unheil bereits im Gang, ein ver-
späteter und verdächtiger Rat, Deutschland keinen „Vorwand"
zur Mobilmachung seinerseits zu geben. Dagegen die frühzeitige und wiederholte Zusicherung an Rußland, daß es, außer
auf die diplomatische Unterstützung Frankreichs, auf die Erfüllung aller aus dem Bündnis fließenden Verpflichtungen
zählen könne. Im übrigen noch ein Schreiben des Präsidenten
Poincaré an den König von England zu dem durchsichtigen
Zweck, England zum Heraustreten aus seiner vorsichtig zögern-
den Haltung zu bewegen.

Am 31. Juli erhielt ich den Auftrag, dem französischen
Ministerpräsidenten zu eröffnen, die Mobilmachung Rußlands

175

habe uns veranlaßt, den „Zustand drohender Kriegsgefahr" zu verkünden, dem die Mobilmachung folgen müßte, falls nicht Rußland binnen 12 Stunden alle seine Kriegsmaßnahmen gegen uns einstellte. Die Mobilmachung bedeute unvermeidlich den Krieg, ich solle daher fragen, ob Frankreich in einem deutsch-russischen Kriege neutral bleiben wolle. Die Antwort hatte binnen 18 Stunden zu erfolgen. Die Instruktion besagte weiter, falls Frankreich, was unwahrscheinlich, die Neutralität zusagen sollte, sei eine Bürgschaft in der Form zu geben, daß uns das Recht der Besetzung der Festungen Toul und Verdun für die Dauer des Krieges mit Rußland eingeräumt werde. In der Unterredung, die ich noch am Abend des 31. Juli mit Herrn Viviani hatte, gab er zu meiner Überraschung vor, keinerlei Nachricht von einer gegen uns gerichteten russischen Gesamt-mobilmachung zu haben, er wisse nur von einer Teilmobil-machung gegen Österreich-Ungarn und von allgemeinen Vor-sichtsmaßregeln. Er wolle die Hoffnung auf Vermeidung des Äußersten noch nicht aufgeben. Auf meinen Hinweis, daß nicht nur die gesamte russische Armee, sondern auch die Flotte mobil gemacht sei, ein deutlicher Beweis, daß sich die Maßregel gegen uns richte, wußte Herr Viviani nichts zu entgegnen. Die Ant-wort auf die Frage der Neutralität stellte er für den nächsten Mittag, nach dem Ministerrat, in Aussicht. Die Unkenntnis der russischen Gesamtmobilmachung erscheint angesichts der Tatsache, daß sie bereits am frühen Morgen des Tages in St. Petersburg allgemein verkündet, am Abend zuvor ange-ordnet und zweifellos schon früher beschlossen war, ferner in Anbetracht des engen Bündnisverhältnisses, endlich des Um-standes, daß der Ministerpräsident soeben von St. Petersburg zurückkam, daher über die dortigen Absichten nicht im unklaren gewesen sein dürfte, höchst auffallend. Will man nicht an-nehmen, daß er wider besseres Wissen aussagte, so bleibt nur

176

die Vermutung, daß er von den russischen Machthabern in ähnlicher Weise getäuscht wurde, wie diese es gegenüber unseren Vertretern in St. Petersburg versucht haben. Andererseits steht aber fest, daß dem französischen Botschafter in St. Petersburg — er bestätigt es selbst in seinen Veröffentlichungen — der Entschluß zur Gesamtmobilmachung bereits am Abend des 29. Juli seitens der russischen Regierung besonders mitgeteilt worden ist. Daß die russische Mobilmachung gleichbedeutend mit Krieg war, darüber konnte man in Paris um so weniger im unklaren sein, als dies ein schon bei Abschluß der Allianz betonter Grundsatz war. Noch in der Nacht depeschierte Herr Viviani nach St. Petersburg, er gedenke meine Anfrage wegen der Neutralität lediglich dahin zu beantworten, daß Frankreich sich von seinen Interessen bestimmen lassen werde. Frankreich sei nur seinem Verbündeten Rechenschaft über sein Handeln schuldig. Wenn in den französischen amtlichen Veröffentlichungen die Unterredung so wiedergegeben wird, daß meine Frage sich nur auf „Frankreichs Haltung" erstreckt habe, so ist dies irreführend. Tatsächlich habe ich ausgeführt, unsere Entschlüsse hingen nun, nach der russischen Mobilmachung und unserem Ultimatum an Rußland, das wohl nicht angenommen werde, wesentlich von dem Verhalten Frankreichs ab, über das ich daher um eine Äußerung bitte. Wolle Frankreich sich zu neutraler Haltung entschließen, so seien auch wir dazu bereit, das Nähere könne dann besprochen werden. Die Bürgschaft durch Übergabe der Festungen habe ich selbstverständlich in keiner Weise berührt, da sie nur im Falle einer zusagenden französischen Antwort in Betracht kommen konnte. Die Antwort erfolgte am nächsten Tage, 1. August, vor Ablauf der Frist und lautete: „Frankreich wird das tun, was seine Interessen ihm gebieten." Zu einer Erläuterung ließ sich Herr Viviani nicht bewegen. Dagegen äußerte er, anscheinend

zur Begründung der Unbestimmtheit der Antwort, er habe Anlaß, die allgemeine Lage als verändert und nicht unwesentlich
erleichtert anzusehen. Ein neuer Vorschlag Sir Edward Greys
über allseitigen Einhalt in den kriegerischen Vorbereitungen und
Handlungen sei von Rußland im Prinzip angenommen, und
Österreich-Ungarn habe nochmals nachdrücklich erklärt, daß es
das serbische Territorium und die serbische Souveränität nicht
antasten werde. Dies lasse die bereits verloren geglaubte Hoffnung auf friedlichen Austrag wieder aufleben. Von diesem
neuen Vorschlag war mir bis dahin von Berlin nichts mitgeteilt worden, ich war daher nicht in der Lage, mich sachlich
zu äußern. Daß die Antwort auf die Frage wegen Neutralität
trotz ihrer Unbestimmtheit als eine abweisende zu betrachten
war, erschien mir keinen Augenblick zweifelhaft, auch habe ich
Herrn Viviani, ohne Widerspruch zu begegnen, sogleich gesagt,
daß ich sie, wie aller Voraussicht nach auch meine Regierung,
als eine verneinende auffasse. Damit war die Festungsfrage
gegenstandslos geworden. Es liegt auf der Hand, daß ihr
Gedanke kein glücklicher war. Vom rein militärischen Standpunkt aus mag die Forderung von Bürgschaft für neutrales
Verhalten richtig sein, vom politischen war sie verfehlt. Die
Lage war die, daß uns die Neutralität Frankreichs von so
hohem Nutzen gewesen wäre, daß wir eher Anlaß gehabt hätten,
für ihre Einhaltung etwas zu bieten als etwas zu fordern.
Im übrigen zeugte die Forderung von Mangel zutreffender
Beurteilung des französischen nationalen Denkens. Wären
die Franzosen auch nur berührungsweise auf das Neu-
tralitätsangebot eingegangen, so würde das Verlangen nach
Preisgabe der wichtigsten Festungen jede Verständigung im
Keime erstickt haben. Der Mißgriff dürfte nur so zu erklären
sein, daß das Verlangen der Bürgschaft in solcher Form der
Leitung unserer auswärtigen Politik von nicht politisch ge-

178

schulter Seite nahegelegt und nur deshalb nicht abgewiesen wurde, weil mit Sicherheit anzunehmen war, daß das Verhalten Frankreichs die Frage gegenstandslos machen werde, wie es auch tatsächlich der Fall gewesen. Den Franzosen ist es nach jahrelangem Bemühen gelungen, die telegraphische Instruktion wegen der Festungsübergabe zu entziffern, und sie haben diese Entdeckung als einen weiteren Beweis für unseren Kriegswillen ausgebeutet. Diese Deutung erscheint als gänzlich willkürlich. Der Gedanke der Festungsauslieferung entsprang nicht dem Willen, unter allen Umständen den Bruch herbeizuführen, sondern einer irrigen Rechnung.

Am gleichen Tage wie die Antwort über Frankreichs Haltung erfolgte um 3 Uhr 40 Minuten Pariser Zeit die Anordnung der französischen Mobilmachung, zwanzig Minuten vor der deutschen. Die genaue Angabe der Stunde erscheint deshalb von Wichtigkeit, weil von französischer Seite behauptet wird, die französische Mobilmachung sei die Folge der unserigen gewesen. Unmittelbar darauf suchte ich den Ministerpräsidenten erneut auf, um noch einen Versuch zur Erlangung einer bestimmteren Äußerung zu machen, hatte jedoch keinen Erfolg. Er könne, sagte Herr Viviani, von der mir am Mittag ausgesprochenen Formel nicht abgehen. Bezüglich der soeben verfügten Mobilmachung äußerte er, sie bedeute keineswegs aggressive Absichten, was auch in einer Proklamation betont werden würde. Es bleibe also noch immer Raum für Fortsetzung vermittelnder Verhandlungen auf Grund von Sir Edward Greys jüngstem Vorschlag, dem Frankreich zugestimmt habe und den es warm befürworte. Gegen Zusammenstöße an der Grenze sei französischerseits durch Anordnung einer Zone von zehn Kilometer Abstand Vorsorge getroffen.

Aus den amtlichen französischen Veröffentlichungen über die kritischen Tage vor Kriegsausbruch ist ersichtlich, daß Herr Viviani darüber etwas beunruhigt war, daß ich nach der

179

Abweisung der Neutralität die Möglichkeit meiner Abreise an-
gedeutet hatte. Er glaubte diese leise Berührung als einen Beweis dafür ansprechen zu dürfen, daß wir unter allen Umständen
zu Bruch und Krieg entschlossen waren. Auch wurde behauptet,
ich hätte bereits das Botschaftsarchiv in Sicherheit bringen
lassen. Diese Auslegung ist gänzlich verfehlt und entsprang
wie manche andere Entstellungen dem hartnäckigen französischen
Bestreben, uns im Lichte der Öffentlichkeit mit dem Odium des
Friedensbruches zu beladen. Herr Viviani übersieht, daß meine
Andeutung den Umstand im Auge hatte, daß die feindselige
Stimmung der Pariser Bevölkerung, die mich bereits genötigt
hatte, die Mitglieder der Botschaft und des Generalkonsulats
mit Familien sowie andere bedrängte Landsleute in der Botschaft aufzunehmen, jeden Augenblick solche Formen annehmen
konnte, daß eine überstürzte Abreise geboten war. Die Behauptung, daß das Botschaftsarchiv in Sicherheit gebracht sei,
entbehrte jeder Begründung.

Die Stimmung der französischen Bevölkerung war bis zur
Stunde der Mobilmachung eine hochgespannte, aber im Verhältnis zu dem erregbaren Temperament im allgemeinen eine
ziemlich ruhige. Gereiztes feindseliges Verhalten gegen Deutsche
kam vor, von größeren Ausschreitungen wurde nichts bekannt.
Die Sprache der Presse war unter dem Einfluß der Regierung
und dank auch meinen Bemühungen im allgemeinen maßvoll.
Vielfach kam bei ihr die Zuversicht zum Ausdruck, daß angesichts des engen Zusammenhaltens der Ententemächte Deutschland es nicht wagen werde, bis zum äußersten zu gehen. Auch
wurde dem neuen Vermittelungsvorschlag Greys hoffnungsvolle
Bedeutung beigelegt. Unter der Hand waren ansehnliche Kräfte
tätig, um auf Volk und Regierung beschwichtigend zu wirken,
so vor allem mit Nachdruck der einflußreiche Sozialistenführer
und begeisterte Vorkämpfer des Völkerfriedens Jaurès. Die

180

emsige Tätigkeit dieses bedeutenden Mannes, der wie kein anderer
in das russisch-französische Intrigenspiel seit Jahren eingedrungen
war und den Mut hatte, es zu brandmarken, sich auch nicht
scheute, den russischen Botschafter Iswolski als den Anstifter
des Krieges zu bezeichnen, fand am Tage der Mobilmachung
ein jähes Ende durch Mörderhand. Die Bluttat ist jahrelang unaufgeklärt und ungesühnt geblieben, allem Anschein
nach deshalb, weil die Gerichtsverhandlung Dinge zutage zu
bringen drohte, welche die Union sacrée, den Burgfrieden erschüttern und die Volksleidenschaften in eine den Machthabern
feindliche Wallung bringen mußten. Die Vox populi hatte sogleich die Nationalisten als diejenigen bezeichnet, welche dem
Mörder die Waffe in die Hand gedrückt hätten, wenn nicht
materiell, so doch bildlich.

Noch in der Nacht des gleichen Tages traf die bedeutungs-
volle Nachricht ein, daß wir die russische Herausforderung mit
Kriegserklärung beantwortet hatten, nun schwand die Hoffnung
auf Vermeidung des Äußersten dahin, für Frankreich war der
Casus foederis ohne Rückhalt gegeben. Wäre dies nicht der
Fall gewesen, so hätte vielleicht der Mord an Jaurès die
Wirkung einer Volksbewegung gehabt, welche der Regierung
zur Zurückhaltung Anlaß gegeben hätte. Nun war es jedem
Auge sichtbar, daß wir das Zeichen zum blutigen Auskämpfen
des Streites gegeben hatten, daß die Ausdehnung des Krieges
auch auf Frankreich und Deutschland unvermeidlich geworden.
Die Erregung der öffentlichen Meinung wurde nun in diese
Richtung gelenkt, die Nationalisten hatten leichtes Spiel, sie
darin zu bestärken. Von Stunde an entlud sich die Spannung
in heftiger Erbitterung gegen uns, in erster Linie gegen den
Kaiser, der das Machtwort der Kriegsentfesselung gesprochen
habe. Um so mehr schäumte die Wut gegen den Kaiser auf,
als nicht wenige Franzosen sich in dem Gedanken gefallen

hatten, ihn als einen starken Hort des Friedens zu verehren und sich nun in einer Weise getäuscht sahen, die ihrer Eigenliebe unerträglich schien. Nun kam es zu zahlreichen Ausbrüchen des Hasses gegen alles, was deutsch war oder deutsch schien, sowie zu empörenden Gewalttaten.

Am folgenden Tage, dem 3. August, hatte ich noch eine Unterredung mit dem Ministerpräsidenten, der den Ernst der Lage nicht verhehlte, aber immer noch eine gewisse Zuversicht an den Tag legte, daß Greys Vorschlag sie noch zu retten vermöge. Die Ereignisse gingen jedoch bereits ihren nicht aufzuhaltenden Gang. Ich hatte unseren Einmarsch in Luxemburg mit der Erklärung mitzuteilen gehabt, daß er nicht feindselige Handlungen, sondern Schutzmaßregeln zur Sicherung der unter deutscher Verwaltung stehenden Eisenbahnen bedeute. Am Abend erhielt ich eine Mitteilung der französischen Regierung, worin Einspruch gegen einzelne deutsche Grenzüberschreitungen und feindselige Handlungen erhoben wurde, bei denen Blut geflossen war. Diese Vorkommnisse, anscheinend unbesonnene Unternehmungen kleiner deutscher Erkundungsabteilungen, wurden in der französischen Presse mit den üblichen aufhetzenden Übertreibungen als ernste Feindseligkeiten, die wir ohne Kriegserklärung begonnen hätten, bekanntgegeben und steigerten die Erregung des Volkes zur Fieberhitze, von der zahlreiche Mißhandlungen von Deutschen Zeugnis gaben. Auch gegen die Botschaft richteten sich lärmende Kundgebungen, die jedoch unterdrückt werden konnten.

Am Nachmittag des 3. August, in den Stunden der höchsten Spannung, traf ein Telegramm in Ziffern mit der Unterschrift des Reichskanzlers ein, ein Zeichen, daß es sich um eine besonders wichtige Sache handelte. Ich war nicht im Zweifel, daß es das entscheidende Wort enthielt. Nun trat die überaus peinliche Lage ein, daß das Telegramm sich als derart

182

verstümmelt erwies, daß trotz angestrengter Bemühungen nur Bruchstücke zu entziffern waren. Immerhin war so viel zu entnehmen, daß französische Luftangriffe auf Nürnberg, Karlsruhe, Wesel stattgefunden hätten, daß ich um 6 Uhr meine Pässe fordern, den Schutz der Deutschen dem amerikanischen Botschafter übergeben und abreisen solle. Zu einer Rückfrage wegen des nicht lesbaren Teiles blieb keine Zeit. Da mir auch auf anderem Wege bekanntgeworden war, daß wir uns durch einen französischen Fliegerangriff auf Nürnberg zur Kriegserklärung veranlaßt sahen, mußte ich mich entschließen, das wenige, was aus dem Telegramm deutlich zu entnehmen war, zur Begründung der Kriegserklärung zu benützen. Der nicht lesbare Teil des Telegramms betraf, wie ich später erfuhr, nicht unerhebliche französische Feindseligkeiten an der elsässischen Grenze, welche von geschlossenen Truppenabteilungen, trotz der zugesagten Zehnkilometerzone, überschritten worden war. Erst geraume Zeit, nachdem der Krieg bereits im Gang war, hat sich ergeben, daß die Angaben von französischen Fliegerangriffen auf verhängnisvollen Irrtümern beruhten. Sie scheinen lediglich Erzeugnisse hocherregter Phantasien gewesen zu sein. Wie es kommen konnte, daß solchen irrigen Meldungen bei unseren leitenden Stellen das Gewicht von Tatsachen, und zwar von so bedeutungsvollen Tatsachen beigelegt werden konnte, daß sie zur Begründung einer Kriegserklärung herbeigezogen wurden, ist unerfindlich. Was die Grenzüberschreitungen französischer Truppenteile betrifft, die ich infolge äußerer Umstände in meiner letzten Mitteilung an die französische Regierung übergehen mußte, so sind sie unsererseits so einwandfrei festgestellt, daß französische Ableugnungen sie nicht ungeschehen machen. Ein widriges Geschick hatte mich aber gezwungen, mich auf Angaben zu beschränken, die den Franzosen reichlich Stoff zu der Behauptung geliefert haben, daß wir den Angriff mit lügenhaften Vorwänden begründet hätten. Nicht allein die Presse, sondern auch die Minister und mit besonderem Nach- druck der Präsident Poincaré haben sich mit Vorliebe dieses wirkungsvollen Mittels zur Behauptung unseres unprovozierten Angriffes bedient.

Der Ministerpräsident Viviani, dem ich die Kriegserklärung zunächst mündlich überbrachte, um sie schriftlich alsbald folgen zu lassen, nahm sie ohne jegliches Zeichen innerer Erregung, gewissermaßen als etwas Selbstverständliches, entgegen. Aber die Begründung wies er mit aller Entschiedenheit zurück. Es sei ausgeschlossen, sagte er sogleich, daß irgendeiner der be- haupteten Fliegerangriffe tatsächlich stattgefunden hätte. Ich hatte nicht unterlassen, ihm noch ausdrücklich zu bemerken, daß ein wesentlicher Teil des mir zugegangenen Auftrages infolge starker Verstümmelung nicht zu entziffern war und, wie an- zunehmen, noch anderweitige französische Feindseligkeiten betraf. Ich hatte Anlaß, diese letzte Gelegenheit noch zu einer Be- schwerde zu benützen. Als ich mich zum Ministerium begab, war in der Straße vor der Botschaft ein Mann auf das Tritt- brett meines Kraftwagens gesprungen und mit drohenden Ge- bärden und heftigen Worten eingedrungen, ein zweiter war ihm sogleich gefolgt. Da ich ohne Begleitung war, mußte ich die Hilfe der an der Straßenecke stehenden Polizeileute an- rufen, um mich der Eindringlinge zu entledigen. Da drängten sich drei andere Männer in den Wagen und auf den Führersitz. Sie gaben sich aber durch das geflüsterte Wort „service" als Geheimpolizisten zu erkennen. Sie sind dann bis zu dem Augen- blick des Einsteigens in den Bahnzug, mit gespanntem Revolver, an meiner Seite geblieben und haben sich einwandfrei benommen. Herr Viviani sprach mir in gebührender Weise sein Bedauern über den Vorfall aus. Ich sehe mich veranlaßt, das un- bedeutende Vorkommnis deshalb zu betonen, weil es von der

184

Parisser Presse völlig verzerrt in der Weise wiedergegeben
worden ist, ich sei in den letzten kritischen Tagen auffallend
häufig, bis zu fünfzehnmal an einem Tage, durch die Straßen
gefahren, zweifellos in der Absicht, mich persönlich einer tät-
lichen Beleidigung auszusetzen und darin einen Vorwand für
Abbruch der Beziehungen, um den ich verlegen gewesen sei,
zu finden. Die einfache Wahrheit ist die, daß ich in jenen
schweren Tagen das Botschaftsgebäude nicht anders verlassen
hatte, als behufs meiner Besuche beim Ministerpräsidenten.
Dagegen ist mein Wagen, leer oder mit einem der Botschaftsmitglieder besetzt, öfters ausgefahren, um bedrängte Landsleute
in die schützenden Mauern der Botschaft zu bringen, oder um
Lebensmittel für die zahlreichen sonstigen deutschen Flüchtlinge
herbeizuschaffen, denen ich Unterkunft gegeben hatte. Kein
geringerer als der Präsident Poincaré hat sich dazu verleiten
lassen, sich die ebenso alberne wie gehässige Erfindung von
meinen Provokationen anzueignen und sie wiederholt, einmal
in einer feierlichen Rede am Nationalfesttag, den 14. Juli 1915,
einem gewählten Zuhörerkreis vorzutragen, ein zweites Mal,
lange nach dem Kriege, in einer Vorlesung über den Ursprung
des Krieges, hier noch mit allerlei Ausschmückungen. Es hat
eines öffentlichen persönlichen Appells meinerseits bedurft, um
einen Widerruf zu erreichen. Auch Herr Viviani hat sich
im Erzählen solcher Märchen gefallen. Die französische Presse
hat ferner zu berichten gewußt — immer wieder die üblichen Indiskretionen —, ich sei bei meiner letzten Unterredung
sichtlich bewegt gewesen, und wieder hat Herr Poincaré, ebenfalls in dem erwähnten Vortrag, zu sagen sich nicht gescheut,
es sei der Ausdruck der Verlegenheit über die Unwahrheit der
Fliegerangriffe gewesen. Ich gebe gern zu, daß ich bei Abgabe
der Kriegserklärung nicht eine gleichgültige Miene zur Schau
getragen habe, selbstverständlich nicht aus Scham über die Un-

185

wahrheit, die mir damals nicht ersichtlich sein konnte, sondern
in dem Gefühle, daß ich eine Last von furchtbarer Schwere zu
tragen hatte, und ich nehme gern davon Abstand, Herrn Viviani
um die eiskalte Ruhe, die er bewahrte, zu beneiden. Die Ver-
abschiedung war, den Umständen entsprechend, ernst, vollzog
sich aber in den Formen vollkommener Höflichkeit. Nachdem
ich noch die in Frankreich zurückbleibenden Deutschen, von denen
Tausende obdachlos geworden, der Menschlichkeit Herrn Vivianis
dringend anempfohlen und die Zusage sofortiger Fürsorge erhalten, dann noch meine Abreise besprochen hatte, konnte ich
ihm als letztes Wort sagen, ich sei mir bewußt, auf die Herstellung guter Beziehungen mit Frankreich mit aufrichtigem
Ernst bedacht gewesen zu sein und alles in meinen Kräften
Stehende getan zu haben, um eine so unheilvolle Wendung,
wie sie nun eingetreten, zu verhüten. Ich betrachtete den jetzt
anhebenden Krieg als das größte Unglück, das die gesittete
Menschheit treffen konnte.

Ernste Sorge hat die Frage bereitet, in welcher Weise die
zahlreichen Deutschen in Frankreich vor traurigen Geschicken
zu bewahren seien. Ihre Zahl mochte, abgesehen von zufällig
Anwesenden, in Frankreich etwa 150 000, in Paris allein 80 000
betragen. Es lag Grund zu der Annahme vor, daß die französische Regierung im Kriegsfalle die Deutschen nicht, wie im
Jahre 1870, ausweisen, vielmehr festhalten werde, vor allem
die Wehrfähigen. Da mit Eintritt einer Mobilmachung die
vollständige Sperrung des Reiseverkehrs nach außen zu erwarten
war, so mußte sich die Fürsorge für die Deutschen seitens der
amtlichen Vertretung darauf richten, sie rechtzeitig zur Abreise
zu bewegen und ihnen dabei behilflich zu sein. Es kam daher
zunächst eine Warnung vor den drohenden Gefahren in Betracht.
Hier ergaben sich sogleich erhebliche Schwierigkeiten mehrfacher
Art. Zunächst der Zeitpunkt. Solange die Bemühungen um

186

Erhaltung des Friedens im Gange und nicht ganz aussichtslos waren — und sie sind bis in die letzten Tage fortgesetzt worden —, erschien eine öffentliche Warnung nicht tunlich, einmal deshalb, weil sie viele Deutsche, wohl die meisten, aus lohnenden Stellungen und mühsam aufgebauten Existenzen herausgerissen haben würde, und in dem Falle, daß das Äußerste vermieden wurde, zu Beschwerden und zu Regreßansprüchen Anlaß geben konnte, sodann, und mit größerem Gewicht, deshalb, weil eine solche Maßregel überaus alarmierend gewirkt haben müßte und von den Franzosen sicher als ein Beweis für deutschen Kriegswillen gedeutet worden wäre. Hat doch allein schon der Umstand, daß ich in der Stille einige Reisevorbereitungen für mich und die Botschaftsmitglieder traf, nicht allein der Presse, sondern auch der französischen Regierung zum Anlaß für die gewagte Behauptung genügt, daß ich den Krieg als unvermeidlich betrachtete, eben deshalb, „weil wir ihn wollten". Unter diesen Umständen konnten nur stille, vorsichtige Warnungen in Frage kommen. Aber auch hier entstand eine Schwierigkeit aus dem Umstande, daß die überwiegende Mehrzahl der Landsleute der Botschaft und den Konsulaten nicht erreichbar oder nicht bekannt war. Nur verhältnismäßig wenige pflegten in ruhigen Zeiten mit den amtlichen Vertretungen Verbindung zu suchen, ein Zwang in dieser Beziehung bestand nach Lage unserer Gesetzgebung nicht. Trotzdem ist nichts unversucht geblieben, um die Warnungen rechtzeitig und in tunlichst weitem Umfange ergehen zu lassen. An die Konsulate in den Hafenstädten erfolgte frühzeitig die Weisung zur Warnung deutscher Schiffsführer. Den bei der Botschaft und den Konsulaten anfragenden Landsleuten wurde, sobald der Ernst der Verwicklung erkennbar geworden, bedeutet, die Lage sei, wenn auch noch nicht verzweifelt, so doch ernst, diejenigen, die sich in unabhängiger Stellung befänden, täten gut, unauffällig abzureisen.

187

Wenige Tage darauf wurde die Abreise allgemein dringend angeraten. Gleichzeitig mit der Anordnung der französischen Mobilmachung wurde eine Verfügung des Präsidenten der Republik veröffentlicht, welche den Deutschen eine nur eintägige Frist zum Verlassen des Landes ließ, nach Ablauf derselben würden sie interniert werden. Es ist übrigens bezeichnend, daß in dieser Verfügung auch die Österreicher und Ungarn, nicht auch die Italiener genannt wurden, ein Anzeichen, daß man, wie überhaupt auf den Krieg, so auf einen solchen unter denjenigen Mächten rechnete, die tatsächlich alsbald in denselben eintraten. An einzelnen Stellen ist diese Verfügung versehentlich vor dem Termin herausgegeben worden, woraus ersichtlich ist, daß die französische Regierung längst weitgehende Vorbereitungen getroffen hatte, als sie sich noch den Anschein gab, von den Ereignissen völlig überrascht worden zu sein. Nach Bekanntgabe jener Verfügung mußte sich die Fürsorge für die Landsleute auf Gewährung von Reisemitteln und Beschaffung von Reisegelegenheit richten, beides schwierige Punkte, weil genügende Geldmittel nicht mehr zu beschaffen und nur wenige Züge nach Belgien und der Schweiz benutzbar waren. Doch ist es den äußersten Anstrengungen gelungen, auch diese Hindernisse zu überwinden. Vielen Tausenden von Landsleuten, vor allem Wehrpflichtigen, konnte auf diese Weise zur Heimreise verholfen, die Notlage Zurückbleibender einigermaßen gemildert werden. Einer nicht geringen Anzahl obdachlos gewordener Deutschen konnte notdürftige Unterkunft in der Botschaft gewährt werden, bis am Abend des 3. August mit Abbruch der Beziehungen jede amtliche Tätigkeit ihr jähes Ende fand. Das einzige, was ich noch für die bedrängten Landsleute tun konnte, war, den Ministerpräsidenten persönlich um Fürsorge zu bitten und den weiteren Schutz dem amerikanischen Botschafter anzuvertrauen, der ihn gern übernahm.

188

Nicht wenige Deutsche haben der ihnen zugegangenen Warnung nicht den gebührenden Ernst beigemessen, die Abreise nicht für dringlich erachtet oder sich bei umfangreichen Vorbereitungen aufgehalten und damit die Zeit versäumt, wo die Reise noch möglich war. Sie sind von der am Abend des 2. August eintretenden Sperrung des Bahnverkehrs überrascht worden und mußten in Frankreich zurückbleiben, wo sie gegen alles Recht und jede Menschlichkeit und entgegen den ausdrücklichen Versprechungen der französischen Regierung als Gefangene weit über den Zeitpunkt hinaus behandelt wurden, wo der wieder eröffnete Bahnverkehr ihre Heimreise ermöglicht hätte. Die Härte ihres beklagenswerten Loses ist in der überwiegenden Zahl der Fälle durch eine überaus gehässige und erniedrigende Behandlung verstärkt worden. Daß bei dieser Sachlage die in Frankreich willkürlich Zurückgehaltenen und ihre verzweifelten Angehörigen sich hie und da in Äußerungen des Unmutes und in Klagen über vermeintlich ungenügende Fürsorge seitens der amtlichen Vertretung ergangen hatten, ist verständlich und entschuldbar. Daß sich aber Unbeteiligte gefunden haben, die, vermutlich angesteckt von der verbreiteten Neigung zur Herabsetzung der Vertreter im Ausland, ohne nähere Kenntnis und Prüfung, öffentlich Anklagen wegen mangelnder Fürsorge erhoben haben, ist eine tief betrübende Erscheinung.

Die Abreise von Paris erfolgte noch am späten Abend des Tages der Kriegserklärung in aller Stille unter Benützung eines entlegenen Nebenbahnhofes und verlief ohne Störung. Ein eigentümliches Licht auf die von Herrn Viviani vorgebrachten Besorgnisse wegen meiner Reisevorbereitungen wirft die Tatsache, daß der für mich und meine Begleiter bestimmte Sonderzug längst bereit stand, bevor ich um Abbeförderung gebeten hatte. Wohin die Reise zunächst ging, war mir nicht bekannt. Ich hatte selbstverständlich gebeten, auf dem kürzesten

189

Wege, etwa in der Richtung Straßburg, nach der deutschen Grenze gebracht zu werden, doch war mir entgegengehalten worden, die Strecke sei durch deutsche militärische Maßnahmen bereits gesperrt, man werde einen anderen gangbaren Weg einschlagen müssen. Eine Begleitung war mir nicht mitgegeben, die Schaffner erklärten, nicht zu wissen, welche Strecke befahren würde. Es ergab sich sodann, daß der Zug auf die Linie durch Belgien nach Köln geleitet wurde. Indessen wurde mir an der belgischen Grenze bedeutet, der Zug könne nicht nach Köln weitergeleitet werden, da Tunnels und Brücken gesprengt seien. Ich war ohne jegliche Kenntnis unseres in jener Nacht bereits erfolgten Bruches mit Belgien oder auch nur der Absicht eines solchen. Selbst als Staatssekretär war mir von militärischer Seite niemals ein Wort über derartige Pläne gesagt worden, obwohl diese zweifellos schon lange bestanden. Mir war, im Gegenteil, nur das bekannt, daß die belgische Neutralität, unter deren Bürgen sich auch Deutschland befand, als etwas Un= antastbares galt und daß in Brüssel wiederholt Versicherungen in diesem Sinne gegeben waren. Auch hatte mir der Militär= attaché der Botschaft, ein Generalstabsoffizier, der früher in Brüssel tätig gewesen, die beruhigende Versicherung gegeben, wenn etwa ein Durchmarsch durch Belgien in Frage kommen sollte, so würde dies erst zu einem späteren Zeitpunkt der Fall sein. So wie die Dinge jetzt sich gestaltet hatten, lief ich Gefahr, mit den zahlreichen mich begleitenden Personen, darunter nicht wenigen Offizieren, in Belgien, mit dem wir uns nun im Kriegs= zustande befanden, festgenommen zu werden, wenn nicht Schlim= meres zu erfahren. Daß dies nicht geschehen, ist vielleicht lediglich dem Umstand zu verdanken, daß die Reise durch Belgien sich in der Nacht vollzog. Nicht ohne Schwierigkeiten gelang es schließlich, den Zug über Brüssel und Antwerpen und dann durch Holland zur deutschen Grenze zu bringen, die bei Goch erreicht wurde.

190

Es erscheint nicht unangebracht, hier einen Rückblick auf mehrere Punkte des soeben Erlebten zu werfen, die für das Urteil über Erfolg und Mißerfolg diplomatischer Tätigkeit von erheblichem Belang sind. Die Tatsache, daß ich ohne jegliche Kenntnis der Vorgänge war, als ich auf meiner Reise nach dem durch uns bereits in Kriegszustand versetzten Belgien geriet, ist ein Schulbeispiel zur Belehrung derjenigen, welche abfällige Urteile über die diplomatischen Vertreter auf höheren Posten in der Annahme zu fällen lieben, daß diese die Zügel der großen Politik in der Hand halten. Dieser Glaube ist, wie mein Fall drastisch zeigt, irrig. Das Beispiel beweist, daß nicht nur dem Wirkungsfelde, sondern auch dem Gesichtskreise des Vertreters so enge Grenzen gezogen sind, daß er über Vorgänge nicht unterrichtet ist, welche einem Umsturz des politischen Gebäudes gleichkommen. Es beweist zugleich, daß die Leitung der Politik zum Betreten unheilvoller Wege nicht aus eigenem Entschluß, sondern unter dem starken Druck anderer Gewalten gelangen kann. Diesen fällt damit die Verantwortung zu.

Nicht minder lehrreich ist der Fall des Verlangens von Bürgschaft für Frankreichs Neutralität durch Herausgabe wichtiger Festungen. Ein Versuch mit gänzlich untauglichen Mitteln. Wäre ich in die Lage gekommen, jenes Verlangen, wie mir aufgetragen, zu stellen, so wäre dies der größte Fehler gewesen, den ich, wenn auch ohne eigene Schuld, hätte begehen können, der Krieg mit Frankreich, dem wir ausweichen wollten, wäre dann sicher unvermeidlich geworden. Die Schuld an dem Fehlgriff wird dadurch nicht gemindert, daß die Voraussetzungen für sein Begehen nicht eintraten. Der etwaige Einwand, daß ich berechtigt gewesen wäre, ernste Bedenken geltend zu machen, ja mich nötigenfalls der Ausführung des Auftrages zu weigern, mag in der Theorie zulässig sein, in der Praxis ist er hinfällig. Für Geltendmachung von Bedenken wäre keine Zeit geblieben,

191

eine Weigerung meinerseits hätte meine sofortige Abberufung zur Folge gehabt, diese den Bruch, der Bruch den Krieg.

Eine höchst beklagenswerte Verirrung aber bedeutet die Tatsache, daß ich in die Zwangslage versetzt wurde, die Kriegserklärung an Frankreich mit Angaben über Luftangriffe zu begründen, deren Haltlosigkeit von französischer Seite sogleich zu erkennen war. Mögen militärische Gründe es noch so erwünscht haben erscheinen lassen, den Augenblick zu nützen und die Franzosen mit der Eröffnung der Feindseligkeiten zu belasten, so war doch der zu unternehmende Schritt zu folgenschwer, um nicht eine sorgsame Prüfung seiner Unterlagen zu erfordern. Selbst dann aber, wenn die behaupteten feindseligen Handlungen alle tatsächlich gewesen wären, so war es doch gewagt, ihnen die Bedeutung einer kriegerischen Angriffsbewegung beizulegen, ebensowenig, wie dies hinsichtlich der auf unserer Seite vorgekommenen Unbesonnenheiten einzelner Heißsporne gerechtfertigt gewesen wäre. Die sonst so rasch entschlossenen Franzosen sind klug genug gewesen, diese vereinzelten Vorkommnisse nicht zum Anlaß der Kriegserklärung zu nehmen und uns das Odium des Angriffes zu überlassen. Im übrigen mag es fraglich erscheinen, ob nicht die Ablehnung unseres Neutralitätsangebots, mit der Frankreich bekundete, daß es in dem Krieg zwischen uns und Rußland auf seiten seines Verbündeten stehen werde, vollauf genügte, um unseren Bruch auch mit Frankreich zu rechtfertigen. Welcher Stelle bei uns auch die Verantwortung für den Fehlgriff zukommen möge, sie ist mit der Schuld belastet, unseren Gegnern ein überaus wirksames Mittel zu ihrer Haßpropaganda und zur Anklage eines ruchlosen Überfalles in die Hand gegeben zu haben. Daß mein Name mit dem den Anschein der Unwahrhaftigkeit erweckenden schweren Irrtum verknüpft ist, bildet die peinlichste Erinnerung aus meinem dienstlichen Leben.

Nachdem auf der Heimreise die deutsche Grenze erreicht war, entstanden Schwierigkeiten der Weiterbeförderung. Unser Auf-

192

marſch nach Weſten war im vollen Gange, die Strecke mit
Militärtransporten ſo in Anſpruch genommen, daß mir keine
Gelegenheit zur Weiterreiſe nach Berlin gegeben werden konnte.
Es blieb nichts anderes übrig, als den franzöſiſchen Sonderzug bis
Berlin durchzuführen in der Annahme, daß er von dort ſogleich
zurückgeleitet werde. Hierzu mußten indeſſen wiederholt Wider=
ſtände der Bahnhofskommandanten überwunden werden, welche,
jeder Belehrung über den Ausnahmefall unzugänglich, darauf be=
ſtanden, den Zug zu beſchlagnahmen und die beiden franzöſiſchen
Schaffner zu verhaften. Ich ſah mich ſchließlich zur Ergreifung
des draſtiſchen Mittels genötigt, meine Oberſtenuniform anzu=
legen, um mir Achtung zu verſchaffen. In Berlin mußte ich
ſogar das Eingreifen des Reichskanzlers erbitten, um die Frei=
gabe und Rückleitung des Zuges zu erreichen.

Nach Ankunft in Berlin ward mir ſogleich Gelegenheit ge=
geben, dem Kanzler und dem Kaiſer Vortrag über meine letzten
Erlebniſſe und meine Eindrücke zu erſtatten. Ich habe dabei
der Auffaſſung Ausdruck gegeben, daß der Krieg ſich zu einem
langen und unſagbar ſchweren Kampf um Sein oder Nichtſein
geſtalten werde. Bei der gewaltigen Überlegenheit unſerer
Gegner an Hilfsquellen aller Art erſcheine es fraglich, ob wir,
trotz unſerer zu den höchſten Leiſtungen fähigen und bereiten
Volkskräfte, den Kampf mit mehr Erfolg als der Behauptung
unſerer Stellung und unſerer Ehre würden beſtehen können.
Im einzelnen wies ich auf die mir aufgefallene Erſcheinung hin,
daß bei uns Neigung beſtehe, die militäriſche und nationale
Stoß= und Widerſtandskraft der Franzoſen zu unterſchätzen,
eine Auffaſſung, zu deren Entſtehen die Berichterſtattung der
Botſchaft niemals Anlaß gegeben habe. Der Kaiſer war zwar in
ernſter, aber in durchaus ruhiger und zuverſichtlicher Stimmung.
Es berührte ihn beſonders angenehm, daß ich über die einmütige
begeiſterte Entſchloſſenheit des deutſchen Volkes, die ich auf

dem deutschen Teile meiner Reise hatte wahrnehmen können, zu berichten vermochte. Es war das letzte Mal, daß ich dem Kaiser nahe gekommen bin. Mein Wunsch, nach Beendigung meiner Tätigkeit in München und damit meiner diplomatischen Laufbahn, vom Kaiser empfangen zu werden, ist nicht in Erfüllung gegangen.

Auch den Kanzler fand ich in ernster und zuversichtlicher Stimmung, aber noch erregt wegen der tags zuvor erfolgten Kriegserklärung Englands. Er fragte mich, ob ich glaube, daß mit Frankreich ein Bündnis zu erreichen sein dürfte. Ich antwortete, dies scheine mir unter zwei Voraussetzungen denkbar: Erstens, daß wir den Krieg nicht in französisches Land tragen und damit die nationalen Kräfte Frankreichs zu äußerster Anstrengung aufrufen. Ob die Schaffung dieser Voraussetzung vom militärischen Standpunkt aus möglich sei, entziehe sich meinem Urteil. Die zweite Vorbedingung würde die sein, daß wir, wenn wir Sieger blieben, Frankreich sehr glimpflich behandeln, vor allem im Ehrenpunkt, vielleicht sogar eine Grenzberichtigung auf lothringischem Boden einräumen müßten.

Es war meine Absicht, mich zu militärischem Dienst zur Verfügung zu stellen, doch kam es nicht zur Ausführung dieses Vorhabens, da sich die Notwendigkeit ergab, an Stelle des ins Große Hauptquartier berufenen preußischen Gesandten in München einen mit den Verhältnissen in Bayern vertrauten höheren diplomatischen Vertreter nach dort zu entsenden. Die Wahl fiel auf mich und ich nahm sie gern an. Ich habe die Gesandtschaft in München über zwei Jahre bis zu dem Augen= blick geleitet, wo die Tätigkeit des Gesandten im Großen Hauptquartier beendet und ihm der Posten wieder einzuräumen war. Mit dem Abschluß der Tätigkeit in der bayerischen Haupt= stadt, an die ich mit besonders angenehmen Gefühlen zurück= zudenken Anlaß habe, hat meine diplomatische Laufbahn ihr Ende erreicht, fast auf den Tag genau 40 Jahre nach ihrem Beginn.

194

Die Schuld am Kriege

Jahre sind seit der unseligen Zeit dahingegangen, wo das Getöse der Kanonen die Sprache der Völker, Ströme von Blut ihre Wege gewesen. Die ehernen Waffen ruhen, die Grundlinien neuen Lebens sind gezogen, aber noch ist der Geist des Friedens nicht über die leidende Menschheit gekommen, noch immer brandet, seine Opfer fordernd, das Meer des Hasses, schreitet Gewalt über die Lande, toben die Leidenschaften, erschöpfen sich die Nationen in gegenseitigen Beschuldigungen der Entfesselung der Kriegsfurien. Noch stehen die Gemüter zu sehr im Banne des ungeheueren Geschehens, um zu vollem Verstehen, zu klarem Erkennen, zu unbefangenem Urteil fähig zu sein. Selbst der redlichste Wille zur Erforschung der Tatsachen, zur Ergründung der Quellen des Unheils, zur Scheidung von Recht und Unrecht stößt auf Hemmungen, die teils aus eigenem, teils aus fremdem Unvermögen entstehen, das suchende Auge durch Dunst und Dunkel zu Klarheit und Wahrheit dringen zu lassen. Viele Versuche zur Feststellung der Schuld sind gemacht worden, noch keiner hat zu dem Ziel geführt, Freund und Feind sich in der Erkenntnis finden zu lassen, daß jeder gefehlt, jeder gesündigt hat. Wenn hier ein neuer Versuch unternommen wird, so geschieht es nicht sowohl in der Absicht, die Gegensätze zu verschärfen, als vielmehr in dem Gedanken, durch unbefangenes Abwägen der eigenen und der gegnerischen

195

Verfehlungen zu mildern. Die Klärung der schweren Frage erfordert mehr wie einen Blick in die greifbare Nähe des Geschehenen, sie erheischt tieferes Eindringen in das Werden, Schauen in die Weiten des Vergangenen.

Auch den schwächsten Augen muß es erkennbar sein, daß der Ursprung der Unrast, welche weit über ein Menschenalter auf Europa lastete, in dem hartnäckigen Widerstreben der französischen Nation lag, das im Jahre 1871 Gewordene als einen endgültigen Zustand anzuerkennen. Von der Erinnerung an frühere Zeiten der politischen, militärischen und kulturellen Führung in Europa erfüllt, vermochten die Franzosen sich nicht darein zu finden, von jüngeren und stärkeren nationalen Kräften zurückgedrängt worden zu sein, schmerzliche Einbuße an Macht, Ansehen und Boden erlitten zu haben. Mit Beharrlichkeit hielt die Nation an der Vorstellung fest, daß ihr mit der Wegnahme von Elsaß-Lothringen schweres Unrecht geschehen sei, dessen Wiedergutmachung Frankreichs Ehre und Leben erfordere. Der das deutsche Denken beherrschenden Auffassung, daß wir in uns aufgedrungenem ehrlichen Kampf das wiedergewonnen, was uns in Zeiten der Ohnmacht mit offenbarer Gewalt entrissen war und dessen Festhalten zur Sicherung gegen erneute, so oft erlittene Überfälle uns unerläßlich schien, vermochten die Franzosen keinerlei Verständnis entgegenzubringen. Zwar hat Frankreich in Afrika, in Asien und im Stillen Ozean unter unserem wohlwollenden Zuschauen koloniale Erwerbungen gemacht, deren Wert das Verlorene überreichlich aufwog, wohl hat es auf diesem Wege bald wieder die Stufe einer achtunggebietenden Großmacht erstiegen, Reichtum und Macht errungen, unerschöpfliche Kraftquellen erschlossen, aber der gekränkte Stolz, die verletzte Ehre sind dadurch nicht befriedigt worden, die Wunde des Frankfurter Friedens ist nicht vernarbt. Das Werk der dahinschreitenden Zeit hat einige Schärfen abzuschleifen vermocht, den

196

leidenschaftlichen Ruf nach Vergeltung weniger laut werden
lassen, aber das Verlangen nach Wiedergewinnung des Verlorenen, das Streben nach Wiedererlangung alter gebietender
Größe ist niemals aus der französischen Volksseele gewichen,
hat nicht einen Augenblick aufgehört, der Angelpunkt der französischen Politik zu sein, von welcher Partei diese auch geleitet
sein mochte. Die „Hoffnungen" sind zeitweise zurückgestellt,
nach der Lehre Gambettas mit dem Mantel des Schweigens
verhüllt worden, aber sie sind niemals erloschen. Stellten sich
Zeiten der Abkühlung ein, so sind geschäftige Kräfte am Werk
gewesen, das „heilige Feuer" fortglimmen zu lassen und Nahrung
herbeizutragen, wohl wissend, daß jeder Windzug von außen es
wieder beleben, das leicht erregbare Nationalgefühl zu gegebener
Stunde in Flammen auflodern werde. Und es waren nicht
etwa nur kleinere verbissene Geister, Berufspatrioten und jour-
nalistische Landsknechte, welche das Feuer unterhielten, sondern
auch Männer, die auf der Höhe selbstlosen Denkens, auf der
Warte verantwortungsvollen Tuns standen, leitende Staatsmänner, ernste Historiker, angesehene Meister des flammenden
Dichterwortes. Auch die Schule und der akademische Lehrstuhl
wurden in den Dienst des Revanchegedankens gestellt, selbst der
Klerus war überwiegend, zum Teil mit glühendem Eifer, in
nationalistischem Geiste tätig. Es waren militärische Größen,
deren Stimmen selten, aber desto gewichtiger ertönten und die
Gedanken erkennen ließen, die an der Stätte herrschten, wo die
Waffen zur Erfüllung der Sehnsucht geschmiedet wurden, Gedanken, die sich nicht nur auf die Wiedergewinnung der „ver-
lorenen Provinzen" richteten, sondern weit darüber hinaus auf
Vorrückung der Grenzen Frankreichs an den Rhein. „Der
Rhein," so schrieb der Generalstabsoffizier Mollard, „der Rhein
ist keineswegs ein deutscher Fluß, er bildet vielmehr eine Grenze.
Er teilt das westliche Europa in zwei große Gebiete, in das

französische, das vom Ozean zum Rhein reicht, und das deutsche vom Rhein bis zur Elbe. Auf jeder Seite dieser Grenze waren seit zweitausend Jahren Gallier und Germanen Feinde. Wir waren es, wir sind es und werden es bleiben — Erzfeinde!" Selbst Männern, die der höheren Weihe ernsten Tuns entbehrten, ist es nicht schwer geworden, die Nation in leidenschaftliche Wallung und Verwirrung zu versetzen, wenn sie lärmend und mit drohender Gebärde gegen Deutschland mit dem Ruf „Elsaß-Lothringen" auftraten. Das hat die Ära Boulangers und Déroulèdes gelehrt, die hart an den Rand des Krieges geführt hat. — „Das Herz Frankreichs bebte, alles war bereit und alle voll Vertrauen zu den Führern." — Das hat die Dreyfus-sache bewiesen, bei welcher der Gedanke, daß an der Stätte militärischer Geheimarbeit Verrat geübt sei, schmählicher gefähr-licher Verrat an den deutschen Feind, die Leidenschaften so tief aufwühlte, daß man einen Unschuldigen verurteilte. Wohl haben sich erlesene Geister gefunden, wie Scheurer-Kestner und Zola, die diesem Irrtum entgegenzutreten den Mut hatten, aber von vollem Erfolg ist das Tun nicht gewesen, nicht in alle Seelen ist das Licht der Wahrheit gedrungen, der Wahn blieb bestehen, daß Deutschland der Feind sei, der ränkeschmiedend und angriffslustig hinter der Mauer der Vogesen lauerte, die Vorstellung wurde nicht entkräftet, daß Deutschland der Übel-täter sei, der nicht sich mit seinen Siegen begnügend, dem duldenden Frankreich den schweren Fuß — la botte ferrée de Bismarck — in den Nacken setzte.

Mochte diese nationale Geistesverfassung auch vom rein mensch-lichen Standpunkt aus verständlich, ja achtenswert sein, für den Politiker war sie ein Gegenstand ernster Sorge, eine nie ver-siegende Quelle von Unbehagen, von Wirrnis und Kriegsgefahr. Der fortlebende Groll über die Demütigung von 1871 und das Verlangen nach Vergeltung ist die nie erlahmende Kraft gewesen,

198

die Frankreichs Staatslenker getrieben hat, für die durch den Geburtenrückgang sich bedenklich vermindernde Stärke des eigenen Landes Ergänzung in Hilfe von außen zu suchen, in der Heranziehung kriegerischer Menschenkräfte aus den Kolonien und in der engen Verbindung mit anderen Deutschland nicht freundlich gesinnten Mächten. Hatte bereits das kaiserliche Frankreich seine Armee durch Einstellung algerischer Eingeborenen verstärkt, so hat die Republik im übrigen nördlichen Afrika, namentlich aber im Senegal, Gebiete erschlossen, die ihr ein über Erwarten zahlreiches und tüchtiges Menschenmaterial für den Krieg lieferten. Das stetige Vordringen in jenen Gebieten hatte nicht zuletzt den Zweck, diese Quellen immer mehr auszubauen. Die wesentlichste Hilfe aber suchte Frankreich, angeblich zum Schutz gegen deutsche Machtgelüste, tatsächlich zur Verwirklichung seines Vergeltungsgedankens, in Bündnissen und Abmachungen. Zunächst, in geschickter Ausnützung gegebener Möglichkeiten, nach russischer Seite hin. Die Annäherung begann, das ist bezeichnend genug für den ihr innewohnenden Sinn, mit Lieferung französischer Waffen und französischen Geldes — nervus rerum. Als endlich das Bündnis zustande gekommen war, in Kronstadt verkündet, in Moskau und in Paris gefeiert wurde, da zeigte sich der Geist, in dem die französische Nation die Errungenschaft stürmisch begrüßte in dem das Land durchbrausenden Rufe „Vive l'Alsace-Lorraine". Das Bündnis hat im Laufe der Jahre mehrfach Vertiefungen durch besondere Vereinbarungen über die Art militärischer Hilfe zu Land und zu Wasser erfahren, zuletzt zwei Jahre vor dem Weltkrieg zur Zeit des Ministeriums Poincaré. Lange Zeit hindurch hat das Bündnis mit Rußland jedoch die Hoffnungen französischen Tatendranges nicht erfüllt, die russische Politik zeigte wenig Neigung, die elsaß-lothringische Frage zu der ihrigen zu machen. Man sah sich deshalb nach weiterer nützlicher Hilfe um, überwand der guten Sache zuliebe alten brennenden Haß und reichte nach dem Faschodastreit England die Hand zum Abschluß der Entente cordiale. Die Verbindung konnte, mit Rücksicht auf feststehende Grundsätze der englischen Politik, kein Bündnis sein, aber sie wurde zu einem engen Freundschaftsverhältnis mit einer gegen Deutschland gerichteten Spitze, einer Richtung, die mehr wie einmal mit scharfer Deutlichkeit zutage getreten ist und schließlich, ähnlich und fast gleichzeitig wie mit Rußland, zu militärischen Verabredungen geführt hat, die einem Bündnis sehr nahe kamen. Zu all diesen Abmachungen hat Frankreich nur das eine bewogen, den Boden für eine aussichtsreiche endgültige Auseinandersetzung mit Deutschland vorzubereiten. Wollte Frankreich friedliche Ruhe, so hätte es nahegelegen, diese in einem leidlich guten Nebeneinanderleben mit uns zu suchen; wir waren dazu bereit, aber Frankreich konnte sich nicht rückhaltlos dazu entschließen. Es war und blieb unversöhnlich. Trotz mannigfacher Höflichkeiten und Freundlichkeiten von unserer Seite, trotz mehrfacher und nicht immer erfolgloser Versuche zu Verständigungen auf einzelnen Gebieten, zum Hand in Hand gehen in gelegentlichen internationalen Fragen, ja zu allgemeiner Annäherung, trotz hie und da sich einstellender Zeitläufte der Beschwichtigung, blieb die Kluft offen. Sie wäre nur durch die Zurückgabe Elsaß-Lothringens auszufüllen oder durch unseren Verzicht auf einen Teil zu überbrücken gewesen.

Frankreich ist aber auch im Laufe der Zeit unser wirtschaftlicher Gegner geworden, der immer lebhafter darüber klagte, daß wir es, dank dem Aufschwung unseres Handels, der Industrie, ja sogar der Kunstfertigkeit, von altgewohnten Plätzen des Welthandels verdrängten, daß trotz aller Schutzmaßregeln deutsche Waren, trotz aller Unfreundlichkeiten deutsche Arbeitskräfte, trotz aller Erschwernisse deutsche Unternehmungen in Frankreich und seinen Besitzungen in zunehmendem Maße ein-

200

drangen. Gestört in seinen bis dahin bequemen Verhältnissen,
beunruhigt durch die steigende deutsche Beteiligung an der
Nutzung der Reichtümer Frankreichs, namentlich der Mineral=
schätze, hat der französische Kapitalismus, der trotz aller demo=
kratischen Formen und sozialistischen Lehren eine herrschende
Macht in Frankreich war, seinen starken Einfluß auf die öffent=
liche Meinung und die staatlichen Gewalten gebraucht, um ge=
reizten Widerstand gegen deutsche wirtschaftliche Ausdehnung
wachzurufen. Nationalismus und Kapitalismus haben vereint
die französische Nation auf Wege gedrängt, die letzten Endes
zu gewaltsamer Auseinandersetzung mit dem vermeintlichen Ur=
heber allen Übels, Deutschland, führen mußten. Erst in der
allerletzten Zeit, kurz vor dem Ausbruch des Krieges, hat das
Denken der französischen Nation, wie die Wahlen im Früh=
jahr 1914 erkennen ließen, unter dem ernüchternden schweren
Druck der aufgenommenen Bürde der dreijährigen Dienstzeit,
eine Wandlung in friedfertigem Sinn erfahren. Aber es war
zu spät, der Marsch des heraufgeschworenen Verhängnisses
war nicht aufzuhalten, die Machthaber waren in das Werk
der bisherigen Politik, das eng und enger gezogene Netz der
Bündnisse und Abmachungen verstrickt, das mit nationalistischen
Täuschungen geschürte Feuer loderte auf, das Volk griff ein=
mütig zu den Waffen, um Land und Freiheit gegen vermeint=
liche deutsche Vergewaltigung zu schützen.

Anders lagen die Dinge bei unserem Nachbarn im Osten.
Mit Rußland verband uns alte auf Waffenbrüderschaft, gegen=
seitig geleisteten Diensten und engen höfischen Beziehungen be=
ruhende Freundschaft. Erst als der russische Nationalismus,
der Panslawismus, mächtig wurde und zur Verwirklichung des
alten Traumes der Herrschaft über Konstantinopel und die
Meerengen drängte, erfuhr mit dem Zerrinnen dieses Traumes
im Berliner Kongreß die Freundschaft die erste Trübung, der

Gedanke einer Annäherung an Frankreich tauchte auf. Der Staatskunst eines Bismarck gelang es indessen, neben der Schöpfung des Zweibundes auch das freundschaftliche Verhältnis mit Rußland zu erhalten, bis dieses durch die Nichterneuerung des Rückversicherungsvertrages einen neuen, diesmal empfindlichen Stoß erlitt. Die unmittelbare Folge war der Abschluß des Bündnisses mit Frankreich und damit eine bedeutungsvolle Veränderung der europäischen Lage zu unseren Ungunsten. Gleichwohl konnte auch jetzt wieder, dank der Pflege der dynastischen Beziehungen, ein im ganzen ungestörtes Verhältnis aufrecht erhalten werden, solange die gewaltigen Kräfte des russischen Reiches in einer uns fernliegenden Richtung, im asiatischen Osten, ein weites Feld zur Entfaltung suchten und fanden. Mit dem Zusammenbruch dieser östlichen Tätigkeit im Kriege mit Japan und nach der weiteren Schwächung durch die Revolution wandte sich die russische Politik wieder der Stellung in Europa und dem alten Ziel, Konstantinopel, zu. Auf diesem Wege fand es Hindernisse, zunächst in Österreich-Ungarn, das mit Rußland um die Vormachtstellung am Balkan wetteiferte, und in Deutschland, das im wohlerwogenen eigenen Interesse, nicht treibend, aber schützend hinter dem Bundesgenossen stand und auch in der Türkei eine Stellung errungen hatte, die es verteidigen mußte. „Der Weg nach Konstantinopel," hieß es in Rußland, „führt über Wien, der Weg nach Wien über Berlin." So entwickelten sich Gegensätze, die sich um so mehr vertieften, als in Rußland der nationalistische Geist, nicht ohne fremde Helferschaft, das aus guter alter Zeit noch immer einflußreiche deutsche Element bekämpfte, über deutschen wirtschaftlichen Druck klagte und immer mehr auf engen Anschluß an die Westmächte drängte, um Deutschland zu bescheidenerem Verhalten zu zwingen. Frankreich fand sich nur zu gern bereit, Rußland die Mittel zum starken Ausbau seiner Rüstungen gegen die Mittelmächte zu liefern, und England begegnete sich mit Rußland in dem Gedanken, die asiatische Streitaxt zu begraben und eine gemeinschaftliche Frontstellung einzunehmen.

Auf diese Weise waren uns nicht nur im Westen, sondern auch im Osten feindselige Kräfte entstanden, die für uns bedrohlich waren, dies aber noch in weit höherem Maße werden mußten, wenn es ihnen gelang, noch eine dritte Macht, England, völlig zu sich heranzuziehen. Mit England verbanden uns, ähnlich wie es mit Rußland gewesen, lange Jahre hindurch freundliche Beziehungen. Sie waren in der Blutsverwandtschaft der Völker und der Herrscherhäuser, in kultureller Ähnlichkeit, in Religionsgleichheit, in einer bei Waterloo erprobten Waffenbrüderschaft, sowie in einem lebhaften und wertvollen Handelsaustausch begründet. Das letztere, dem englischen Empfinden am nächsten liegende Gebiet war es, auf dem zuerst eine Beeinträchtigung des guten Verhältnisses erwuchs, als wir zum Schutzzollsystem übergingen und im Gefolge dieses Wechsels unser Wirtschaftsleben zu rasch sich entwickelndem Aufschwung gelangte, unser Handel, unsere Industrie, unsere Reederei zu einer für England beunruhigenden Höhe emporstiegen. Die Unruhe wurde zur Besorgnis, als unsere Leistungen uns befähigten, als erfolgreiche Mitbewerber Englands auf dem Weltmarkt zu erscheinen, die Möglichkeit sich eröffnete, daß wir England im Welthandel einzuholen, wenn nicht zu überholen vermöchten, als wir ferner mit der Erwerbung ansehnlichen Kolonialbesitzes in die Weltpolitik eintraten und als wir, endlich, in logischer Folge jenes Hinausgehens in die Welt, zum Bau, zur Ausrüstung und zur Bewegung einer Flotte schritten, deren Stärke und Tüchtigkeit den Engländern eine reichlich fließende Quelle des Unmutes, der Sorge und des Argwohns wurde. Das britische Reich glaubte sich an dem lebenswichtigsten Teil seiner Machtstellung,

203

an seiner unbedingten Beherrschung des Welthandels und des Weltmeeres gefährdet, die es sich in jahrhundertelanger zielbewußter Arbeit angeeignet und durch Besitzungen, Stationen und eine übermächtige Flotte gesichert hatte. Aber nicht allein seine weltumspannenden Handelswege glaubte England durch unsere Stärke zur See bedroht, sondern auch seine heimatliche Stellung. Das Gespenst einer deutschen Landung erschien beängstigend vor den ehedem sorglosen Augen, und der Gedanke tauchte auf, ob es nicht ratsam sei, dem Ausbau der deutschen Flotte mit Gewalt entgegenzutreten, ehe ein solches Unternehmen zu gefahrvoll würde. Es schallten Stimmen über die Nordsee herüber, die sagten: „Wir haben schon einmal einer Flotte das Lebenslicht ausblasen müssen, von der wir Grund hatten, zu glauben, daß sie zu unserem Schaden verwendet werden könnte." Und von anderer, verantwortlicher Seite: „Wir werden den ersten Schlag führen, bevor die andere Partei Zeit findet, in der Zeitung zu lesen, daß der Krieg erklärt ist." Da derartige Drohungen nicht den gewünschten Erfolg hatten, der einmal beschlossene deutsche Flottenbau vielmehr ruhig seinen Fortgang nahm, sah sich Großbritannien, um die starke Überlegenheit seiner Flotte zu erhalten, zu unausgesetzter Überbietung unserer Schiffsneubauten und damit zu einer immer schwerer empfundenen Erhöhung der finanziellen Lasten veranlaßt, ein Zustand, der die Beziehungen zu Deutschland fortschreitend verdüsterte.

Neben der Besorgnis wegen der Erstarkung von Deutschlands Geltung zur See erwuchs noch die einer Verletzung der Theorie vom europäischen Gleichgewicht, jener Lehre, nach welcher mit Englands Willen keine kontinentale Macht zu einem beherrschenden Übergewicht gelangen dürfe. Von diesem Gesichtspunkte aus konnte England einer Entwicklung nicht ruhig zusehen, in welcher die Möglichkeit lag, daß Deutschland Frankreich niederwarf und so weit zurückdrängte, daß es an der kontinentalen Küste in größerer Nähe Großbritanniens Fuß faßte und ihm von dort „die Pistole auf die Brust setzte". Um all diesen Gefahren zu begegnen, bedurfte es der äußersten militärischen Anstrengungen und der gewaltigsten finanziellen Opfer, oder aber der Heranziehung fremder Hilfe zur Zurück- drängung des Gegners, sei es durch Einschüchterung, sei es durch Niederwerfung. Germaniam esse delendam wurde nach- gerade in England ein geläufiger Spruch. Bei dieser Sach- lage ist es verständlich, daß England nach dem zu seinen Gunsten beendeten Streit mit Frankreich über den ägyptischen Sudan dem alten Feind versöhnlich die Hand zum Abschluß der Entente cordiale reichte und in ähnlicher Weise später auch Rußland nahe trat.

Wenn die zwischen Frankreich, Rußland und England ge- troffenen Vereinbarungen auch, soweit sie die Teilhaberschaft Englands betrafen, in der Form keine Bündnisse darstellten, so gewannen sie doch durch den ihnen innewohnenden Geist der Gegnerschaft gegen Deutschland und durch das enge Zusammen- gehen der neuen Freunde in allen wichtigen internationalen Fragen den Wert von solchen, und es war ein leichtes, den freund- schaftlichen Beziehungen zu gegebenem Zeitpunkt den Bündnis- stempel aufzudrücken. Rechnet man zu diesen unmittelbar gegen Deutschland gerichteten Vereinbarungen noch eine Reihe anderer, das Seeabkommen mit Spanien und Frankreich, die Bemühungen Englands, Frankreichs und Rußlands um die Freundschaft Italiens, die Annäherung Rußlands an Rumänien, das englisch-japanische Bündnis, die Abmachungen mit Belgien, so ergibt sich ein weitverzweigtes Netz von Bünd- nissen, Freundschaften und Abreden, die das darstellen, was bei uns mit dem treffenden Wort „Einkreisung" bezeichnet worden ist. Es war eine Lage geschaffen, welche die Ungunst

unserer geographischen Einklemmung zum Unerträglichen steigerte,
unsere Gegner zu Wächtern unseres Tuns und Lassens machte
und ihnen die Möglichkeit bot, unbequemen Regungen unseres
überquellenden nationalen Lebens mit allen geeignet scheinenden
Mitteln, sei es auch mit denen der Gewalt, entgegenzutreten.
Sie sind mit Eifer darauf bedacht gewesen, sich und der Welt
zu sagen, daß es sich auf ihrer Seite keineswegs um feindseliges Vorgehen handle, sondern lediglich um Maßregeln der
Vorsicht und der Abwehr, der Abwendung von Gefahren, die
von unserer Seite drohen sollten, deutscher Neigung zu Gewalt-
tat, deutscher Großmannssucht, deutschem Streben nach Vorherrschaft in Europa und daran anschließend der Beherrschung
der Welt. Deutsche Weltherrschaft! Mehr wie andere Beschuldigungen zeugt diese von dem Unvermögen der Nationen
zu gegenseitigem Verstehen. Kein Verständiger, kein Verantwortlicher in Deutschland hatte solch verwegenen Phantasien nachgejagt, an gewaltsame Ausdehnung gedacht, von Eroberung der Welt geträumt! Wohl sind hie und da aus
prahlerischem Munde Worte gefallen, deren Klang stärker war
als ihr Sinn, wohl hat ein Häuflein stürmischer Patrioten zuweilen Gedanken geäußert, die als Äußerungen von Macht-
gelüsten gedeutet werden konnten, aber das war nicht die
Stimme des deutschen Volkes, nicht das Bekenntnis führender
Männer, nicht das Ziel der ruhigen und wohlmeinenden deutschen
Politik. Was das deutsche Volk, was seine Leiter wollten,
das war die Anerkennung und der Lohn redlichen Strebens
und Schaffens, die Gewährung eines angemessenen Anteils
am Wirken und Weben der lebendigen Kräfte der Welt, die
Einräumung eines Platzes, der dem starken und wachsenden
Volksleib Atmen, Herzschlag und freies Regen der Glieder
sicherte, nicht auf Kosten anderer Nationen, sondern in ehrlicher
friedlicher Zusammenarbeit mit ihnen. Wir wollten niemand
206

von seinem Heimatsboden verdrängen, niemand uns aufzwingen, kein Volk zu unseren Dienern machen. Erst als aus
den um uns gehäuften Brandstoffen die Flammen aufstiegen,
die Lohe mit grellem Schein die Größe der Not beleuchtete,
erst dann ist der starke Wille erstanden, den zwängenden Ring
zu brechen, die Ketten für immer zu sprengen. Erst in der
Glut des Krieges, unter dem Druck des Vernichtungswillens
unserer Feinde, haben in führenden Köpfen, im Rausche der
Siege, Gedanken Gestalt genommen, deren Flug in jähem Sturz
von allzu kühn erstiegenen Höhen endete.

Die Frage mag am Platze sein, ob, in welchem Maße und
mit welchen Mitteln der Einkreisung hätte entgegengewirkt
werden können.

Was zunächst Frankreich betrifft, so hat das, was wir im Laufe
der Jahre fast täglich aus den Vorgängen, aus der Sprache der
Presse, aus politischen Betrachtungen, aus den Äußerungen
von Staatsmännern und Politikern entnehmen konnten, was
aus den Huldigungen vor den Denkmälern der Stadt Straßburg
und von Jeanne d'Arc, der „Befreierin", zu ersehen, aus den
von französischen Generälen und russischen Großfürsten über
die Grenze geworfenen Worten zu hören war, was durch die
unversöhnliche Grundrichtung der französischen Politik immer
aufs neue bestätigt wurde, keinen Zweifel daran bestehen
lassen, daß ein dauernd ungetrübtes Verhältnis mit unserem
westlichen Nachbarn nur dann zu erreichen war, wenn wir uns
zu voller Befriedigung der verletzten französischen Nationalehre
durch Verzicht auf den 1871 errungenen Gewinn verstanden.
„Rendez-nous l'Alsace-Lorraine, alors nous serons les meilleurs
amis de la terre," hat mir der Ministerpräsident Barthou wenige
Monate vor dem Krieg mit erstaunlicher Offenheit gesagt. Daß
die Entrichtung eines so hohen Preises für besseres Verstehen
mit den Franzosen für uns undenkbar war, bedarf keines Nach-

weifes. Jedem Deutschen galt die Zugehörigkeit Elsaß-Lothringens zum Reich aus geschichtlichen Gründen und aus gegebenen Notwendigkeiten als eine unabänderliche Tatsache. Ließ man die Zeit ihr beschwichtigendes Werk tun, so mochte sich eines Tages wohl die Möglichkeit eröffnen, die Franzosen durch eine Verständigung, wenn auch nicht völlig zu versöhnen, so doch zu beruhigen, sei es in der Form eines Tausches, einer Grenzberichtigung, der vollkommen autonomen Stellung Elsaß-Lothringens oder der Errichtung einer neutralen Zone. Das waren Gedanken, die in manchen französischen Köpfen, und nicht den schlechtesten, hie und da auftauchten und deren Verwirklichung die Kluft wohl zu überbrücken vermocht hätte. Aber die Zeit zu ihrer Erörterung, geschweige denn zu ihrer Betätigung, war noch nicht gekommen. Mochte auch die Zahl derer, die derartige Wege zu friedlicherem Leben für gangbar hielten und sie im kleinen Kreise sicherer Freunde besprachen, nicht gering sein, so waren doch derjenigen nur verschwindend wenige, die über ein genügendes Maß an Ansehen und Mut verfügten, um sich öffentlich zu Vorkämpfern solcher Ideen zu machen. Kein Verantwortlicher hat je ein weithin klingendes Wort gesprochen, das eine Ermutigung zu freundlicher Aussprache gewesen wäre. Hat er es in der Stille getan, so ist er, wie die Erfahrung mit Caillaux zeigt, als Verräter verdächtigt, verlästert und gesteinigt oder wie Jaurès durch Meuchelmord beseitigt worden. Es war am Ende der Beziehungen des Reiches zu Frankreich so wie im Anfang: keine Regierung hätte sich 24 Stunden gehalten, die Deutschland den Besitz von Elsaß-Lothringen verbürgt hätte. So wie die Dinge lagen, konnten wir wohl mit Frankreich zu Verständigungen über einzelne Fragen abseits des großen entzweienden Gegensatzes gelangen und damit die Wege zu weiterer Beschwichtigung ebnen, aber Elsaß-Lothringen selbst war nach wie vor ein zu

208

brennender Boden, als daß wir uns auf ihm mit unserem Nachbarn hätten bewegen können. Ob das Werk der Beruhigung durch Zeitablauf raschere Fortschritte gemacht hätte, wenn von unserer Seite nicht manches geschehen wäre, was das Vernarben der Wunde aufhielt, das glimmende Feuer wieder anfachte, ist eine andere Frage. Es kann nicht übersehen werden, daß unsere Hand nicht immer eine glückliche, die Gestaltung und Führung der Dinge in den Reichslanden nicht geeignet war, die Bande alter Beziehungen zu Frankreich schmerzlos zu lösen, es kann nicht geleugnet werden, daß Geschehnisse wie der Kaiserbesuch in Tanger und die Erzwingung der Algecirakonferenz, trotz des Entgegenkommens des Ministerpräsidenten Renvier, das bis zur Opferung des Außenministers Delcassé ging, endlich, und in besonderem Maße, das das französische Nationalgefühl schwer verletzende Vorgehen von Agadir die Wirkung gehabt haben, bei den Franzosen versöhnliche Regungen zu ersticken, dem Nationalismus neue Kraft zuzuführen und die französische Politik zu immer engerem Anschluß an unsere Gegner zu veranlassen. Keiner der Nationen gegenüber, neben denen und mit denen zu leben das Schicksal uns bestimmt hat, bedurfte es, wollten wir empfängliches Gehör für die von uns erdachte und gesetzte Weise finden, eines so feinen Anschlages, einer so behutsamen Behandlung des Instruments, eines so die seelischen Regungen erfassenden Spieles, wie bei den einem lebhaften Gemütsleben unterworfenen, im Ehrenpunkt überaus empfindlichen und in dem Verhältnis zu uns besonders erregbaren Franzosen. Weichliches, schwächliches Entgegenkommen war sicherlich nicht am Platze, noch weniger derbes, gebieterisches Auftreten, wohl aber, bei aller Klarheit und Bestimmtheit in der Sache, gemessenes ritterliches Verhalten in der Form. „Chez nous, on se salue de l'épée avant de se battre," hat mir ein Minister gesagt, als die Überraschung von Agadir erfolgt war.

Auch Rußland gegenüber befanden wir uns in einer Lage, die wenig Möglichkeiten bot, seine Politik in andere Bahnen zu leiten, als diejenigen, die es, seinen Lebensinteressen folgend, eingeschlagen hat. Wenn selbst ein Meister der Staatskunst, wie Bismarck, es nicht zu verhindern vermochte, daß Rußland aus dem Berliner Kongreß eine Verstimmung forttrug, die den Gedanken der Annäherung an Frankreich gebar, so mag dies ohne weiteres als Beweis dafür gelten, daß eine volle Befriedigung unseres östlichen Nachbarn jenseits unseres besten Willens lag. Schon damals war die Lage so, daß wir Rußland zuliebe nicht unsere guten Beziehungen zu dem uns zu jener Zeit noch freundlich gesinnten England schädigen, noch weniger die Interessen preisgeben konnten, die uns an die Seite Österreich-Ungarns riefen. Gleichwohl ist es geglückt, neben unserem Bündnis mit Österreich-Ungarn das Verhältnis zu Rußland leidlich gut zu erhalten bis zu dem Zeitpunkt, wo wir ihm durch Nichterneuerung des Rückversicherungsvertrages Anlaß zu dem Glauben gaben, daß wir einem gesicherten Freundschaftsbunde mit ihm nicht den gleichen Wert beimaßen wie demjenigen mit der habsburgischen Monarchie. Lagen unserer damaligen Politik auch unfreundliche Absichten gegen unseren östlichen Nachbarn gänzlich fern, so wurden sie dort doch geargwöhnt, die Folge war der Abschluß des Bündnisses mit Frankreich. Rußland sah sich eben genötigt, den Verlust auf der einen Seite durch einen Gewinn auf der anderen auszugleichen, mochte ihm die letztere auch wegen der republikanischen Form und der demokratischen Tendenz weniger sympathisch sein als die deutsche monarchische und konservative. Aggressive Absichten waren auf russischer Seite zunächst nicht vorhanden, man handhabte, im Gegenteil, das neue Verhältnis so, daß die Hoffnungen, die das revanchelustige Frankreich auf das Bündnis gesetzt hatte, eine Dämpfung erführen. Rußland unter der Regierung des besonnenen Alexander III. wünschte Ruhe, hatte keine Neigung, sich wegen des seinen Interessen fernliegenden Elsaß-Lothringens in Abenteuer zu stürzen. Als unter Nikolaus II. die expansiven Kräfte des Zarenreiches größere Bewegungsfreiheit gewannen, sich nach Osten richteten und zum Kriege mit Japan führten, haben wir eine Haltung beobachtet, die an tatsächlich erwiesenem Wohlwollen diejenige des französischen Bundesgenossen übertraf. Rußland war uns zu Dank verpflichtet, wir waren zu der Erwartung berechtigt, daß es sich nach dem Kriege mit erneuter Freundlichkeit uns zuwenden, sein Verhältnis zu Frankreich, aus dem es wenig Nutzen gezogen, wenn auch nicht aufgeben, so doch noch weiter sich abkühlen lassen werde. Aber der unerbittliche Gang der Ereignisse, ein stärkeres Motiv als die eigenen Wünsche, zwang Rußland in eine andere, neue Richtung. Durch seine Niederlagen im Osten und durch die darauffolgende Revolution fühlte es sich derart geschwächt, daß es der alten Feindschaft seines Gegners in Asien, England, nicht länger standzuhalten vermochte und sich veranlaßt sah, sich ihm in die Arme zu werfen. Es bedurfte einer Erleichterung nach dieser Seite um so mehr, als es nach der Entrückung des asiatischen Zieles wieder das nähere und wertvollere Konstantinopel, ins Auge zu fassen hatte, das ohne Einvernehmen mit England nicht zu erreichen war und dessen schwierige Zugänge, auf dem Umwege des Balkans, nur mit Hilfe jener Mächte zu meistern waren, die nicht, wie Deutschland und Österreich-Ungarn, die Erhaltung des Status quo im nahen Osten zu einem unverrückbar festen Punkt ihres politischen Programmes machten. Verhindern konnten wir diese Verschiebung der europäischen Lage nicht, es sei denn durch Verleugnung unserer eigenen Lebensfragen, die uns zur Deckung unseres österreichisch-ungarischen Bundesgenossen und des türkischen

Orients gegen slawische Machtgelüste zwangen. Aus den gleichen Gründen mußten wir bald darauf in der bosnischen Krise gemeinsam mit der Donaumonarchie Front gegen das Zarenreich einnehmen und diese auch gegen die von anderer Seite kommenden Anstürme und Lockungen halten. Erwünschter wäre es freilich gewesen, wenn Baron Ährenthal von der eigenmächtigen und für Rußland verletzenden Form bei der Einverleibung Bosniens und der Herzegowina, zu der unbedingt zwingende Gründe nicht vorlagen, Abstand genommen und den seinerzeit im Mürzsteger Balkanabkommen mit Rußland gesponnenen Faden nicht abgerissen hätte. Dann wäre es uns erspart geblieben, den Knoten in einer Art halb zu lösen, halb zu durchhauen, die in Rußland Verbitterung erzeugte, unsere alte Freundschaft zu einem vergilbten Blatt machte und einen nicht geringen Anteil an Schaffung der Lage hatte, aus der die verhängnisvolle Wendung von 1914 entsprungen ist.

Einfacher lagen die Dinge, soweit unser Verhältnis zu England in Betracht kommt. Die alten guten Beziehungen waren nur dann zu erhalten oder wieder herzustellen, wenn wir der englischen Nation die Ursache zur Besorgnis und zum Groll entzogen, wenn wir auf dem Wege der starken Entwicklung von Handel, Industrie und Reederei, der ausgedehnten kolonialen Tätigkeit, der Vermehrung unserer Wehrkraft Halt machten. Das wäre einer nationalen Selbstaufgabe nahegekommen. An Versuchen, die Schwierigkeiten durch Verständigungen über die Kolonien und Einflußgebiete und namentlich den Flottenbau zu überwinden und allgemein ein besseres Verstehen zwischen beiden Nationen herbeizuführen, hat es nicht gefehlt, auch ist in dieser Richtung einiges erreicht worden, Wertvolles noch kurz vor dem Kriege. Ob diese Bemühungen zu einem im ganzen und auf die Dauer befriedigenden Er-

212

gebnis geführt haben würden, erscheint immerhin fraglich. Die
Kluft der beiderseitigen Lebensbedingungen und Notwendigkeiten
blieb dennoch offen. Selbst dann, wenn wir uns zu einer
namhaften Verminderung unserer Wehrmacht zur See verstanden hätten, wie es beharrlich von uns erwartet wurde,
wären die Gegensätze nicht völlig geschwunden. Die Wege der
nationalen Kräfte, die auf beiden Seiten mit elementarer Gewalt
in die Weltweite drängten, hätten sich doch vielfach gekreuzt.
Daß weitere Gegensätzlichkeiten als die wirtschaftliche und militärische, so beispielsweise die geräuschvolle Begeisterung des
deutschen Volkes für die Buren sowie die Krügerdepesche die
Stimmung der Engländer gegen uns ungünstig beeinflußten,
ist nicht zu verkennen, aber ausschlaggebend für Großbritanniens
Stellung wider uns sind sie nicht gewesen. Dagegen ist sicher,
daß neben den allgemeinen und tieferen Gründen, die Englands
Stellung bestimmten, manche großen Worte und bezeichnenden
Taten auf unserer Seite, die sich auf den Bau und die Tätigkeit
unserer Flotte bezogen, wesentlich dazu beigetragen haben,
jenseits der Nordsee dem Satze „Germaniam esse delendam"
Geltung zu verschaffen. Auch ist anzunehmen, daß unser Verhältnis nicht nur zu England, sondern auch zu anderen Mächten
ein besseres geworden wäre, wenn wir nicht wiederholt im Haag
von vornherein den Gedanken der Rüstungseinschränkung mit
einer Deutlichkeit abgewiesen hätten, die mehr unserer Offenherzigkeit wie politischem Denken zur Ehre gereicht. War die
Abrüstung eine Utopie, so wäre es klüger gewesen, die Erkenntnis,
daß sie es ist, aus gemeinsamer Prüfung hervorgehen, als
diese an unserer Erklärung „wir machen nicht mit" scheitern
zu lassen und uns damit das Odium zuzuziehen, daß wir die
Einzigen seien, die sich des Suchens nach Minderung unerträglichen Druckes und schwerer Gefahren weigerten. Aus
unserer Haltung ist ein Mißtrauen geblieben, das die späteren,

wenn auch noch so aufrichtigen Versuche zur Verständigung mit England über Flottenbau nicht zu entwurzeln vermochten und sie ergebnislos verlaufen ließen.

Betrachtet man neben den tieferen Ursachen des Krieges die Vorgänge, die den unmittelbaren Anlaß gebildet haben, so springt in die Augen, daß, wie schon mehrfach, Serbien es gewesen ist, das in frevelhafter Weise mit dem Feuer gespielt hat. Die im Vertrauen auf das Wohlwollen, wenn nicht auf ausdrückliche Gutheißung und Ermunterung der großen slawischen Vormacht, seit Jahren von Belgrad aus geleitete, vor den verwerflichsten Mitteln nicht zurückschreckende Wühlarbeit in den südöstlichen Landesteilen der habsburgischen Monarchie, mit dem unverkennbaren Ziele der Revolutionierung, Losreißung und Gewinnung jener Gebiete, war nachgerade zu einer so ernsten Gefahr geworden, daß die Monarchie, nachdem wiederholte Warnungen fruchtlos geblieben, sich in die unabweisbare Notwendigkeit versetzt sah, jenem zerstörenden Treiben mit allem anwendbaren Nachdruck entgegenzutreten. Die Mordtat von Serajewo war eine Stichflamme, die aus dem in Belgrad unterhaltenen Feuer aufgeschossen war und in erschreckender Weise die Dringlichkeit einer Unterdrückung des Brandherdes erkennen ließ. Angesichts der Ungeheuerlichkeit des Verbrechens und der unbefriedigenden Erfahrungen bei früheren Anlässen erscheint es nur zu verständlich, daß die Wiener Regierung nunmehr zu dem Entschlusse gelangte, nicht nur ausreichende Sühne, sondern auch vollauf genügende sichere Bürgschaft gegen Fortsetzung der verbrecherischen Bewegung, aus welcher die Untat geboren war, zu fordern und nötigenfalls zu erzwingen. Es erwies sich als unabweisbar, mit der Ausführung des Vermächtnisses des Grafen Ährenthal, das dieser Staatsmann in die kurzen Worte gefaßt hatte, „man wird einmal in Belgrad fest zugreifen müssen," nicht länger zu zögern.

214

Daß ein solches Vorgehen Rußland, den offenkundigen Beschützer Serbiens und Stifter des gegen Österreich-Ungarn gerichteten Balkanbundes, auf den Plan bringen werde, konnte
kaum zweifelhaft sein. Immerhin war die Frage berechtigt,
wie weit Rußland gehen werde, ob der Zar nicht persönlich
Bedenken tragen möchte, seine Macht durch ein so verbrecherisches
Stichwort, wie der Mord von Serajewo es war, auf die Bühne
des Handelns rufen zu lassen und in dem Auftreten das Bekenntnis der Billigung und Unterstützung der serbischen Umtriebe
abzulegen. Sollte dieser Fall aber gleichwohl eintreten, so
glaubten die leitenden Männer in Wien und Budapest um so
mehr Grund zur Aufnahme eines Kampfes um Sein oder
Nichtsein zu haben, als ein Ausweichen dem Fortschreiten des
zerstörenden Übels nicht Einhalt tun würde, der Kampf später
doch, und dann unter erheblich erschwerten Umständen, nach
weiterer eigener Schwächung und weiterer Erstarkung der
Gegner, ausgefochten werden mußte. Ein Zurück gab es nicht
mehr, der innere Zustand der Monarchie war infolge der
slawischen, von außen eifrig unterstützten Zerrüttungsarbeit ein
solcher, daß Ohnmacht und Zerfall unausbleiblich waren, wenn
man sich jetzt nicht dazu aufraffte, die zerstörenden Kräfte für
immer niederzuschlagen. Gleichwohl haben längere Zeit hindurch
ernste und eingehende Erwägungen darüber stattgefunden, bis
zu welcher Höhe und in welchem Tone die Forderungen von
Sühne und Bürgschaft an Serbien zu stellen seien. Sollte
man den Serben die Unterwerfung und Umkehr erleichtern,
sollte man durch harte Bedingungen eine heilsame tiefe
Demütigung erzwingen, oder sollte man so verfahren, daß ein
Bruch eintreten mußte, der der Monarchie freie Bahn zur
Befreiung aus der Gefahr slawischer Erdrosselung und Über-
flutung auf dem Wege der Gewalt gab? Gegen die erstere
Art der Lösung sprach mit erheblichem Gewicht das Bedenken,

daß das freſſende Übel nicht ausgerottet wurde, gegen die zweite, daß ſie zu langwierigen Auseinanderſetzungen und zu Einmiſchungen von außen führen konnte, gegen die letzte, daß ſie ſich zu einem opferreichen ſchweren Kampf entwickeln konnte, deſſen Ausdehnung nicht zu überſehen war. Schließlich, nach einigem Zaudern, gewann die Meinung die Oberhand, daß die Forderungen ſo weitgehend und ſo gebieteriſch zu ſtellen ſeien, daß Serbien entweder unter Beeinträchtigung ſeiner Souve= ränität, unter völliger Abwendung von ſeinen politiſchen Zielen und ſeinen ſtillen Verbindungen mit dem Zarenreich, ſich dem Willen der habsburgiſchen Monarchie demütig beugen, oder aber durch Nichtannahme aller Bedingungen die Unterwerfung weigern mußte. Die Note an die Belgrader Regierung erhielt ſomit einen Inhalt und eine Faſſung, wie ſie ſchroffer nicht gedacht werden konnte. Ein Ausweichen und ein Feilſchen über die Forderungen ließ ſie nicht zu. Aber in einem wichtigen Punkte zog die Wiener Regierung eine beſtimmte Grenze: Unter keinen Umſtänden ſollte das Vorgehen gegen Serbien ein eroberndes ſein, das Maß einer Sühneaktion nicht über= ſchreiten.

Daß das Wiener Kabinett einen ſo folgenſchweren Schritt nicht unternommen hat, ohne zuvor mit uns ins Benehmen zu treten, mit uns die Tragweite zu erwägen und ſich unſerer Zu= ſtimmung und unſeres Rückhaltes zu verſichern, iſt bei dem engen Bundesverhältnis ſelbſtverſtändlich. Wir haben die er= betene Zuſtimmung und Unterſtützung nicht verſagen zu ſollen geglaubt, in der Erkenntnis, daß es ſich nicht um angriffsweiſes und eroberndes Vorgehen, ſondern um Sühne und um Abwehr handelte, um die Entwurzelung von Gefahren, die nicht allein das Daſein unſeres Bundesgenoſſen auf das ernſteſte bedrohten, ſondern mittelbar auch das unſerige. Wuchſen dieſe Gefahren zu weiterer bedrohlicher Stärke an, brach die öſterreichiſch=

216

ungarische Monarchie unter dem unausgesetzten zerrüttenden Einfluß und dem Ansturm des vereinigten Slawentums in Stücke, so hatte das, was im besten Falle bestehen blieb, nicht die Kraft, uns ein wertvoller Bundesgenosse zu sein. Wir standen dann, da auch Italien nichts mehr an dem Bunde hielt, allein, der Willkür einer erdrückenden Übermacht feindlicher Mächte preisgegeben. Daß das Beginnen unseres Bundes-genossen ein gefahrvolles Wagnis war, konnten wir uns nicht verhehlen. Es war mit der Möglichkeit zu rechnen, daß Rußland seinem bedrängten Schützling in irgendeiner Weise zu Hilfe kam. Aber wenn auch Rußland nicht mehr das gleiche war, wie in der Zeit der bosnischen Krise, vielmehr wohlgerüstet und kampfbereit dastand und eine erneute diplomatische Niederlage nicht über sich ergehen zu lassen willens sein mochte, so war doch die Annahme berechtigt, daß es mit Rücksicht auf den verbrecherischen Ursprung des Konfliktes zurückhaltend sein werde. Es war kaum denkbar, daß ein Reich von so ausgeprägtem monarchischen Gefüge einem Lande offene Unterstützung zuteil lassen werde, das sich die Linien seines Geschickes mit dem Blute eigener und fremder geweihter Häupter vorzeichnete. Trat das Unfaßbare dennoch ein, so offenbarte sich eine solche Stärke feindseligen Willens, ergab sich eine Lage von so bedrohlichem Ernst, daß eine Bannung der Gefahren nur aus standhaftem Entgegentreten mit vereinten Kräften zu erhoffen war. Unser Weg war somit vorgezeichnet: Offenes Bekennen zur Bundestreue, Verhütung fremder Einmischung, Verhinderung verhängnisvollen Ein-greifens. Auf diesem Wege haben wir ohne Verzug den ersten Schritt durch die Erklärung an die Mächte unternommen, daß wir das Vorgehen unseres Bundesgenossen in Anbetracht der Vorgänge nicht anders wie billigen könnten, im übrigen uns jeder Einmischung in den Streit enthielten und zur Vermeidung schwerer Verwicklungen nur gleiches Verhalten dringend anraten könnten. Wenn dieser von bestem Willen eingegebene Vorschlag zur Lokalisierung des Konflikts auch die Anerkennung beanspruchen durfte, von vornherein erwünschte Klarheit zu schaffen und einen gangbaren Weg zur Erhaltung des europäischen Friedens zu zeigen, so ist sein Erfolg doch nicht befriedigend gewesen. Der Gedanke der Lokalisierung an sich fand in London, vorübergehend auch in Paris, zwar Zustimmung, im übrigen aber stieß unsere Mitteilung auf Argwohn und Mißdeutung. In Paris war man sogleich bereit, in ihr den Beweis einer zwischen Wien und Berlin arglistig verabredeten Störung des europäischen Friedens zu sehen, sie weniger als eine friedfertige Mahnung wie als eine kriegerische Warnung aufzufassen. In St. Petersburg wurde sie durch die unverhüllt drohende Erklärung durchkreuzt, daß Rußland nicht werde abseits stehen können, eine Abweisung, die noch durch sogleich erfolgende militärische Vorbereitungen stark unterstrichen wurde. Auch war bereits zwischen den französischen und russischen Machthabern eine Einmischung beschlossen worden. Damit geschah das, was wir zu verhindern bestrebt waren, der Konflikt wurde aus dem engen Rahmen der beiden beteiligten Staaten in das weite und gefahrvolle Gebiet der großen europäischen Gegensätze gezogen, Rußland scheute nicht davor zurück, das Gewicht seines Ansehens und seiner Macht zugunsten einer verbrecherischen Angriffspolitik in die Wagschale zu werfen, schützend vor Serbien zu treten, ohne die sogleich gegebene beruhigende Versicherung der Wiener Regierung, daß sie nichts anderes wie Sühne und Bürgschaft, aber keinerlei Eroberung suche, auch nur der Beachtung zu würdigen. England suchte zwar zu beschwichtigen und zu vermitteln, hatte darin aber nicht mehr die früher bewährte glückliche Hand. Sir Edward Grey hätte füglich nicht im Zweifel sein dürfen, daß sein Vorschlag gemeinschaftlicher Beratungen und Vorstellungen der nicht unmittelbar beteiligten Mächte schon deshalb schwer aus=

218

zuführen war, weil er dem von uns betonten Grundsatz der Verhütung fremder Einmischung widersprach. Nach dem Mißerfolg
unseres Lokalisierungsvorschlages und dem drohenden Auftreten
Rußlands war, nach unserer durch die späteren Vorgänge als
richtig bestätigten Auffassung, St. Petersburg der Punkt, wo
weitere Bemühungen um Erhaltung des Friedens mit Nachdruck
einzusetzen hatten. Aber unser Appell in diesem Sinne verhallte
ungehört, Frankreich, vor allem, verhielt sich ausweichend, wenn
nicht ablehnend. Dagegen sind wir, in dem aufrichtigen Bestreben, das Äußerste zu verhüten, nicht nur bereit, sondern
auch mit allem Eifer und mit allen geeigneten Mitteln, selbst
unter Anwendung eines starken Druckes auf unseren Bundesgenossen, bemüht gewesen, eine beschwichtigende Aussprache
zwischen Wien und St. Petersburg herbeizuführen, nicht ohne
einigen Erfolg. Der volle Erfolg aber wurde zunächst durch
das Zögern der Wiener Regierung, dann durch die Hartnäckig-
keit Rußlands vereitelt, die durch die Gewißheit des zu erwartenden Eingreifens Englands eine wesentliche Stärkung
erfuhr und sich in der gegen Österreich-Ungarn gerichteten
Mobilmachung mit aller Deutlichkeit kundgab. Und Rußland blieb dabei nicht stehen, unternahm vielmehr, trotzdem
unsere Vermittlungsaktion noch im Gange und damit ein Weg
zu friedlicher Lösung betreten war, trotz unserer eindringlichsten
Beschwörung, den europäischen Krieg nicht zu entfesseln, den
verhängnisvollen Schritt, auch gegen uns mobil zu machen:
eine Drohung und Herausforderung, die wir zunächst mit einem
Ultimatum und nach dessen Erfolglosigkeit mit unserer Mobilmachung und Kriegserklärung zu beantworten gezwungen waren.
Die Dinge waren damit so weit gediehen, daß ein neu auf-
tauchender englischer Vorschlag zu allseitigem Einhalt der militärischen Maßnahmen ebensowenig mehr Boden fand wie die
Anregung des Zaren, schiedsrichterliche Lösung anzurufen. Da

Frankreich auf unſer Angebot der Neutralität nicht einging, vielmehr auch ſeinerſeits die bereits getroffenen umfangreichen militäriſchen Vorbereitungen durch die förmliche Mobilmachung und militäriſchen Aufmarſch ergänzte, ſahen wir uns zur Kriegs=erklärung auch nach dieſer Seite hin genötigt, während England unſeren Einmarſch in Belgien zum Anlaß ſeines Bruches mit uns nahm.

Eines muß aus den Vorgängen der kritiſchen Julitage als ungünſtiges Moment noch beſonders hervorgehoben werden, das iſt die ungenügende Vorbereitung Öſterreich=Ungarns und die Verzögerung ſeiner militäriſchen Maßnahmen. Wäre die Monarchie in der Lage geweſen, die Ablehnung des Ultimatums ſofort mit Einmarſch in Serbien und mit Wegnahme von Belgrad zu beantworten, ſo wären die Ausſichten auf eine Begrenzung des Konfliktes wohl günſtiger geweſen; dem An-ſehen der habsburgiſchen Monarchie wäre Genugtuung geſchehen, ſie hätte den Serben und ihren ruſſiſchen Hintermännern zum Bewußtſein gebracht, daß ſie willens und imſtande war, ihre Würde und ihren Beſtand zu wahren, und Graf Berchtold wäre nicht in die Lage verſetzt worden, an die Annahme des Greyſchen Vermittlungsvorſchlages den Vorbehalt zu knüpfen, daß das militäriſche Vorgehen gegen Serbien zunächſt ſeinen Fortgang zu nehmen habe. Dieſer Vorbehalt aber war es, der zu Argwohn Anlaß gab und weſentlich dazu beitrug, daß eine Verſtändigung über die Begrenzung des Konfliktes nicht mehr zu erreichen war.

Die tieferen Urſachen des Krieges, das zeigt der Blick in die Geſchichte, liegen weit zurück. Sie wurzeln in jenen dem menſchlichen Trieb nach Beſitz und Macht entſprechenden nationalen Bewegungen, die je nach Eigenart, Schickſal und geiſtigen Beeinfluſſungen der Völker in den Formen von Imperialismus, Nationalismus, Panſlawismus, Militarismus

220

und Kapitalismus in die Erscheinung getreten sind, alle mehr oder weniger mit dem Fluche belastet, das Wohl der einzelnen und der Nationen auf dem Wege der Gewalt zu erstreben. Von Weitblickenden ist frühzeitig und zutreffend erkannt worden, daß diese gegensätzlichen Bewegungen, einmal der schwachen Fesseln entrafft, in furchtbarem Anprall aufeinander zu stoßen drohten. An Bemühungen, die Katastrophe zu verhüten, hat es nicht gefehlt, sie haben teilweise erfreuliche Erfolge gehabt, aber letzten Endes sind sie vergeblich gewesen, sei es, daß die die Dämme einreißenden Kräfte stärker waren als die sie errichtenden, sei es, daß nicht die richtigen Wege zur Abwendung des Unheils eingeschlagen wurden. Das ist der wesentliche Punkt, in dem alle in die Gegensätze hineingezogenen Mächte, auch Deutschland, mehr oder weniger schwer gefehlt haben.

Rußland, das steht fest, ist diejenige Macht, deren Haupt am schwersten mit Schuld belastet ist. Das Zarenreich war es, das den Krieg gewollt und gemacht hat, weil es ihn brauchte. Der herrschenden Oberschicht erschien der Krieg als einziger rettender Ausweg aus der Not innerer Wirrnis, den Neoslawisten versprach er Verwirklichung ihrer Pläne, die Sozialrevolutionäre erhofften aus ihm den Zusammenbruch des Zarismus. Rußland war mit französischer Ermunterung und reich fließender Unterstützung völlig vorbereitet und schlagfertig, lange bevor der „Zufall" von Serajewo sich einstellte. „Es gibt keinen Zufall, und gerade das, was blindes Ungefähr uns dünkt, gerade das steigt aus den tiefsten Quellen." In diesem Falle waren es russische, echt russische Quellen, trotz der deutsch klingenden Aufschrift „Hartwig". Dieser Mann, die Seele der gegen Österreich-Ungarn gerichteten russisch-serbischen Umtriebe, hat sein unseliges Werk nicht überlebt, wohl aber dieses ihn, zum Unheil seines Landes, zum Unheil der Welt. Und nach dem ersten Aufflammen des selbst gelegten Feuers war

das offene Verhalten des offiziellen Rußlands kaum minder
verwerflich: Absperren gegen Löschungsversuche, anmaßende
Beschützung politischer Verbrechermoral, Griff nach dem Schwert.

Rußlands Helfer war Frankreich. Seit Jahren ein unaus-
gesetztes Schmieden von Waffen zu unserer Bekämpfung,
goldenen, ehernen und geistigen Waffen. Außer dem Bündnis
sorgsam ausgearbeitete Vereinbarungen im Sinne des Angriffes
zu Land und zu Wasser, noch kurz vor dem Kriege aufmuntern-
des Drängen an den englischen Freund zu gleichem Tun. In
den kritischen Sommertagen nach der Untat von Serajewo
keinerlei Versuch zur Beschwörung der Gefahren, vielmehr
wiederholte nachdrückliche Zusicherung der Hilfe. Keine noch so
geschickte Dialektik, keine noch so starke Behauptung, daß Frankreich sich gegen den Krieg gesträubt habe, hilft über die Tatsache hinweg, daß die französischen Machthaber in der Zeit
der äußersten Spannung nichts getan haben, um den Verbündeten von seinem verhängnisvollen Beginnen abzuhalten. Trotz
unserer dringlichen Bitten kein Wort in St. Petersburg, um
die Mobilmachung zu verhüten, dagegen eine Ermunterung durch
die Mitteilung, daß auch Englands Beistand sicher sei. Außerdem frühzeitige und weitgehende kriegerische Vorbereitungen,
Ablehnung unseres Neutralitätsangebots, alles überschüttet von
einer Flut willkürlicher Verdächtigungen und Beschuldigungen,
um uns als den arglistigen Anstifter des Krieges, als den
falschen Entlastungszeugen unseres Verbündeten, als den Er-
finder heuchlerischer Vorschläge, den beharrlichen Störer von
Vermittlungen, als den über französische friedfertige Zurückhaltung gewaltsam hinwegschreitenden Angreifer erscheinen zu
lassen, der schließlich, um einen Vorwand zum Bruch mit
Frankreich verlegen, nach dem Emser Vorbild, zu dem grotesken
Mittel des Suchens nach einer persönlichen Beleidigung des
Botschafters habe greifen müssen.

Ähnlich verhält es sich mit England. Auch hier ein emsiges
Spinnen von Netzen, die keinem anderen Zweck dienen konnten
als dem des Angriffes, militärische Abmachungen mit Frankreich
und Belgien, und in letzter Stunde auch mit Rußland. In
den kritischen Tagen kein tätiger Wille, den Hebel zur Friedenserhaltung da anzusetzen, wo allein er wirksam sein konnte, in
St. Petersburg. Dagegen neben einer Reihe von Vermittlungs-
vorschlägen bedeutungsvolle Zusagen der Hilfe an die Freunde.

Österreich-Ungarns Fehler liegen offen zutage. Anstatt eines
Versuches nach gegebenem Muster zur Verständigung mit dem
um die Vorherrschaft im Balkan rivalisierenden Zarenreich, das
Rasseln mehr mit unserem wie mit dem eigenen Säbel schon in
der Annexionskrise und erneut in der Serajewokrise, inneres Unvermögen, Überschätzung der eigenen Kraft, Unterschätzung der
auf den Plan gerufenen Gewalten, ein Ultimatum von einer über
das Ziel hinausgehenden und hinter Serbien Rußland treffenden Schärfe, Mangel an Klarheit, Offenheit und Entschlußkraft.

Was Deutschland betrifft, so legen ihm die äußeren Feinde
und im eigenen Hause die Gegner der nun beseitigten Gewalten,
soweit es sich um die Zeiten vor dem Kriege handelt, allgemein ein Bekennen zu einer mehr auf Gewalt wie auf Recht
fußenden Gedankenrichtung anmaßenden, überheblichen mili-
taristischen Geist, verletzende Taten und Worte zur Last. Nicht
ohne Grund, wenn es auch kaum fraglich erscheinen mag, daß
in diesen Punkten auch die Feinde nicht minder gesündigt haben.
Was die Zeit des Kriegsausbruches anlangt, so sind es drei
wesentliche Punkte, die hervorgehoben werden: die Beteiligung
an dem Ultimatum an Serbien, die Kriegserklärung an Rußland, der Einbruch in Belgien. Die Mitverantwortung für
die Note an Serbien hat die deutsche Regierung niemals abgelehnt, nicht abzulehnen vermocht. Sie lag schon zugestanden
in der ersten Mitteilung an die Mächte, worin die volle

Billigung des Schrittes unseres Bundesgenossen mit Darlegung
der Gründe erklärt wurde. Damit verliert die vielerörterte
und heißumstrittene Frage an Gewicht, ob die Mitwissenschaft
bis zur Kenntnis des zuletzt in Wien festgesetzten Wortlautes
gegangen ist oder nicht, eine Frage, die seitens der Regierung
stets verneint worden ist und deren Hinfälligkeit in dem Umstand eine Stütze findet, daß die Souveränität unseres Bundesgenossen es verlangte, ihm die Wahl der Mittel zur Durch-
führung seiner Entschließungen zu überlassen. Will man die
Mitverantwortung Deutschlands als Mitschuld bezeichnen, was
angesichts der schwerwiegenden Gründe seines Eintretens für
den bedrängten Verbündeten nicht gerechtfertigt erscheint, und
des guten Glaubens an die maßvollen Absichten der Wiener,
so wird die Schuld durch die Unkenntnis der Fassung der
Note allerdings nicht vermindert. Es hätte sich wohl eine
Möglichkeit finden lassen, sich den Pfeil, den unser Ver-
bündeter auf seinen Bogen legte, genau anzusehen, bevor er
die Sehne verließ. Daß uns die Wiener Regierung hierzu
keine Gelegenheit bot, war eine beklagenswerte Unterlassung.
Eines kann die deutsche Regierung jedenfalls zu ihren Gunsten
in Anspruch nehmen, offenes Auftreten und eifriges Bemühen
um Begrenzung des Konfliktes, mäßigende Ratschläge in Wien,
zuletzt mit starkem Nachdruck.

Schwieriger ist die Beurteilung der beim zweiten Punkt er-
stehenden Frage, ob es unvermeidlich war, die russische Gesamtmobilmachung sofort mit einem Ultimatum und nach dessen
vorauszusehender Fruchtlosigkeit mit der Kriegserklärung zu
beantworten. Gewiß, ein weniger schroffes und eiliges Vorgehen hätte die Möglichkeit ergeben, dem englischen Vorschlag
allseitigen Stillstandes der militärischen Maßnahmen sowie der
beschwichtigenden Aussprache zwischen Wien und St. Petersburg Zeit zur Auswirkung zu lassen. Hingegen ist bei un-

befangener Prüfung nicht außer acht zu laſſen, daß eine ruhige
Hinnahme der ruſſiſchen, in höchſtem Grade bedrohlichen Maßnahmen, eine Beſchränkung deutſcherſeits auf genau das gleiche
Maß der Kriegsbereitſchaft, eine beträchtliche Summe von Vertrauen darin vorausgeſetzt hätte, daß Rußland nicht um Haares-
breite über die Mobilmachung hinausging. Nach den betrüben-
den Erfahrungen, die wir ſoeben mit ruſſiſchen beruhigenden
Verſicherungen gemacht hatten, konnte ein ſolches Maß von
Vertrauen, ſelbſt in ein Zarenwort, nicht vorhanden ſein. Die
Ereigniſſe hatten bewieſen, daß unſere leitenden Stellen nur
zu ſehr zu der Überzeugung berechtigt waren, daß die Kampf-
bereitſchaft der geſamten ruſſiſchen Streitmacht zu Lande und
zu Waſſer eine unmittelbar drohende Gefahr von ſolchem Ernſt
bedeutete, daß ohne den geringſten Zeitverluſt das zu tun war,
was, aller Vorausſicht nach, bei weiterem Aufſchub doch unvermeidlich, dann aber unendlich ſchwerer wurde. Der erdrückenden ruſſiſchen Übermacht konnten die Leiter unſerer Geſchicke nur
die raſchere Bewegung entgegenſetzen. Der verhängnisvolle
Gang der Dinge war um ſo unabwendbarer geworden, als mit
der ruſſiſchen Mobilmachung automatiſch der Zeitpunkt eintrat, wo die Leitung aus diplomatiſchen in militäriſche Hände
übergehen mußte.

Anders liegen die Dinge bezüglich des Einmarſches in Belgien.
Der Entſchluß zu dieſem Schritt entſprang der ſtrategiſchen
Auffaſſung, daß unter Hinweggehen über politiſche Hinderniſſe
mit tunlichſter Raſchheit ein Flankenſtoß durch Belgien hindurch auf die ſchwächere Seite der franzöſiſchen Stellung geführt und zu einem vernichtenden Schlag ausgenützt werden
müſſe. Nach dem Glücken dieſes Unternehmens im Weſten
wäre die volle Kraft im Oſten der inzwiſchen langſam zur
Entwicklung gelangten ruſſiſchen Streitmacht entgegenzuwerfen.
Die Rechnung hat ſich als irrig erwieſen, die Ruſſen waren, wie

225

der Einbruch in Ostpreußen zeigte, rascher und mit stärkeren Kräften zur Stelle, als vorausgesehen war. Auf der anderen Seite wurde die französische Armee anfänglich weit zurückgedrängt, vermochte jedoch, teils aus eigener Kraft, teils dank der englischen Hilfe, nicht allein haltzumachen, sondern auch einen starken Gegenstoß zu führen. Dieser Gang der ersten Kriegsereignisse hat manche Beurteiler zu der Ansicht gebracht, daß es richtiger gewesen wäre, gegen Frankreich zunächst eine Verteidigungsstellung einzunehmen und die stärkere Anstrengung an der Ostfront einzusetzen. Ein solches Verfahren würde auch einer zutreffenden psychologischen Einschätzung der französischen Nation entsprochen haben, die sich schwerlich zugunsten einer vorwiegend russischen Sache zu einer opferreichen Offensive gegen unsere starke Front entschlossen haben würde, nun aber gegen den Feind im eigenen Lande sich mit patriotischer Begeisterung und mit opferwilliger Hingabe zu einer Höhe erhob, die alle Erwartungen übertraf. Am schwersten aber fällt ins Gewicht, daß unser Vordringen durch Belgien den Entschluß Englands zum Eingreifen und zu einer Kraftentfaltung auslöste, welche die scheinbar unübersteiglichen Schranken herkömmlicher fester Grundsätze brach. Aber die Vergewaltigung Belgiens war nicht nur ein strategischer und politischer Fehler, sondern auch, wie von berufener Stelle von vornherein eingeräumt werden mußte, ein Bruch des Völkerrechts. Sie war es, ungeachtet der Berufung auf die Not, ungeachtet des nachträglich entdeckten Beweises, daß Belgien sich im Hinblick auf einen deutschen Einmarsch mit den Ententemächten eingelassen hatte. Sie war ein schwerer Verstoß wider Recht und Ehre, der uns die Achtung der Welt zugezogen und unseren Gegnern Waffen geliefert hat, mit denen sie uns nicht minder wirksam bekämpft haben wie mit den blutigen. Die Härten der Kriegsführung und der Besetzung haben ein übriges getan, um den Haß unserer Feinde in wildem Feuer aufflammen zu lassen. Erfolgreiches Hineintragen der Schrecken des Krieges in Feindesland mag einer berechtigten militärischen Lehre entsprechen, aber das Niedertreten eines schwachen, durch heilige Verträge geschützten Landes ist ein Frevel, gegen den sich das Weltgewissen sühneheischend erhebt. An der erdrückenden Bürde dieser Sühne wird Deutschland durch Menschenalter hindurch zu tragen und zu leiden haben.

Alles in allem, Deutschland ist nicht frei von Schuld, aber es ist nicht schuldig in dem Sinne und in dem Maße, mit dem es belastet wird. Es hat geirrt und gefehlt, aber nicht sowohl aus Mangel an friedlichem Willen, wie aus Mangel an sicherer Führung durch die Wirren der großen Politik. Es hat, wie alle Mächte, mit der Möglichkeit kriegerischer Verwicklungen gerechnet und sich entsprechend gewappnet, aber es hat nicht den großen Krieg gesucht, nicht vorsätzlich auf ihn hingearbeitet, nicht, wie die Gegner sagen, den Krieg „gewollt". Erst dann ist die Nation von Kriegswillen erfaßt worden, als das Janustor von anderer Seite geöffnet war, als Deutschland erkennen mußte, daß es um Sein oder Nichtsein zu kämpfen habe. Die Not hat es zu raschen kriegerischen Handlungen gezwungen, in der äußeren Form, nicht im inneren Wesen, ist es der Angreifer geworden. Der Krieg ist nicht dem Hirn eines einzelnen Staatslenkers entsprungen, nicht aus dem Tun und Lassen einer einzelnen Nation erwachsen, er ist das verhängnisvolle Ergebnis der aus elementaren Bewegungen der Völker entstandenen Gegensätze unter den Mächten, zu derem friedlichem Ausgleich es an einem überragenden Meister gefehlt hat.

Lightning Source UK Ltd.
Milton Keynes UK
UKHW021856201021
392564UK00002B/203